성명보감의 길잡이

행복한 이름 짓는 기술

편저 전원상

부록

◎ 성자와 획수

◎ 성명 및 상호, 아호 등에
　사용되는 한자

◎ 성명 문자의 순역론

◎ 상호, 아호 작명법

◎ 성명 구성의 예시

지식의 중심
법문북스

自 序

　　東西洋을 通한 聖賢（성현） 哲人（철인）이 말씀하시기를 人間（인간）의 姓名（성명）은 運命（운명）과 직접 또는 간접으로 重大（중대）한 관련성이 있는 것이 사실이라 하였다. 人名（인명） 즉 姓名（성명）이 自己（자기）와의 관계는 극히 밀접 不可分（불가분）의 것으로 그 사람의 手足（수족）과 같이 절대적 고유의 관념인 것이다.

　　文化의 度（도）가 최고도로 발전 발달된 現世紀（현세기）에 있어서, 여러 哲學者（철학자）들이 필사적으로 心血（심혈）을 기울려 노력을 傾注（경주） 하여 연구한 결과에 姓名學（성명학）은 이미 오래전 부터 科學的（과학적）으로 判明（판명）할 수 있는 學說（학설）로 된 것이다.

　　天地萬物（천지만물）의 조직에는 宇宙（우주）의 정칙이 있어 內外上下（내외상하）와 시간과 공간의 交錯（교착）으로서 형성된다.

　　陰陽（음양）의 交和（교화）로 만사만물의 형성변화와 성쇠운기를 尺度（척도）하게 되는 것인데, 人間 姓名（인간 성명） 역시 上下運動（상하운동）과 左右運動（좌우운동）의 교차로 조직되어 發顯運行（발현운행）하

-3-

는 天地(천지)의 조직법을 벗어나지 않는 것이다.

　近來(근래)의 姓名學術(성명학술)은 그 理論上 學說(이론상 학설)이 많으나, 이책은 많은 모든 학설을 綜合的(종합적)으로 분석 연구해 先輩哲學者(선배철학자)님들께서 論(논)한 學術의 장점을 充分히 인용 연구 끝에 현대 社會(사회)에 가장 기본적인 학술로서 종합 집대성(綜合 集大成)하여, 正統學術(정통학술)로서 姓名學研究者(성명학연구자)및 일반에서 쉽게 이해 될 수 있도록 體系化(체계화)하여 編成(편성) 정리하여 한국성명보감이라 册名하였다.

　이 책이 나아가서 姓名學研究(성명학연구)와 여러분의 貴子女(귀 자녀)들의 이름 짓는데 보탬이 된다면 다시 없는 기쁨이라 하겠읍니다.

編者　全　原　奭　謹識

-4-

推 薦 辭

姓名學이란 어떠한 學問인가?

二十世紀의 末인 오늘날 우리 나라에서 姓名學이 急速度로 進行發展함에 따라 一般大衆은 더욱 이에 관심을 가지고 있는 것은 사실입니다.

그러나 姓名學을 學理的 實際的 體系的인 方法으로 論한 正統의 參考資料가 미흡하고, 正統的인 體系의 書籍이 많이 없어 이 學問의 硏究에 左右往 해야할 現實에 있다고 아니 할 수 없읍니다.

今般 姓名學界의 名人인 穆園 全 原奭 先生이 이에 心盧한 나머지 平素에 硏究한 學問과 斯界의 諸先輩任 들의 其間 出版한 諸書籍을 參考해서 이에 가장 正統的이고 適合性 있는 學理로서 綜合集大成하여 體系化한 完璧한 姓名學을 世上에 내어놓게 됨을 慶賀해 마지않는 바입니다.

이 學問은 萬物의 靈長인 人間고유의 名詞인 자기만의 靈肉에 깃들어 항시 靈動하는 "이름"의 哲理를 이 册에서 充分히 터득하리라 믿어 의심치 않는 바입니다.

이에 正統的이고 基幹的인 姓名學術의 硏究 및 參考書로서 또는 作名界의 實用書冊으로서 充分한 價値가 된다면 多幸한 일이라 아니할 수 없기에 여기 감히 추천해 마지 않는 바이라 利用해 진다면 더 없는 보람이라 하겠읍니다.

7月 日

韓國易理師福祉會 顧問

韓 林 院

代表 教育學博士 朴 鐘 甲

목   차

제一편 緒 論

제 1 장 姓名學의 大意 (성명학의 대의)

萬古 (만고)의 四大聖人 (사대성인)은 姓名 (성명)의 眞理 (진리)에 대하여 「소크라테스」는 말하기를 인생 항로의 羅針盤 (나침반)이라 하였고 「釋迦」석가는 명하기를 名 (명)이름은 生 (생), 體 (체)를 빛낸다고 하였다. 「예수」는 말하기를 靈 (령)이라 하였고 「孔子」는 말하기를 虎死遺皮 (호사유피)하고 人死遺名 (인사유명) 즉 호랑이는 죽어 가죽을 남기고 사람은 죽어 이름을 남긴다 하였으니, 즉 人生 (인생)은 百年 (백년)이요 姓名 (성명)은 萬代 (만대)인 것이다.

四大聖人 (사대성인)이 어찌하여 그와같은 말씀을 하시는지는 알 수 없으나 聖者 (성자)가 하신 말씀이니 眞理 (진리)가 있는것은 아무도 부정하지 못할 것이다. 本人 (본인)이 생각하건데 먼저 우리 인간의 本能 (본능)을 말하자면 인간된자는 누구나 좋은것과 나쁜것을 잘 分別 (분별) 할 수 있는 식견이 있는 것이다. 飮食 (음식)도 될 수 있으면 좋은 것을 먹고저 한 것이며, 衣服 (의복)도 역시 좋은것을 선택하는 것과 같이 자기의 욕망을충족시키는 것이 인간의 본능일 것이다.

앞에서 말한바와 같이 우리들의 祖上 (조상) 역시 意思表示 (의사표시)의 욕망을 충족시키기 위하여 自然現象

（자연현상）을 보고서 文子（문자）를 연구한 것이다.
石片（석편） 木片（목편）기타 여러가지 硬質物（경질물）
로서 사용되어 便利（편리）하게 그 形體（형체）가 변해
진 것이다. 毛筆（모필）을 사용하기에 이르러서는 거기
에다 筆法（필법）을 加（가）하게 되었고, 한편으로는 그
物體（물체）의 형용 사용방법등을 설명하기 위하여 二個
（두개） 三個（세개）의 物象（물상）을 합하여 文子（문
자）를 만들게 된 것이다. 이렇게 상당한 노력끝에 현재
와 같은 훌륭한 文字가 이루어진 것이다. 그러므로 이러
한 글字（자）로서 표시해야 하고, 사용해야 할 姓名（성
명, 이름）이란 실로 그 意義（의의）가 深刻（심각）한
것이 아닐 수 없다. 우리 祖上（조상）은 우리의 姓字（성
자）를 選擇（선택）할적에 盲目的（맹목적）으로 擇（택）
한것이 아닐 것이며 필요 상당한 이유가 있었을 것이 분명
하다. 그러기에 姓字中（성자중）에도 字意（자의）가 좋
은 字（자）도 있으며, 어려운 字（자）와 또는 意味（의
미）가 不吉（불길）한 姓字（성자）도 있는 것이다. 여러
文獻（문헌）을 살펴보면 우리 祖上（조상）은 아마도 大
自然界（대자연계）에 의한 자기의 所在地（소재지）와 立
場關係（입장관계）등을 主（주）로 하여 각각 姓（성）을
정한 것이 사실인 것이다.
　이렇게 생각하면 人間（인간）의 姓名（성명）은 大自

然界（대자연계）와 확실히 관계가 있는것을 알 수 있다.
성명학이란 이와같은 순서로 성립된 우리들의 姓字（성자）
와 부수되어 각기 선택된 名字（명자）이름과 합하여 考慮
研究（고려 연구）하고 판단하여 하나의 姓名（성명）을
가진 主人公（주인공）의 運命（운명） 吉凶（길흉）의 消
長（소장） 또는 性格（성격） 乃至（내지） 疾病等（질
병등）을 지적하여 그 본인에 주의를 환기시켜 만전의 방
법으로 凶（흉）을 吉（길）하게 惡（악）을 善（선）하게
不幸（불행）은 幸福（행복）하게 轉禍爲福（전화위복）을
위하여 연구한 하나의 手段方法（수단방법）이며 이와같은
근거는 이미 우리 祖上（조상）들은 姓名（성명）을 統計
（통계） 研究（연구）하였던 것이다.

　따라서 경험은 쌓여지면 眞理（진리）에 접근하게 된다
는 것은 우리 인생을 가르치는 하나의 교육의 원리인 것
이다. 여기 數千萬人（수천만인）의 祖上들은 萬姓（만성）
과 이름을 연구한 結果를 통계하여 여러모의 條件（조건）
을 발견하고 그것을 現在（현재）의 여러 사람과 대조하
여 본 결과 그와 相似（상사）되는 者는 역시 상사되는 運
命（운명）과 性格（성격）과　疾病（질병）등의 사정임
을 發見（발견）함에 이른 것이 現在（현재）의 姓名
哲學（성명철학）으로 성립된 것이다. 그러나 自然界의　萬

象은 인간이 아무리 연구하여도 그의 전부를 알기 어려운 것이며, 日進月步(일진월보) 각기의 專門家(전문가)들이 必要(필요)의 노력으로 경주하여 연구하는 결과에 따라서 昨日(작일, 어제)의 발견이 금일의 발견보다 뒤떨어지는 例(예)도 없지않을 大自然(대자연)의 神秘性(신비성)이 얼마든지 존재하고 있는 것이다. 本人은 姓名學 亦是(성명학 역시) 이와같이 日進月步(일진월보)라는 하나의 哲學(철학)이라고 간판하는 바이다. 그런 관계로 성명학의 내용을 보면 現代人(현대인)은 現代學說(현대학설)을 주장하고 따라야 할것이니, 姓名學(성명학)의 理論(이론)이 甲(갑)과 乙(을)이 각각 差別(차별)이 생긴다 하여도, 讀者諸賢(독자제현)은 추호라도 염려할 필요는 없으며, 가장 현대적이고 가장 事理哲學(사리철학)에 상위없는 學說(학설)을 인용하여 作名(작명) 또는 解明(해명)하면 되는 것이다. 앞에서 말한 바와같이 우리는 과거의 인간을 姓名統計(성명통계)해서 어느 하나의 法則(법칙)을 발견하여 가지고 현재의 인간들 姓名(성명)에 그 法則(법칙)을 응용해서 우리들의 吉凶禍福(길흉화복)을 論(논)하게 된 것이다. 이것은 통계에서 얻은 경험에 의한 것이라는 點(점)은 이미 기술한 바 있다. 우리들 인간은 어느 한가지 관념에 集中(집중)해서 精神(정신)이 통일되었을 순간에 우리들의 生命力(생명력)은 바로 그의 根源(근원)인 어느 大自然(대자연)의 生命力(생명력)에 相通(상통)되는 것이며,여기에 이르렀을 적에 비로소 우리 人間(인간)은 偉大(위대)한 精神生活(정신생활)의 極致(극치)에 달하는 것이다. 현재의 우리들 智識(지식)으로서는 아직 判然(판연)히 해결지을 수 없는것이다. 偉大(위대)한 정신력의 발로,즉 이것은 靈感(영감) 또는 神通力(신통력)이라고 하는 것이다. 앞에 말한바와 같이 人間은 父母(부모)로서,또는 父母(부모)의 代理人(대리인)으로서 새롭게 地上(지상)에서 생활을 시작하려고 출생한 어느 개인의 命名(명명)을 할 때 專心選名(전심선명)하는 그 時間(시간)의 精神力(정신력)의 발로야 말로 神通力(신통력)에 접근되어야 할 조건이 구비되어야 할 순간적인 것이다. 그리하여 選名人(선명인)의 精神統一(정신통일)이 이루어질 狀態(상태)의 時間(시간), 그 사람의 生命力(생명력)은 無意識中(무의식중)에 대자연의 生命力과 융합(融合)되어 비로소 幼兒(유아)의 全運命(전운명)과 性格(성격), 또는 體質(체질)을 表現(표현)할 수 있는 名(명)이 無意識裡(무의식리)에 접근된다고 한다면 이에 記述(기술)한 바와 같은 名(명) 역시 이 眞理(진리)에 준할 것이다. 여기에 비로소 우리돌 姓名(성명)은 우

리들의 運命(운명)과 疾病(질병), 性格(성격) 等
吉凶禍福(길흉화복)을 論(논)할 수 있는 重要(중요)
한 理由(이유)가 되는 것이며, 또는 우리 人間(인간)
精神活動(정신활동)의 하루로 看做(간주)하지 않을수
없는 바이다.

제 2 장 運命과 姓名(운명과 성명)

人間(인간)은 自然(자연)의 힘을 입고 이 世上(세
상)에 태어났음에, 一平生 未知(한평생 미지)의 運命
(운명)을 몸에 간직하고서 울음을 터트리고 光明(광명)
天地間(천지간)에 맑은 空氣(공기)를 호흡하게 된 것
이다.

人間(인간)은 태어나면 아버지의 姓(성)을 타고
나는 것이며, 이 世上(세상)에 나와서 二週日(이
주일) 말하자면 (7일, 한칠)되는 날에 사람으로써 한
평생 불러야할 符號(부호)를 지어야 하는 것이며, 늦어
도 一個月(일개월)내에 作名(작명)하여 出生屆出(출
생계출)하여야 하는 것은 戶籍法(호적법)에 명시되어
있는 사실이다. 이 世上萬物(세상만물)중에 형태있는

물체나 동물, 生物(생물) 모든것이 이름이 없는 것은 없을 것이다. 동물중에 만물의 靈長(영장)이라 自稱(자칭)하는 우리 인간은 무엇보다도 聖(성)스러운 이름을 擇(택)하여 한평생을 잘 보존하여야 할 것은 두말할 餘地(여지)조차도 없는 것이다. 人間(인간)의 名(명) 이름을 動物(동물)에 比(비)하여 「돼지」라고 부른 者(자)가 있는데 이것은 참으로 不吉(불길)한 것이다. 사람은 사람다운 이름을 지어야 하는 것은 말할것도 없는 것이며, 특히 그 이름은 한평생 육체를 代表(대표)하여 사용되다가 主人公(주인공)이 이 世上(세상)을 떠나는 날 肉體(육체)는 白骨(백골)이 진로되면 黃土(황토)가 되어 버리니 姓名文字(성명문자)만은 千秋萬代(천추만대)까지 후세에 남는 것이며, 이렇게 후세에 길이 남을 귀중한 이름이 人間以下(인간이하)의 動物(동물)로 불리어서야 좋을리(理)가 없지 않을까? 出生時(출생시)에 外家(외가)에서 탄생했다고 外植(외식)이니, 他鄉(타향)에서 출생했다고 他官(타관)이니, 出生前(출생전)에 亡父(망부)했다고 遺字(유자)를 使用(사용)하는 等(등)은 全部(전부)가 옳지못한 作名(작명)인 것이다. 人生은 平生(평생)토록 富貴功名(부귀공명)타가 죽는 그날에는 名譽(명예)도 地位(지위)도 재산도 다 시간의 흐름에 따라서 거품과 같이

되고마는 것이다. 姓名文字(성명문자)만은 永遠(영원)
토록 이 세상에 남는 것이다.

　貴(귀)여운 子女(자녀)가 出生(출생)하여서 一週
日(일주일)이 되는날에 作名(작명)을 하는 父母(부모)
의 心境(심경)은 어떠한 것일까? 그　時間처럼　그
마음이 평생토록 변치 않는다면은,그 子息(자식)의 장래
는 얼마나 幸福(행복)할 것인가를 想像(상상)하여 보
면,이름이야말로 얼마나 貴重(귀중)한 것인가 알고도
남을 것이다. 父母(부모)가 자식을 사랑하는 심정은 전
세계 인류가 동일한 것이며 그러한 愛情(애정)으로　全
人類(전인류)를 상대한다면,오늘날　東西　兩陣營(동서
양진영)으로 思想(사상)이 대립되어 冷戰(냉전)이 지
속될　리가　없을　것이다.　그러한 偉大(위대)한 사
랑이건만 부모가 마음대로 子息(자식)의 부귀공명을 시
킬 수도 없는 것이고, 財産(재산)을　상속시키는 것도
마음대로 할 수는 없는 것이다. 그러나 子息을　사랑하는
관심이 있다면 實行(실행)할 수 있는 「이름」만이라도
良名(양명)을 擇(택)하여 장래에 자식의 원망을 듣지
않도록 하여야 할 것이다. 그러나　부모가 자녀의 이름을
잘 選名(선명)하여 주고 싶은 마음은 一般(일반)이였
으나,姓名(성명)이 運命(운명)과　重大(중대)한　關
聯性(관련성)이 있는것을 알고 있는 智識人(지식인)

은 作名法(작명법)을 정확히 몰라서 실행하지 못하였고, 대부분은 姓名哲學(성명철학)의 眞理(진리)가 무엇인지를 알지 못하여, 貴(귀)여운 二世(이세)에게 姓(성)을 줄 수 있었으나, 이름만은 좋은 이름을 줄 수 없었던 관계로 子息(자식)의 앞날에 많은 支障(지장)이 초래되었던 것이 현실에 들어나고 있는 것이다. 그러면 作名(작명)은 무엇을 기준으로 하는가? 이는 生年月日時(생년월일시)를 분석한 四柱(사주)를 잘 풀어보면 事業家(사업가), 官祿(관록), 商業(상업) 工業(공업) 기타 직업 등이 나올 것이며, 妻運(처운), 子運(자운), 財運(재운)등 成功(성공) 失敗(실패) 여러가지 참작해서 四柱(사주)에 일치되는 名(명)을 選擇(선택)하여야 할 것이다. 여기는 運命(운명)과 姓名(성명)의 관련성을 참고로 말하였으며, 상세한 작명법은 다음 항목에 말하고 運命(운명)과 姓名(성명)의 귀중성을 강조하면서 諸賢(제현)의 참고에 기여하는 바이다.

제 3 장 姓名學에 對한 原理 原則論
(성명학에 대한 원리원칙론)

壽福 (수복)을 받고 成功榮達 (성공영달)할 수 있는 완전한 姓名 (성명)을 구성하는데 有史以來 (유사이래) 現 二十世紀 萬能時期에 있어서 東西洋 統計姓名學 (동서양 통계성명학)의 실재 운용에 기간이 되는 原理 (원리)와 응용상 성명학의 수리의 格 (격)이 좋아야 實踐力 (실천력)의 성공이 빠르며, 陰陽 (음양)이 知合 (지합)하여야 造化 (조화)가 무궁하고, 五行 (오행)이 相生 (상생)되어 健全 (건전)한 身體 (신체)를 도와야 하고, 외부의 助力 (조력)을 받아서 立志出世 (입지출세)하는데 迅速性 (신속성)을 기하게 되는 것이다.

同姓同名 (동성동명)일때 운명이 동일치 않는 이유, 동일한 성명에 대하여 동일한 歸結 (귀결)이 되지않는 의문이 있다. 왜 그런가 하면 先天的基本運 (선천적기본운)이 다른 관계이다.

1 . 出身性分 (출신성분)이 다르다.
2 . 父母 (부모)로 부터 받은 受動的 (수동적) 素質 (소질)이 다르다.
3 . 四柱 (사주)가 다르다.

4 . 器局 (기국) 이 다르다.

5 . 教養 (교양) 이 다르다.

6 . 人材 (인재) 가 다르다.

이와 같이 基本先天運 (기본선천운) 이 다르기 때문에 後天運 (후천운) 도 千質 (천질) 의 차이가 생기게 되는 것이다.

제 4 장   姓名學術의 七大觀察 (성명학술의 칠대관찰)

1 . 字體印象＝姓名의 肉體 (자체인상＝성명의 육체)

姓名字體 (성명자체) 의 印象的感銘 (인상적감명) 은 그 人物 (인물) 의 輕重 (경중), 形貌 (형모) 를 추상케 하여 또는 그 반대적 心理作用 (심리작용) 은 육체, 형모 , 기질, 인품에 영향하는 바 있읍니다.

2 . 字意精神＝姓名의 精神 (자의정신＝성명의 정신)

精神 (정신) 이 동하면 心氣 (심기) 가 적응하니 姓名 (성명) 의 字意精神 (자의정신) 은 人品 (인품) 의 氣質 (기질) 과 기국의 深淺 (심천) 을 暗示 (암시) 하여   처 세의 방향과 생활상태의 無形的面 (무형적면) 을   지배합 니다.

3 . 音波靈動＝姓名의 生命 (음파영동＝성명의 생명)

聲音 (성음) 이 발하면 生命 (생명) 이 動 (동) 하는 고

로 즉 「言則神」(언칙신)이란 말이요, 그 對外的 反射作用(대외적 반사작용)은 곧 行動(행동)의 去就波訓(거취파훈)를 지배하여 身命(신명)의 안위와 平生(평생)의 得失關係(득실관계)에 중대한 역할을 하게 됩니다. 聲音言語(성음언어)란 世代(세대)에 따른 生命靈動(생명영동)이 있다고 합니다.

4 . 陰陽配列＝姓名의 組織(음양배열＝성명의 조직)

陰陽(음양)이 조화되면 만물이 화생하고 음양이 不調和(부조화)하면 相剋(상극), 麻擦(마찰), 破壞作用(파괴작용)이 발생하게 되는 것이다. 姓名(성명)의 陰陽組織(음양조직)이 조화 부조화여 하는 곧 肉體組織(육체조직)의 발달과 병행하여 建設(건설) 내지 파괴를 행하되 身命運路(신명운로)에 영향하게 됩니다.

5 . 數理運路＝姓名의 路線(수리운로＝성명의 노선)

一生運路(일생운로)의 기간적 집도이며, 千態萬象(천태만상)의 人生歷史(인생역사)를 數理的(수리적)으로 연출 기록하는 부문으로서 성명학술에 응용하되, 중요한 高等靈數學(고등영수학)인 九數(구수)의 自乘(자승) 九九〜八十一數의 神秘(신비)한 靈動(영동)으로 平生(평생)의 運命路線(운명노선)을 결정적으로 左右(좌우)하는 역할을 하는 것입니다.

6. 大運靈動 = 姓名의 性情 (대운영동 = 성명의 성정)

성명 全體運機 (전체운기)에 관한 利害得失關係(이해득
실관계)와 上下冲和(상하충화)의 運波關係(운파관계)를 발휘
하되, 특히 성공운 가장 기초운의 소장 성쇠 그리고 그 性
情 (성정), 건강, 대운소장에 절대적인 지배권이 유하며,
그 運化作用 (운화작용)은 一千餘種別 (일천여종별)에
달하는 것으로서 姓名 (성명) 전체의 각 분야를 지배하
는 聯關靈動 (연관영동)인 것이며, 심오한 묘지를 내포한
新姓名學術 (신성명학술)의 秘奧 (비오)에 속해 있는
것입니다.

7. 易理大象 = 姓名의 運行 (역리대상 = 성명의 운행)

姓名全體 (성명전체)의 수리역상 (數理易象)에 기하여
先天的四柱命理 (선천적사주명리)와 後天的 (후천적) 姓
名誘導運力 (성명유도운력)과의 유묘한 연관관계가 있
되, 이상의 運機 (운기)가 변화작용하는 제반운로를 종
합적으로 究明 (구명)하여, 그 運 (운)과 命 (명)이 측
정 (測定) 또는 선용효전 할 수 있는 것으로서 運 (운)
全體 (전체)를 대표 표현하는 部門 (부문)이며, 동시에
流年運 (유년운)의 波調 (파조)를 관찰할 수 있는 新姓
名學術 (신성명학술)의 비전인 것입니다.(현재는 역상
은 별로 이용이 되지 않음으로 약하다)

이상 七大觀察(칠대관찰)에 기하여 選名(선명)함은 물론이어니와 時代的思潮(시대적 사조)에 적응하여 본인의 未來(미래)의 運路(운로)에 대하여 그 조정방법이 先天四柱命理(선천사주명리)와 調和(조화)시키므로써 本人(본인)의 固有(고유)한 특질을 十分(십분) 발휘할 수 있는 最善(최선)의 良名(양명)을 選擇(선택)하게 되는 것이며, 동시에 漢字(한자)의 制限(제한)이 要求(요구)되며 難解文字(난해문자)를 必要(필요)로 하지 않는 現時代에 있어 僻字(벽자)나 難解文字(난해문자)등을 避(피)해야 하며, 또는 적당한 數劃(수획)의 文字(문자)로서 本人器局(본인기국)에 相合(상합)한 姓名意義(성명의의)의 文字(문자)를, 調和選名(조화선명)해야할 것도 물론이다.

제 5 장   姓名에 對한 成功의 時期論
(성명에 대한 성공의 시기론)

사람이란 한평생을 前半(전반)과 後半(후반)으로 구분하고 三五歲 以前을 前半, 三五歲 以上을 後半이라 말한다. 數理(수리)의 性質(성질)은 前半期(전반기)에 성공하는 數理(수리)가 있고, 後半期(후반기)에 성공하는 數理가 있으며, 또한 獨步的(독보적)으로 自手成家(

자수성가)하는 數理가 있고, 外人(외인)의 助力(조력)을 얻어서 성공하는 數理가 있다. 1, 2, 3, 5, 6, 7, 11, 13, 15, 16, 17, 21, 數理는 35歲 以前(전반기)에 성공하게 되고, 8,18,23,24,25,27,29,31 32,33,35,36,37,38,39,41,45,47,48 數理는 35歲以後 後 半期(후반기)에 성공하게 되며, 1,13,23,25,31,33,48 數 理는 독립해서 自力治家(자력치가)하는 것이며, 3,5,6, 8,15,16,24,32,37,39,41,45,47 數理는 제3자의 조력을 얻어야 성공하게 되는 것이다.

제 6 장 大運靈動 (대운영동)

大運靈動(대운영동)은 天地人(천지인) 三才法則(삼 재법칙)으로서 姓名學術上(성명학술상) 成功運(성공 운)과 基礎運, 家庭運, 子女運, 身體運 等(기초운, 가정 운, 자녀운, 신체운 등)에 至大한 영향을 받게되는 姓名誘 導運(성명유도운) 전체에 대한 추진 또는 견제의 작용 을 하는 영동이 되는 것입니다. 이를 세분하면 一千餘程 度(일천여정도)의 종류로 분류 변화되는 것으로서   그 응용이 복잡난해한 고로 亨格對利格 亨格對元格(형격대 이격 형격대원격)의 관계를 줄여서 기록함으로써 간명히 하여 응용에 보태고져 합니다.

특히 질병에 대한 鑑定(감정)에 있어서는 의문이 생길 念慮(염려)가 있음으로 한말씀 해둘것은, 본래 이 姓名學術은 普通(보통) 分析科學(분석과학)과는 달라서 단순 常識(상식)이나 理論만으로 또는 生理나 醫科學(의과학)과 同一한 面으로 推理判斷(추리판단) 해서는 반드시 실패에 그치게 됩니다. 이 학술의 특질은 보통 物質分析科學(물질분석과학)을 초월한 靈科學的 (영과학적)인 易理(역리)에 기초한 것이므로 理論(이론)을 초월한 靈理的學術(영리적학술)인 것입니다. 그러므로 實際(실제)의 眞價(진가)는 이를 능히 연구수득하여 體得(체득)한 사람만이 비로소 그 蘊奧(온유)를 확실히 알게되는 것이므로, 단순히 한번 읽어봄으로서는 곧 複雜微妙(복잡미묘)한 病患(병환)까지 정확히 지적하기는 좀 困難(곤란)한바 있는 것 입니다.

全部(전부) 동일한 科學的인 理論으로 教育(교육)된 醫學者(의학자)도 같은 患者(환자)를 診察(진찰)해서 그 판단되는 病名(병명)이 全然(전연) 판이한 예가 있듯이, 직접 신체를 청진과 촉수하여 진찰하는 醫師(의사)라 할지라도 研究修練과 臨床經驗(연구수련과 임상경험) 여하에 따라 그 技能(기능)의 上下優劣(상하우열)이 分岐(분기)되는 것이거늘, 況且(항차) 本學術(본학술)과 같은 靈理術(영리술)은 상당한 연구와 깊은 수련으로 체득된 능력을 필요로 하게 되는 것은 물론입니다.

一例를 들면 眼(눈)에 병이 있다 할때 現代醫科學的(현대의과학적)으로는 눈의 고장을 腹部內臟器管(복부내장기관)에 고장의 根本(근본)이 연관되어 있다고는 보지않는 것이 사실입니다. 또는 耳病(귀병)이 腎臟(신장)과 관련되어 있다고 論하지는 않는 것입니다. 왜냐? 分析的科學(분석적과학)이기 때문입니다. 이와같이 학리적으로 究明(구명)하는 方法의 차이가 있는 것으로, 만약 동일시 하게되면 근본적으로 큰 誤謬(오류)를 초래하게 되는 것이고, 이 學術에 능통하게 되면 疾病(질병)의 근원부터 窺知(규지)할 수 있는 法術(법술)인 것입니다.

그리고 適記(적기)된 것은 亨格對利格 亨格對元格(형격대이격 형격대원격)의 관계 靈動(영동)을 개별적으로 縮約(숙약)한 것으로, 單方的(단방적)인 영동력을 表示한 것입니다. 가령 亨格對利格(형격대이격) 凶兆(흉조)라 해도 元格의 運性如何(운성여하)로 그 凶兆를 大減(대감)하게 되는 경우도 있고, 또는 吉兆라 해도 元格如何로 방해를 받아 變動(변동)되는 수도 있으며 亨格對元格關係(형격대원격관계) 역시 利格數理如何(이격수리여하)로 이와같은 變化가 생기게 되는 수가 있는 것인데 그다지 큰 차이는 없으나 嚴密(엄밀)한 입장에서 감정할때는 微妙한 작용이 波及되는 것으로서 앞에 말한바와 같이 一千餘種(일천여종)으로 分類分析(분류분석)되므로 도저히 다할수 없으며, 摘記(적기)한 범위내에서 良好한 관계를 선택하면 大誤(대오) 없다 하겠읍니다. 大運靈動(대운영동)의 鑑定方法(감정방법)은 假令(가령) 元格, 亨格, 利格의 (원격, 형격, 이격) 數가 一에서 十까지의 基本單數(기본단수)는 그대로 對照(대조)하게 되어 있고, 十以上의 數 즉 十五면 十을 除(제)한 五數로 대조하며, 三十一數면 三十을 除한 一數로 對照(대조)하는 것입니다. 以下 이예에 따라 他數(타수)로 十單位數(십단위수)는 除(제)하고 單數(단수)로 對照(대조)하게 됩니다.

제二편 姓名의 組織方法

제 1 장 姓名의 組織方法論 (성명의 조직방법론)

姓名의 조직법에 있어 先人들이 唱道 (창도) 한 분류법 중에서 理論的으로나 실제적으로나 정확하며 탁월한 부분을 採擇 (채택) 하는 동시에, 우리 民族性 (민족성) 과 三字姓名普遍性 (삼자성명보편성) 에 적응한 모든 方面을 참작하여 재래의 組織方法 (조직방법) 을 정정개재 하였고, 本人의 多年間 心血을 기울여 硏究와 探讀한 諸學術 (제학술) 의 特異 (특이) 한 理論등을 詳述 (상술) 하오니 심독 참고키 바랍니다.

모든 事理事物 (사리사물) 에는 內가 있으면 外가 있고 上이 있으면 下가 상대되고, 內外上下 (내외상하) 가 관련 작용하되, 時間과 空間 (시간과 공간) 의 교착으로 만사 만물이 조직 현현되는 宇宙의 定則 (정칙) 이 있으므로 人間姓名 역시 시간 즉 從的運動 (종적운동) 과 종적운 동에 대하여 공간 즉 행적으로 조직해나가는, 다시 말하자 면 從橫 (종횡) 의 交錯 (교착) 으로 사물이 현현 形成 (형성) 되어가는 운기발현으로 운행되는 것입니다. 이는 有 形無形 (유형무형) 을 막론하고, 上下左右 (상하좌우) 表 裏內外 (표리내외) 가 구별되며, 天地의 陰陽 (음양) 이 交和 (교화) 하여 사람이 顯現象 (현현상) 을 상하는 法則 으로 森羅萬象 (삼라만상) 의 공통적 진리인 것입니다.

「人」이라함은 單只(단지) 人間(인간)이란 뜻이 아니라 一切(일체)의 萬事萬物의 현현상을 총할한 명칭입니다

先天四柱推命學(선천사주추명학)에 있어서 天氣(천기) 즉 上下運動(상하운동)인 天干(천간)의 甲乙丙丁戊己庚辛壬癸의 十干은 시간의 법칙이요, 子丑寅卯辰巳午未申酉戌亥의 十二支는 橫的運動(횡적운동)이니, 종적의 교착 조직으로 만물의 생성변화와 성쇠 운기를 尺度(척도)하게 되는 것인데 이는 마치 織物(직물)이 종횡 交錯으로 조직되듯이, 姓名 역시 상하운동의 교착으로 조직되며 運機(운기)를 발현운행하게 됩니다.

姓名의 조직과 剖象(부상)에 있어 「元亨利貞」인 四格運(사겨운)으로 구분하되 각각 그 運性(운성)의 특징을 발휘하여 상호 견인 혹은 排斥(배척) 즉 相生相剋(상생상극)하여 命運이 운전되어 나가는 것입니다.

◎ 元亨利貞(원형이정)의 四格運(사겨운)의 運性(운성)을 分類說明(분류설명)하면,

姓字(성자) 姓(성)은 先祖以來(선조이래) 전래된 것으로서 그 사람의 天運(천운)의 基根의 일부요소를 표시하는 것으로 그 姓만의 靈動意(영동의)는 직접적으로 운명에 영향하는바 아니고, 名字(명자)와 관련하여 亨格(형격)과 利格(이격)에 합류해서 구성되는 요소로 역할하게 되는 것이므로 비로소 그 운력이 발현 되

는 것입니다.

① 元格은 名字의 合數 (명자의 합수) 를 元格 (원격) 이라 하나니, 主 (주) 로 中年前의 運命 (중년전의 운명) 을 靈動支配 (영동지배) 하는故로 前運 (전운) 이라고도 합니다. 但 (단) 單名字 (단명자) 이면 그 한자의 數意 劃 (수의획) 으로 볼것이요. 三字名이면 三字의 合數로 계산할 것도 勿論 (물론) 입니다.

② 亨格 (형격) 은 姓名의 各格中 (성명의 각격중) 에서 人間運命 (인간운명) 에 가장 强烈하게 영향하되 태반 그 사람의 一生을 통해서 中心的位置 (중심적위치) 에서 운명을 좌우하는 것이 亨格部位 (형격부위) 인 것입니다.

亨格이라 함은 姓字 (성자) (但 姓이 二字인 경우에는 二字의 合數) 와 名의 上字를 合한 畵數意 (획수의) 를 말한 것인데, 이 亨格으로 일목 그 사람의 中心運命 (중심운명) 을 관찰하는 동시에 그의 器局 (기국) 性能 (성능) 과 잠재적 특징을 관파할 수 있는 가장 중요한 부위인고로 이를 中心運이라고도 칭하는 것입니다.

③ 利格 (이격) 은 姓一字 (성한자), 名二字 (명두자) 의 우리 韓國人의 普遍的 姓名 (보편적 성명) 을 기준하야 설명하되 二字 (두자) 또는 四字姓名 (녁자성명) 에 대하여는 다음의 도해로서 說明에 대신하기로 합니다.

利格構成（이격구성）은 姓字와 名의 아래字를 合한 畵數意（획수의）로 定합니다. 이 利格은 亨格과 밀접한 관련성을 보지하고 있으며 內外表裏（내외표리） 관계에 있는 것입니다. 특히 주변환경과 관계 父母（부모）의 유전 내지 成長（성장）하여 결혼후의 운의 파장이 亨格과 相伴（형격과 상반）하여 消長（소장）되는 위치에 있는 것입니다.

여기 利格部（이격부） 구성에 대하여 한말씀 해두지 않으면 안될것은, 過去（과거） 日本（일본）에서 가장 新進姓名學派（신진성명학파）인 熊崎式（구마사까식）에 있어서 姓名은 五格（오격）으로 조직부상하는 方式으로써 이 熊崎式（구마사까식）이 우리 韓國（한국）에서 그대로 全部가 襲用（습용）되는 경향이 많은고로, 이는 우리 國民性의 本質條件（본질조건）에 妥當（타당）하지 않는 면이 있음을 밝혀 시정해 둘 필요가 있다 하겠읍니다.

日本人（일본사람）의 五格剖象法（오격부상법）은 普遍姓名（보편성명）인 四字姓名（넉자성명）에 基準（기준）해서 構成組織（구성조직）한 것인데, 이는 日本人의 國民性（국민성）의 固有性으로 四字姓名을 普遍的으로 사용하게 되었다 하겠고 따라서 姓名의 조직부상법에도 그렇게 法則（법칙）의 타당성을 案出構成（안출구성）한 것이라 할 것입니다. 그러나 우리 韓國人은 日本人과는 다른 民族性(민족성)과 地理的(지리적)환경의 조건으로 인하여 三字姓名(삼자성명)이 普遍的(보편적)이요,三字姓名中心(삼자성명중심)으로 타당되는 姓名(성명)의 조직부상법이 아니면 안될것은 勿論(물론)입니다.

易學(역학)의 根本理致(근본이치)에는 추호의 차가 있을수 없읍니다만,易學(역학)의 學術(학술)을 활용하는 곳과 사람에 따라서는 實地活用方法(실지활용방법)에는 차이가 생기게 되는 것입니다. 韓國人(한국인)은 三字姓名이 普遍性(보편성)으로 되어 있으며, 日本人은 四字姓名이 普遍性이 된 결과에는 반드시 원인이 없을수 없으니 이를 科學的(과학적)으로 分析論理(분석논리) 할 수는 없는 문제이나,그러나 固有한 民族性(민족성)과 地理的環境條件(지리적환경조건)의 差(차)를 말할 수 있는 것으로서 大陸半島(대륙반도)에 位置(위치)하여 별단 地震(지진)이 없는 나라에서 生活하는 韓民族(한민족)과 地震(지진)이 많은 火氣(화기)를 많이 내포한 地帶(지대)에서 생활하는 그 성질과 生活態度(생활태도)와 관습 등의 차이를 身土不二의 原理(원리)로 보아 民族本質(민족본질)의 固有性(고유성)을 들수 있으며,또는 우연한 관습의 來歷(내력)으로 원인 되었다고도 볼 수 있으나,여하간에 우리 韓國人

의 普遍的인 三字姓名 (삼자성명) 에 있어 조직부상하는 방향으로 利格構成 (이격구성) 에 있어서 「姓字」와 「名字의 下字」를 合하여 조직하는 것입니다.

이와같이 하는 이유는 姓은 天氣 (천기) 니 父系요, 名은 地質이니 母系로 形成 (형성) 됩니다. 天地法理 (천지법리) 즉 父母의 陰陽交流 (부모의 음양교류) 로 一道出生 (일도출생) 한 것이 自己 (자기) 니, 自己 (자기) 는 姓과 名과의 一部 (일부) 즉 天地父母 (천지부모) 의 一部로서 유전되어 自己 (자기) 가 있는 것이므로, 姓字와 名上字를 연결하여 天地人 (천지인) 三才法則 (삼재법칙) 의 人의 位置 (인의 위치) 즉 亨格을 구성하고 天地父母의 陰陽交流 (음양교류) 되는 즉 連繫作用 (연계작용) 을 하는 부위를 利格 (天) 으로 하는 것입니다. 그리고 二字姓인 경우에는 姓二字를 合한 數와 各 下子를 連繫 (연계) 하여 利格 (天) 으로 하게 됩니다. 以下 알기쉽게 도식부상예를 게재하니 참고하시기 바랍니다.

④ 貞格은 姓名文字 (성명문자) 의 전부를 合算 (합산) 한 획수의로써 대체로 中年以後로 부터 晩年 (만년) 에 이르기까지 亨格, 利格과 相伴 (상반) 하여 발현하는 운으로써, 運命 (운명) 의 총결산을 亨格, 利格 (형격, 이격) 大運靈動 (대운영동) 과 더불어 論 (논) 하게 되는 運 (운) 입

니다. 大運靈動 三才配置法 (대운영동 삼재배치법) 은
利格 (이격) 이 天 (천) 이요, 亨格 (형격) 이 人 (인) 이
요, 元格 (원격) 이 地 (지) 임을 말해 둔다.

(例)　元亨利貞格，大運靈動天地人　剖象

(원형이정격，대운영동천지인　부상)

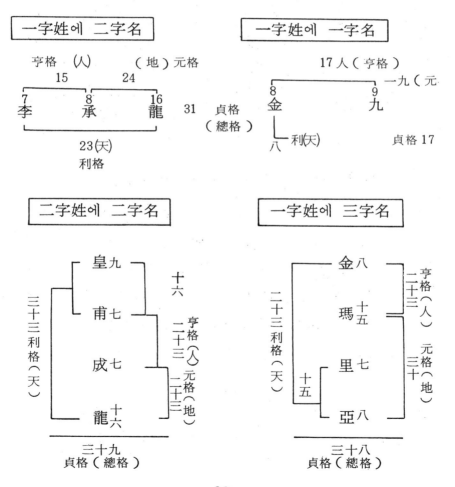

二字姓에 一字名

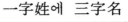

一字姓에 三字名

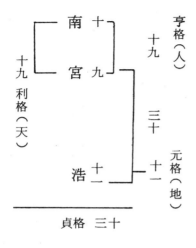

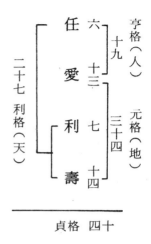

1. 亨格의 中心動力 (형격의 중심동력)

亨格部는 그 사람의 一生 (일생) 을 통한 運命의 中心
點이 되는 部位로서 이 部位에 善良 (선량) 한 數를 가지
고 利格 (이격) · 元格 (원격) 의 방해가 없으면 자연 富
貴幸運 (부귀행운) 이 제래되는 것이고, 萬若 (만약) 亨格
部 (형격부) 에 凶數意 (흉수의) 가 있게되면 그 數理運
波 (수리운파) 에 해당한 凶氣 (흉기) 는 면키 어려울 것
입니다.

假令 (가령) 大運靈動 (대운영동) 의 天地人配置 (천
지인배치) 가 良好 (양호) 해도 어느 一面 (일면) 의 凶

運(흥운)이 靈動(영동)하게 됩니다. 大體(대체)로
亨格部位에 三, 五, 六, 八, 十一, 十三, 十五, 十六, 二
十一, 二十三, 二十四, 二十五, 三十一, 三十三, 三十七
等의 數로 되어있고,三才관계가 良好하면 幸福(행복)되
며 순조로히 成功運(성공운)이 발전되고 그 地位를 保
有(보유)하여 繁榮吉祥(번영길상)으로 유도됩니다. 만
약 이 부위에 四, 九, 十二, 十四, 十九, 二十, 三十, 三
十四 等의 數가 있게되면 大部分 病弱(병약), 短命 (단명)
妻子 生離別,死別, 失敗, 孤獨 (처자, 생이별 사별,실패
고독) 순환운동 등의 흉재를 받읍니다. 또는 七, 八, 十
七, 十八 등의 數가 있으면 意志强固(의지강고)하여 諸
難(제난)을 돌파하고 大事를 성취할 수 있지만, 二十七
二十八 數이면 과강하게 되어 不和爭事(불화쟁사)를 야
기하여 비방공격 혹은 조난 형액 등의 운으로 유도되는 수
가 많고,二, 十二, 十四, 二十二 등의 數는 가족적 인연
이 박약하고 병약, 우수 사업부진 등의 운으로 유도됩니다.

2 . 利格의 靈力(이격의 영력)

利格部는 亨格인 운명의 中心部(중심부)와 密接 (밀접)
한 관계가 있는 동시에 天地를 상통한 의를 내포한 경력
을 보유하고 있되,自己를 主로하고 특히 주의환경 즉 父
母妻子(부모처자) 또는 형제, 붕우, 빈객 등의 대외관
계에 까지 運波靈動(운파영력)을 波及(파급)하고 있

는 부위로 亨格部와 內外表裏 (내외표리) 관계로 되어 있는 것은 勿論이요, 가령 亨格의 數意가 양호하고 利格數 意가 凶하며 또는 조화되어 있지 아니하면 自身은 健康 (건강) 하나 家族 (가족) 이 항상 불건강 하다든지 , 혹은 제사가 善功無德 (선공무덕) 하다든지 하는 運으로 유도 되고 또는 亨格部에 凶數가 있으면 內臟疾患 (내장질환) 을 송환키 쉽고, 利格에 凶數가 있으면 皮膚病 (피부병)에 걸리기 쉬운 것입니다.

3 . 元格貞格의 誘導力 (원격정격의 유도력)

元格과 貞格은 前半生 (전반생) 의 運氣誘導力關係 (운 기유도력관계) 이니, 元格 (원격) 은 大體 (대체) 로 前半 生運 (전반생운) 인 三十七, 八歲 (女性은 二十五, 六歲) 까지의 運이 가장 强하게 發願 (발원) 하되 亨格과 利格 運 (형격과 이격운) 에 수반하여 그 유도력을 첨가하는 格 이고, 貞格은 후반생운인 三十七, 八歲 (女性은 三十五, 六 歲) 以後 (이후) 만년에 이르기까지의 운기를 지배하게 됩니다. 그리고 가령 亨格, 利格이 吉數이고 元格이 凶數 인 경우에는 靑少年時節 (청소년시절) 에 그만한 不運 (불운) 은 면하기 어려운 동시에, 貞格에 吉數 (길수) 를 소유하면 가령 元, 亨, 利格이 모두 凶數라 해도 困苦後 (곤고후) 에 만년에는 어느 정도의 행운을 만회 합니다.

그리고 元格과 貞格의 運氣進退限界（운기진퇴한계）는 三十七, 八歲를 一期劃으로 判然（판연）히 그 영동운력이 바뀌는 것이 아니고 單只（단지） 비교적 강하게 영동한다는 의미며, 중년후에 있어서는 元格運이 附和靈動（부화영동）하여 青少年 時代에도 貞格運（정격운） 역시 부화 유도되는 것입니다. 또는 四十歲 이후에 改名（개명）하는 경우에 있어서도 元格運이 역시 단기간 영동발원 하는 것입니다. 要컨데 姓名力의 暗示發願（암시발원）은 小兒（소아）가 自己姓名을 認識（인식）할때 부터 발현하기 시작하여 점차로 加强靈動（가강영동）하되, 청소년 시기에는 우선 元格運의 영동력이 제일로 영향하고 二十歲 前後부터 차차로 亨格中心運（형격중심운）이 위력이 가미하게 되며, 二十七, 八歲 또는 結婚하면서 부터는 利格運이 대두하여 상호 연관 영동하기 시작하고, 三十七, 八歲 이후부터는 貞格運의 영향력이 현저하게 되며 이에 四大運格이 서로 因果（인과）하여 연관발현하며 運路變遷（운로변천）을 命運해 나가게 되는 동시에 成功運, 基礎運, 夫婦相性運, 子女運 等과 各種（각종）의 부대운이 관련하여 年年이 변하며 成敗吉凶 運命의 消長波調（소장파조）가 유도발현 되는 것입니다.

이 理數（이수）에 精通（정통）하게 되면 實（실）로 姓名으로서 一生을 通한 運命（운명）의 變轉（변전）을 상세하게 明知(명지)하게 됩니다.

제 2 장 姓名의 組織(성명의 조직)

○ 文字

姓名을 구성함에 있어 가장 중요한 것은 文字의 선택이
다. 성명이 이루어지려면 좋든 나쁘든 간에 文字가 있어
야 함은 明白한 사실이다. 그런데 그 많은 文字가운데 어
떠한 字(자)를 선택하는냐가 문제인데 너무 광범위한 면
에서 선택하려면 용의하지 아니하오니 다음의 요령에 의
하여 보면 선택이 용의할 것이다.

1. 父母 및 祖父母의 이름(名字)과 저촉되지 않은
   글자
2. 선조(先祖)나 宗族장상의 함자(啣字)가 모두 같
지 않은 글자(이름자中 上下 한자에 한해서는 같아도 무
방하다)
3. 항렬(行列)이 있는 姓氏일 경우 그 항렬자(行列
字)가 姓字와 관련시켜 數理 및 五行등이 吉格인가 凶格
인가를 보아 만일 吉格을 이룰수 있으면 당연히 항렬자를
사용하고 흉격이면 항렬에 구애됨이 없이 다른 글자에서
선택해야 한다.
4. 같은 글자일지라도 각각 姓에 따라 發音의 어휘가
다르기 마련이다. 發音이 分明하고 어휘가 좋은 글자를선

택하여야 한다.

5. 陰陽 五行 數理 (易象은 현대성명에는 活用度가 稀
少함) 등을 참작해서 모든 格에 부합되는 글자를 많이 추
려낸다.

6. 선택된 글자는 字意가 不吉하면 無用이다. 그러므
로 字意에 대한 사항을 참작해서 선택할것

7. 文字를 抽出함에 있어 便利를 제공하기 위하여 發
音別漢字와 字劃別漢字表를 보면 획수별 五行別로 분류하
였으므로 선택에 이용하면 빠를 것이다.

위에서 말한바와 같이 저속 不吉하지 않는 글자를 20
餘字 抽出해서 白紙上에 기록해 두고 이름자의 上下 語彙
陰陽 數理 五行 三才 四格等에 잘 맞도록 구성해야 한다.

제 3 장   基本數理解說 (기본수리해설)

數 (수) 의 기본은 물론 一 (일) 에서 九 (구) 까지며
十 (십) 은 靈數 (영수) 로 됩니다. 따라서 몇 千萬億 (천
만억) 의 大數 (대수) 를 산수함에도 이 基本 (기본) 이
연장된 大衍數 (대연수) 에 불과합니다. 그러므로 一에서
九의 基本數 (기본수) 의 理致 (이치) 에 통요하게 되면
自然 (자연) 一切數 (일절수) 의 眞理 (진리) 를 해득
하게 되는 것입니다.

" 例 " 를 들면 三百六十五數 (삼백육십오수) 라면 三百

은 " 三 " 의 大衍數고 六十은 " 六 " 의 延長數 (연장수) 입니다. 即 三百六十五는 단지 三과 六과 五의 基本數에 依하여 이를 알수 있는 것입니다. 그리고 數 (수) 는 宇宙 (우주) 의 本質 (본질) 그대로인 性質上 (성질상) 時 (시) 의 古今 (고금) 과 洋 (양) 의 東西 (동서) 로 相異 (상이) 되는 것이 아니며 永久 (영구) 히 不滅不變 (불멸불변) 의 性質 (성질) 이 있음으로 아무도 변동시킬 수 없는 一大眞理 (일대진리) 입니다.

따라서 易學 (역학) 을 위시하여 기타의 運命學術 (운명학술) 이 그 어느 것이나 數 (수) 를 기초로 하여 구성되어 있다는것 역시 당연지사라 하겠다.

易學 (역학) 의 根本 (근본) 은 河圖洛書 (하도낙서) 인데 一에서 九까지의 數며 其他 운명학술 역시 一에서 九의 기본수로서 조직되어 있는 것입니다.

姓名學 (성명학) 에 응용하는 八十一 수의 수리도 이 기본수인 九수의 自乘 (자승) 수 즉 九九-八十一數 九九의 교차수로 되어 있는 것이고 宇宙萬有一切 (우주만유일절) 은 모두, 이 八十一數의 論理中 (논리중) 에 포함되어 있는 것입니다.

〈 洛書 第二圖 〉

六	一	八
七	五	三
二	九	四

　洛書(낙서)는 夏時代(하시대) 約 四千여년전에　禹王(우왕)이 洛水(낙수)에서 捕獲(포획)한 神龜背上(신규배상)에 마치 折文字畵(절문자획)과 같이　배열되어 있는 點(점)의 數(수)를 보고 이를 조직한 것이라 傳(전)해 오고 있읍니다. 그래서 洛書(낙서)의　名(명)이 있는 것인데 제 1 도는 원도이고 제 2 도는　數字로 고쳐서 배열표시한 것입니다.

　그런데 一三七九의 奇數(기수)는 陽數(양수)로　東西南北(동서남북)　四正(사정)에 位置(위치)하고, 二四六八의 偶數(우수)는 陰數(음수)로 乾坤巽艮　四維(건곤손간　사유)에 退(퇴)하여 있되 그 合數(합수)는 중앙 五를 除外하고 어느편으로　상대하여 보나 十數로 되어 있으며,五數는 중앙에 위치하여 八方의 數를 統制(

통제)하는 象數(상수)로서 易(역)에서 參天兩地(삼천양지)라 하여 三陽二陰(삼양이음)으로 構成(구성)된 中心數(중심수)인 것입니다. 易學(역학)은 禹王으로부터 約一千年後인 周文王에 의하여 以(이) 洛書(낙서)를 基礎(기초)해서 五行法則(오행법칙)이 完成(완성)된 것이고, 今日의 周易(주역)이란 이름으로 전해지는 것은 즉 이 연고라 합니다.

이 八十一數의 靈動力(영동력)을 人間의 姓名上에 응용하여 운명을 測定(측정)하여 或은 着用하여 好轉(호전)할 수 있는 것입니다.

제 4 장   陰陽配置의 解說論(음양배치의 해설론)

宇宙自然界(우주자연계)의 모든 진리를 哲學的(철학적)으로 해설한 것이 즉 東洋哲學(동양철학)의 근간인 陰陽學(음양학)이니, 陰(음)에 대한 한세력이 있어 陰(음)과 陽(양)의 두 勢力(세력)을 상대결합 시키므로서 造化(조화)가 일어나니 易經(역경)을 보면 天地配合(천지이합)하니 萬物(만물)이 化生(화생)한다 하였으니, 즉 天은 陽(양)이요, 地는 陰(음)이며, 男은 陽(양), 女는 陰(음), 動(동)은 陽(양), 靜(정)은 陰(음)인 것이다.   天地萬物(천지만물)을 계산하자면 無限大(무한대)하나 最小約分(최소약분)하면 一二三四五六七八九十이며 一은 陽이며, 二는 陰이고 奇數(기수)

는 陽이며, 偶數(우수)는 陰이니 一三五七九는 奇數인 陽이며 二四六八十은 偶數인 陰이다.

① 天干(천간)의 甲丙戊庚壬은 양이오, 乙丁巳辛癸는 음이다.

② 地支(지지)의 子寅辰午申戌은 양이오, 丑卯巳未酉亥는 음이다.

③ 八卦(팔괘)의 ━ 는 양효(陽効)라 하고, ━ ━ 는 음효(陰効)라 하는데, 乾(건)☰ 坎(감)☵ 震(진)☳ 艮(간)☶ 괘는 모두 양에 속하고, 坤(곤)☷ 離(이)☲ 兌(태)☱ 巽(손)☴ 괘는 모두 음에 속한다.

◎ 數字의 陰陽表示 (숫자의 음양표시)

○	一	十一	二十一	三十一	四十一	五十一	六十一	七十一	八十一	九十一
●	二	十二	二十二	三十二	四十二	五十二	六十二	七十二	八十二	九十二
○	三	十三	二十三	三十三	四十三	五十三	六十三	七十三	八十三	九十三
●	四	十四	二十四	三十四	四十四	五十四	六十四	七十四	八十四	九十四
○	五	十五	二十五	三十五	四十五	五十五	六十五	七十五	八十五	九十五
●	六	十六	二十六	三十六	四十六	五十六	六十六	七十六	八十六	九十六
○	七	十七	二十七	三十七	四十七	五十七	六十七	七十七	八十七	九十七
●	八	十八	二十八	三十八	四十八	五十八	六十八	七十八	八十八	九十八
○	九	十九	二十九	三十九	四十九	五十九	六十九	七十九	八十九	九十九
●	十	二十	三十	四十	五十	六十	七十	八十	九十	百

(○표는 양수 ●표는 음수의 표시다)

제 5 장   陰陽 (음양) 의 배치

1 . 陰陽의 구분

陰陽에 대해서는 陰陽配置 (음양배치) 의 해설론에 詳術 (상술) 하였으나 여기에는 그 원리에 입각한 姓名 (성명) 을 직접 조직하는 요령을 설명하게 되므로 편의상 다시 구분하는 바 성명학에 적용되는 음양은 오직 文字가 지닌 劃數 (획수) 에 의하여서만 구분한다.

陽의 劃數 = 一・三・五・七・九
陰의 劃數 = 二・四・六・八・十

一・三・五・七・九의 홀수 (奇數) 는 陽數 (양수) 라 하고, 二・四・六・八・十의 짝수 (偶數) 는 陰數라 하는데 그 획수가 十數이상인 때는 十單位 (십단위) 를 제 (除) 하고 남은 單數 (단수) 를 기준해서 陰陽을 구분한다.

(例를   들면)

○ 十一, 十五, 十七, 二十三, 二十五등은 十단위를 제하면 一・五・七・三・五이니 이것은 陽數이다.

● 十四, 十六, 十八, 二十, 二十六등은 역시 十단위를 제하면 四・六・八・十・六이 되니 모두 陰數에 속한다.

2 . 姓名學上 (성명학상) 음양의 부호 (符號)

姓名 (성명) 배치에 있어 陰陽을 表記 (표기) 할 때 陰・陽등으로 文字를 쓰지 아니하고 부호 (符號) 를 代用하

는바 그 부호는 다음과 같이 한다.

○=陽의 符號 一·三·五·七·九

●=陰의 符號 二·四·六·八·十

3. 陰陽(음양)의 배치

부호로서 각 姓名의 字劃(자획)으로 산정(算定)된 음양배치 관계를 다음과 같이 표기한다.

㉮ 一字姓 二字名의 표기

○○○=글자가 모두 陽(양)획으로만 된것

●●●=글자가 모두 陰(음)획으로 된것

●○●, ○●○, ○●●, ●●○, ○○●, ●○○은 음양이 고루 조화구비되어 배치된것

㉯ 一字姓 一字名의 표기

○○=획수가 모두 양으로만 된것

●●=획수가 모두 음으로된 배치

●○. ○●은 음양이 조화 구비되어 배치 된것

㉰ 二字姓 一字名의 표기

姓字가 二字인 경우는 그 姓名二字를 합한 획수를 기준으로 하므로 一字姓 一字名과 같이 한다.

(例를 들면)

①   ●
    16   ●
        10
    皇甫   祚
    九 七   十

②   ●   ○
    20   15
    鮮于   輝
    十三   十
    七   五

③　　　　○　　　　●　　　　④　　　　○　　　　●
　　　　　19┘　　　　　　　　　　　　　13┘　　10

南 宮　　錫　　　　　　　　司 空　　根
九 十　　十六　　　　　　　五 八　　十

㉣ 二字姓 二字名

二字姓 二字名의 음양배치 一字姓 二字名의 때와 같이 한다.

（例를 들면）

①　　　　　　②　　　　　　③　　　　　　④
司 5┐　　　皇 9┐　　　南 9┐　　　鮮 17┐
　　}13 ○　　}16 ●　　}19 ○　　}20 ●
空 8┘　　　甫 7┘　　　宮 10┘　　于 3┘

正 5 ○　　秀 7 ○　　秀 7 ○　　弘 5 ○
植 12 ●　根 10 ●　吉 6 ●　煥 13 ○

㉤ 一字姓 三字名

一字姓 三字名인 경우는 다음과 같이 음양을 배치한다.

（例를 들면）

①　　　　　②　　　　　③　　　　　④
安 6 ●　　안 4 ●　　河 9 ○　　김 5 ○

百 6┐　　마 5┐　　長 8┐　　대 5┐
　}12 ●　　}9 ○　　}19 ○　　}9 ○
年 6┤　　리 4┤　　流 11┤　　리 4┤
　}14 ●　　}8 ●　　}25 ○　　}8 ●
岩 8┘　　아 4┘　　水 4┘　　사 4┘

4. 姓名의 음양배치에 의한 길흉

성명구성에 있어 음양이 조화(調和)를 잘 이룬 배치
는 一陽二陰 一陰二陽格으로 되어야 좋다.(例 ●○○
○●○   ○●●   ○○●   ●○●   ●●○) 순음 순양 (純
순음 순양 (純陰 純陽)으로만 배치된 것은 좋지 않다.
(例, ○○○, ○○ 순양   ●●●   ●● 순음)

여기에 음양의 성질을 말하면 양 (陽) 의 성질은 강하
고 곧고 급하고 적극적 독립적 활동적이며 단순하다.
陰 (음) 의 성질은 양과 반대이므로 약하고 부드럽고 느
리고 소극적이고 의존적이고 수동적이고 섬세하여 복잡하
다.

성명 (姓名)의 글자 획수가 모두 一三五七九 로 구성되
어 있으면 순양 (純陽)으로만 된 이름이니 용기 (勇氣)
있고 추진력이 강하여 활동적이나 너무 지나쳐서 섬세한
배려가 결핍되고 또는 고독한 명 (命) 을 암시해주고 글
자 획수가 모두 二四六八十의 순음으로만 구성되면 연약하
고 소극적이며 내향성 참을성이요 여성적이어서 우유부단
한 경향에 흐르기 쉽다.

"例" 조화된 음양의 배치

金 8 ●	金 8 ●	許 11 ○	全 6 ●
泰 9 ○	東 8 ●		
勳 16 ●	漢 15 ○	旭 6 ●	一 1 ○

제 6 장   五 行 (오행)

1. 五行이란 木火土金水의 다섯가지를 말한다. 천지만물에는 오행 역시 음양과 마찬가지로 五行에 속하지 않은 것이 없다.

이 五行은 서로 生(생)해주는 것과 서로 克(극)하는 것과 서로 比和(비화)되는 관계가 형성되는바 이 五行의 소속에 대하여 기록한 후에 姓名學(성명학)상 관계되는 오행을 설명하기로 한다.

○ 天干(천간) 甲乙은 木, 丙丁은 火, 戊己는 土, 庚辛은 金, 壬癸는 水

○ 地支(지지) 子亥는 水, 寅卯는 木, 巳午는 火, 辰戌丑未는 土, 申酉는 金이다.

○ 八卦(팔괘) 震巽(진손)은 木, 離(이)는 火, 艮坤(간곤)은 土, 乾兌(건태)는 金, 坎(감)은 水이다.

○ 五時(오시) 春(봄)은 木, 夏(여름)은 火, 秋(가을)은 金, 冬(겨울)은 水, 四季節(사계절) 三 六 九 十二月은 土에 속한다.

○ 五方(오방) 東(동)은 木, 南(남)은 火, 西(서)는 金, 北(북)은 水, 中央(중앙)은 土에 속한다.

○ 五色(오색) 靑色(청색)은 木, 赤色(적색)은 火, 黃色(황색)은 土, 白色(백색)은 金, 黑色(흑색)은 水에 속한다.

○ 五音（오음） 宮音（궁음）은土,발음은 아 하 이다. 商音（상음）은 金,발음은 사 자 차이고,角音（각음）은 木 , 발음은 가 카이다. 徵音（치음）은 火에 속하고,발음은 나 다 라 타이다. 羽音（우음）은 水이고,발음은 마 바 파이다. （宮商角徵羽음이다）

○ 劃數五行（획수오행） 1，2木 3， 4火 5， 6土 7， 8金 9， 10水이다.

2． 姓名學的五行（성명학적오행）을 說한다면 성명학에 있어서는 姓과 이름자에 五行을 붙이는데 글자의 획수에 의해 정하는 오행과 글자의 각 발음에 의하여 정하는 五行 두 가지가 있다. 그래서 전자인 획수오행을 수리오행 이라 하고 후자인 발음오행은 음오행이라 칭한다. 작명 구성상 수리오행이든 음오행이든 모두를 동시에 부합시켜 작명하려면 구성이 매우 복잡하니 전자나 혹은 후자중에 한 가지만 택해서 성명 구성하면 됩니다. 가급적 음오행을 붙이고 수리는 수리로써 吉格을 이루는 것이 좋다.

三 元 五 行

五行	木	木	火	火	土	土	金	金	水	水
數理	一	二	三	四	五	六	七	八	九	十
天干	甲	乙	丙	丁	戊	巳	庚	辛	壬	癸

위와 같이 天干순서로 五行을 정한 것인데 가령 一은 甲으로 보고 二는 乙로 보아 각각 그 천간에 따른 五行을 단다. 이 五行을 五行구성으로 볼때 다음과 같은 요령으로 劃數(획수) 五行을 정해서 사용한다.

(○ 例 一字姓 二字名)

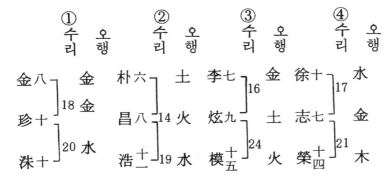

위 例(예)와 같이 姓의 획수를 계산 그 획수에 해당되는 五行을 맨 윗자리 姓字 옆에 쓰고 姓字와 이름 上字 획수를 합해서 나온 數字에 해당되는 五行을 이름 아래자 옆에 쓴다.

(○ 例 一字姓 一字名)

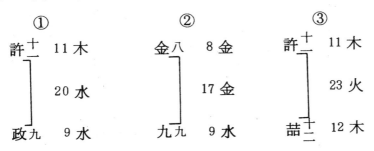

-57-

○ 二字姓 一字名 및 二字

①
皇 9 ┐ 土
甫 7 ┘
土
26
祚 10 ┘ 水

②
司 5 ┐
空 8 ┘ 13
18 金
正 5 ┐
植 12 ┘ 17

③
火 鮮 17 ┐
干 3 ┘ 20
25 土
弘 5 ┐
金 煥 13 ┘ 18

④
水 南 9 ┐
宮 10 ┘ 19   水
22 木
大 3 ┐
金 錦 16 ┘ 19   水

② 발음(發音)오행의 구분

1. 가, 카 音은 木(글자의 音이 ㄱ ㅋ으로 된것)

2. 나, 다, 라, 타 音은 火(글자의 音이 ㄴ ㄷ ㄹ ㅌ으로 된것)

3. 아, 하 音은 土(글자의 音이 ㅇ ㅎ으로 된것)

4. 사, 자, 차 音은 金(글자의 音이 ㅅ ㅈ ㅊ으로 된것)

5. 마, 바, 파 音은 水(글자의 音이 ㅁ ㅂ ㅍ으로 된것)

(○ 발음五行을 붙인 성명구성의 例)

①
木 南 남
宮 궁

土 雄 웅

②
木 金 김

火 泰 태

土 勳 훈

③
土 洪 홍

金 昌 창

土 源 원

④
火 李 리

土 宇 우

金 相 상

二字姓의 경우 발음五行이 둘인데 여기서는 나중에(뒤에) 발음되는 五行을 원칙으로 한다.(或書에는 先主音後從音으로도 하고 있다.) 그러므로 南宮은 木이오,諸葛은 木이고,鮮干는 土요,司空은 木이요,西門은 水이고, 皇甫도 水다. 東方은 水이고,公孫은 金이다.乙支는 金이오,獨孤는 木이다 라고 보아야 된다.

○ 五行표시도

天 干	甲 乙	丙 丁	戊 巳	庚 辛	壬 癸
數 理	一 二	三 四	五 六	七 八	九 十
五 行	木	火	土	金	水
發 音	가 카	나다라타	아 하	사자차	마바파

○五行相生(오행상생)

五行의 相生(상생)은 다음과 같다.

金生水　　水生木　　木生火　　火生土　　土生金

金은 水를 生하고,水는 木을 生하고,木은 火를 生하고火는 土를 生하고,土는 金을 生한다. 그러므로 金水가 상생이고,水木이 상생되고,木火가 상생되며,火土가 상생되고土金이 상생이다.

○ 五行相剋(오행상극)

五行의 相剋은 다음과 같다.

金克木　　木克土　　土克水　　水克火　　火克金

·金은 木을 克하고, 木은 土를 克하고, 土는 水를 克하고, 水는 火를 克하고, 火는 金을 克한다. 그래서 金木이 상극이오, 木土가 상극이오, 土水가 상극이요 水火가 상극이오 火金이 상극이다.

○ 五行比和(오행비화)

五行간에 比和(비화)되는 것은 다음과 같다.

金—金 木—木 水—水 火—火 土—土

金과 金은 비화요, 木과 木이 비화요, 水와 水가 비화요, 水와 水가 비화요, 火와 火가 비화요, 土와 土가 비화요.

③ 五行의 吉凶(길흉)별 구성

○ 五行相生格(오행상생격) 배치

오행은 相生이 되도록 배치해야 대길하다. 姓名(성명) 二字에 붙는 五行이 위에서 아래로 생하는 것이 있고, 아래서 위로 올라가며 생하는 것이 있는데 모두 상생되는 吉(길)한 배치다.

① 金金水　金水水　金水木　金金土　金土土　金土火
　金水金　金土金
② 木火土　木木水　木木火　木火火　木水木　木水水　木水金
　木火木
③ 水木木　水水木　水水金　水木水　水木火　水金金　水金土
　水金水

④ 火土金 火木水 火火土 火土土 火火木 火木木 火土火
　　火木火

⑤ 土火土 土金土 土火木 土金水 土土金 土金金 土土火
　　土火火

　　○ 五行相克格 (오행상극격) 배치

오행상생과 반대로 오행이 위에서 아래로 아래에서　위
로 相克 (상극) 되는 배치는 다음과 같이 성명에 된 것이
며 모두 흉한 것이다.

① 金金木 金金火 金木木 金火金 金火火 金木土 金火水
　　金木金

② 木木土 木木金 木土土 木金木 木金金 木金火 木土水
　　木土木

③ 水水土 水水火 水火火 水土水 水火水 水土土 水火金
　　水土木

④ 火火金 火火水 火金金 火水火 火金火 火水水 火金木
　　火水土

⑤ 土土木 土土水 土木木 土水水 土木土 土水土 土水火
　　土木金

　　○ 五行상생 상극혼합배치

이러한 오행의 배치는 姓名의 三字가 相生 (상생) 도 되
고 相克 (상극) 도 되는 것으로 運 (운) 에 있어서도　吉

凶相半（길흉상반）의 작용을 말하며 다음과 같다.

① 金火土　金木水　金土水　金水土　金木火　金土木　金火木
金水火

② 木土火　木火水　木水火　木金土　木火金　木金水　木土金
木水土

③ 水土金　水火木　水金木　水木金　水火土　水金火　水土火
水木土

④ 火水木　火金土　火木土　火土木　火金水　火木金　火水金
火土水

⑤ 土木火　土水金　土火金　土金火　土水木　土火水　土木金
土金木　金金金　木木木　水水水　火火火　土土土

제 7 장　三才 四格（삼재 사격）

① 三才（삼재）는 三元（삼원）이라고도 하는데　姓名（성명）의 글자 배합에 있어 天（천）·人（인）·地（지）를 말하고

② 四格（사격）은 元（원）·亨（형）·利（이）·貞（정）을 말한다.

③ 三才 四格（삼재　사격）의 위치는 아래와 같다.

○ 天格（천격）은 성자와 이름자 아래 글자의　획수를 合한 數字（숫자）인데 四格（사격）가운데　利格（이격）에 해당된자

○ 地格(지격)은 이름자의 위 글자와 아래글자 획수를 합한 숫자로서 四格(사격) 가운데 元格(원격)에 해당한다.

○ 人格(인격)은 姓字와 이름자 위 글자의 획수를 합한 숫자로서 四格(사격) 가운데 亨格(형격)에 속한다.

○ 그리고 성자와 이름자 전부를 합한 획수를 종합한 숫자를 總格(총격)이라 하고 四格에는 貞格(정격)에 해당된다.

○ 一字姓 一字名(한자성 한자명)의 경우에 姓의 획수가 天格(천격) 四格의 利格(이격)이오, 이름 글자가 地格(지격) 四格의 元格(원격)이요, 성과 이름 글자를 합한 획수가 人格(인격) 四格의 亨格이며 그리고 성과 이름을 종합한 숫자가 總格(총격) 四格의 貞格이다. 다음에 도시한 예를 참고하시기 바랍니다.

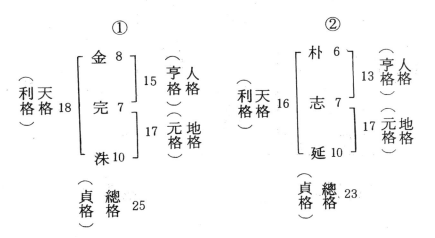

-63-

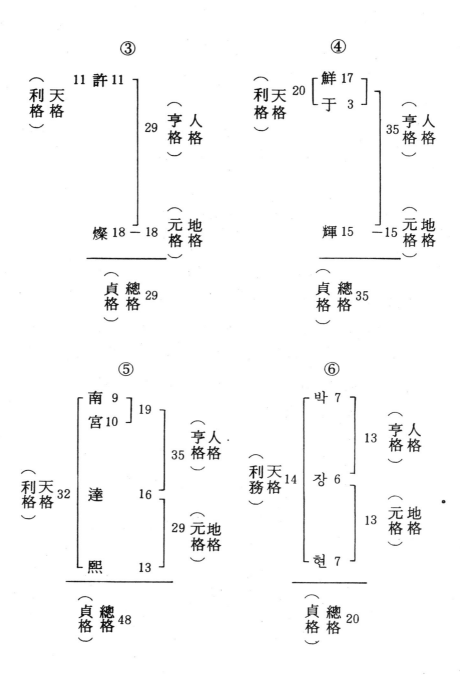

③

11 許 11

（利格）天格

29 （亨格）人格

燦 18－18 （元格）地格

（貞格）總格 29

④

（利格）天格 20 ⌈鮮 17 于 3⌉

35 （亨格）人格

輝 15 －15 （元格）地格

（貞格）總格 35

⑤

⌈南 9 宮 10⌉ 19

35 （亨格）人格

（利格）天格 32 達 16

29 （元格）地格

熙 13

（貞格）總格 48

⑥

⌈박 7⌉

13 （亨格）人格

（利務）天格 14 장 6

13 （元格）地格

현 7

（貞格）總格 20

제三편 姓名組織의 原理

第1章 姓名文字의 意義 (성명문자의 의의)

姓名 (성명) 은 各人 (각인) 이 日常生活 (일상생활) 에 있어서 相互間 (상호간) 에 호칭되는 역할을 제일 많이 차지하고 있는 것이며, 만약 姓名文字 (성명문자) 로 어둡고 不吉 (불길) 한 印象 (인상) 을 받는 사람은 언젠가는 自己 (자기) 가 모르는 동안에 그와 같은 暗示 (암시) 를 받게될 것이다. 反面 (반면) 에 명랑하고도 좋은 印象 (인상) 을 받게되는 姓名 (성명) 은 明朗 (명랑) 한 암시를 무의식리에 받아서 그 성격자체도 명랑하게 되는 것이므로 良名 (양명) 은 良心 (양심) 을 살리는 것이 姓名學 (성명학) 의 원칙으로 되고 있는 것이다. 우리들의 모든 일상생활에 있어서 습관은 중대한 영향을 가지고 오는 것이라 우리 人間 (인간) 은 육체에 있어서도 祖上 (조상) 들이 代代 (대대) 의 관습이 우리들에게까지 重大한 변화를 가져와서 현재 우리들과 같은 人間 (인간) 을 만들게 된 것이다. 原時第一時代 (원시제일시대) 의 人類 (인류) 는 현대의 우리들이 想像 (상상) 할 수 있는 사실이 아니라고 果然 (과연) 그 누구가 말할 것인가, 이것은 數千年 (수천년) 동안에 습관에 따라서 변화된 것이 否定 (부정) 할 수 없는 증거가 되는 것이다.

우리에게도 어떤 暗示 (암시) 를 받았다고 하면 반드시 우리의 性格上 (성격상) 重大 (중대) 한 영향이 올 것은 너무나도 明白(명백)한 사실이다. 或(혹)은 직접적으로 혹은 간접적인 연상에 의하여 善(선), 惡(악), 優美(우미), 醜惡(추악) 등 여러가지의 感情(감정)을 일으킬 것이다. 단순히 한번보고 또는 한번 들어서 여러가지로 感覺(감각)이 錯雜(착잡)할진데 그 성명의 主人公(주인공)으로 하여금 수없이 호칭되어 계속된 暗示(암시)는 결국 습관이 되어 중대한 악영향을 가져올 것은 용의하게 생각될 수 있는 하나의 生活哲學(생활철학)에 속하는 상식문제일 것이다. 그 姓名(성명)에 사용되는 文字(문자)로부터 받은 印象(인상)을 생각하여 보자.

黑(흑)이란 字(자)와 雲(운)이란 字(자) 등은 누구라도 惡印象(악인상)을 받을 것이다. 反對(반대)로 白字(백자)와 平字(평자)에서 善(선)한 감각을 느낄 것이다. 그리고 岩(암)자, 石字(석자), 鐵字(철자) 等(등)은 강경감을 가질 것이다. 金字(금자), 銀字(은자) 寶字(보자)는 하나의 玩具物(완구물)로 生覺(생각)될 것이 사실이다. 그리고 姓名(성명)을 讀下(두하)하여 보면 어떤 意義(의의)를 生覺(생각)할 것이다.

例(예)를 들어서 말하자면 楊春逢(양춘봉)이란 姓名이 있다고 하자 버드나무가 봄을 맞았으니 잘 무성할 것이나, 楊旱天(양한천)이란 姓名(성명)이 있다고 하자 버드나무가 하늘에서 비가 오지 않으니 枯死(고사)하고 말 것이다. 前者(전자)는 吉(길)하나 後者(후자)는 不吉(불길)한 意義(의의)라 함은 말할 必要(필요)도 없는 것이다. 그러나 過(과)한 욕심은 凶(흉)한 결과가 오는 것이다. 例(예)를 들면 萬福(만복), 萬壽(만수), 萬吉(만길), 善吉(선길), 良吉(양길) 등 명은 사용하면 오히려 逆(역)되는 것이니 使用(사용)않는 것이 좋을 것이다. 人名(인명)에 사용치 않는 文字(문자)를 記(기)하면 春(춘) 夏(하) 秋(추) 多(동) 天(천) 地(지) 乾(건) 雨(우) 露(로) 霜(상) 龍(용) 虎(호) 聲(성) 石(석) 岩(암) 乭(돌) 重(중) 輕(경) 菊(국) 梅(매) 花(화) 香(향) 一 二 三 四 五 六 七 八 九 十(일 이 삼 사 오 육 칠 팔 구 십)기타 動物(동물)의 名(이름)에 속하는 字(자)는 大凶(대흉)하니 사용치 말것이며, 名(명)에 사용되는 文字(문자)는 다음에 기록하니 잘 보면 알 수 있을 것이다. 姓名文字(성명문자)는 字意(자의)와 音(음)이 확실하여야 되며, 淸音(청음)은 吉(길)하나 濁音(택음)은 凶(흉)한 故(고)로 濁音(탁음) 또는 兩音(양음)이 나오는 文字(문자) 音(음)이 확실치 않은 文字(문자)는 여하히 字意(자의)가 吉好(길호)하여도 사용하여서는 안될 것이며 또는 어려운 文字도 結果(결과)가 凶(흉)할 것이니 사용치 말것이며 부르기 좋고 듣기 좋고 쓰기 좋고 其他(기

타) 作名法 (작명법) 에 잘 맞추어야 할 것이다. 다른
재 조건이 잘 具備 (구비) 되였다 하여도 意義 (의의) 讀
下 (독하) 의 語調 (어조) 와 字意 (자의) 가 맞지 않으면
반드시 凶運 (흉운) 에 봉할 것이다. 새로 作名 (작명) 함
에 있어서는 勿論 (물론) 자의와 意義讀下 (의의독하) 의
어조를 參酌 (참작) 할 것이나 기히 命名 (명명) 한 사람
도 凶 (흉) 하면은 改名 (개명) 하여 凶運 (흉운) 을 避
(피) 해야 할 것이다.

第 2 章   文子의   選擇方法

文字 (문자) 를 선택함에 있어 다음 사항을 유의하여 이
런 文字는 쓰지 말아야 한다.

1 . 글자의 劃數가 극히 복잡한 것
획수가 너무 많고 복잡하면 이름을 쓸때 쉽게 기록하거
나 읽기가 어렵다.
(例 : 鑽 䕘)

2 . 비슷한 글자가 있어 잘못 읽기 쉬운 글자
(例 : 微 徵 潁 頴 檜 繪 錫 錫)

3 . 두가지 발음을 내는 글자

（例）龜（귀·구）丹（단·안）宅（택·댁）度（도·탁）省（성·생）識（식·지）參（삼·참）行（행·항）畵（화·획）北（북·배）討（토·투）등의 글자

4. 자기의 姓과 같은 글자
   （例：全今全 朴永朴 等）

5. 姓字 바로 밑에 글자가（이름자）성자의 발음과 같은 글자
   （例：鄭正吉 李二男 張章洙 洪弘旭）

6. 글자의 뜻이 비속된 것
   乞（빌걸） 下（아래하） 毛（터럭모） 戶（지게호）
去（갈거） 奴（종노） 占（점칠점） 皮（가죽피） 穴（구멍혈） 肉（고기육） 灰（재회） 朽（냄새후） 卑（낮을비） 走（달아날주） 姚（예쁠요） 於（놀어） 等 외에도 비속글자가 많다.

7. 글자의 뜻이 불길한 것
   仇（원수구） 不（아닐불） 吊（조상조） 凶（흉할흉）
失（잃을실） 亡（망할망） 尼（중니） 囚（가둘수） 虛（빌허） 空（빌공） 死（죽을사） 落（떨어질락） 病（병들병） 退（물러갈퇴） 叩（두드릴고） 等의 글자가 많은데 이름에 쓰면 不吉하다.

8. 글자의 모양 및 뜻이 허약한 글자

  ○ 空 虛 消 雲 風 無 幻 柔 分 等의 글자는 전부 뜻이
허하다.

  ○ 弓 門 行 八 二 方 戊 等의 글자는 짜임새가 허하다.

  ○ 弱 微 小 幼 柔 流 細 草等은 모두 글자의 뜻이 약하
다.

  ○ 羊 千 平 斤 年 中 申 辛 市 等의 글자는 곧 쓰러질
것 같은 기분이 들어 불안해 보인다.

9. 새, 짐승, 벌레, 물고기 등에 쓰이는 글자를 사람의
이름자에는 쓰지 않는 것이 옳다고 본다.

  ○ 鳥 雁 鳩 鵑 稚 鶴 等의 날짐승의 이름으로 쓰이는
글자

  ○ 犬 奸 抓 牛 馬 羊 兔 狼 虎 龍 猪 猥等의 짐승 이름
의 글자

  ○ 蟲 虹 蚣 蛇 蛙 蜘 蚓等의 벌레의 이름 글자

  ○ 魚 鮏 鮮 鯨 等 물고기 이름의 글자

10. 사람의 신체 부분에 속하는 글자

  頭 手 肩 腹 背 胸 腑 耳 足 脚 目 眼 口 鼻 臂 胃 腸
腎 等의 글자는 사람의 이름에 쓰지 아니한다.

  위에서 열거한 바와 같이 이름에 쓸수 있는 글자와 쓰
지 못하는 글자를 알아야 한다. 이 10가지 외에 해당되지 않

은 글자는 가급적 사용 않는게 좋다.

● 사람의 이름에 불리한 文字 (글자)

○ 乭 (돌돌) 三乭, 福乭, 次乭, 萬乭, 壽乭 等의 이름은 천박스럽다.

○ 福 (복복) 萬福, 七福, 英福, 五福, 三福, 福順, 福伊, 福姬, 福禮 等은 발음상으로도 속되고 천박하다.

○ 天 (하늘천) 남자이름 장남에만 쓴다. 너무 높아서 進就의 기상이 없다.

○ 乾 (하늘건) 陽 (양)이오 하늘이다. 남자이름만이 쓰이고 長男의 경우다. 이는 아래로 내려간다는 의미가 내포되고 있다.

○ 日 (날일) 陽이요 男子인경우에 쓰이는 글자이다. 너무 밝아서 德性 (덕성)이 보이지 않는다.

○ 東 (동녁동) 방위의 으뜸이다. 長男, 長女에 쓰인다. 行列子에도 많이 쓰이나 그외는 마땅치 않다.

○ 春 (봄춘) 長男, 長女에게 쓰이지만 여자 이름에는 春 (봄춘자)을 쓰면 春子, 春心, 春玉, 春姬, 春花, 春任, 春美 대개 花柳界 같은 직업에 있거나 일찍 정조를 잃는 경우가 많다. 즉 속되고 천박한 이름이다. 가급적 쓰지 말 것.

○ 仁 (어질인) 仁은 元에 속하고 東에 속한다. 長男, 長女의 이름에 쓰인다. 글자의 뜻은 좋으나 너무 희생적이고 자존심이 강하다.

○ 上 (위상) 長男, 長女의 이름에 쓰이나 장차 내리막길이라는 암시가 있다.

○ 甲 (갑옷갑) 순서로서는 제1 먼저이다. 고로 長男 長女의 이름에 쓰이는데 글자의 모양이 좀 불안하다.

○ 子 (아들자) 십이지 (支) 의 첫번째 자이다. 長男 長女의 이름에 쓰인다. 특히 女子의 이름에 많이 써오고 있으나 너무 흔하고 가벼워서 쓰지 않는 것이 좋다.

○ 長 (어른장) 은 長男, 長女에게만 쓰는데 발전의 기상이 없다.

○ 起 (일어날기) 장남, 장녀에만 쓰인다.

○ 新 (새신) 처음이란 뜻에서 장남, 장녀에만 쓰인다.

○ 一 (한일) 첫번째인고로 장남, 장녀에만 쓰인다.

○ 宗 (마루종) 宗은 종손이란 뜻이고 長孫에만 쓰인다. 次孫에는 쓰지 아니한다.

○ 先 (먼저선) 長男, 長女에만 쓴다.

○ 初 (처음초) 처음초는 먼저라는 뜻이다. 고로 가장 먼저 태어난 子女에 쓴다.

○ 始 (비로소시) 長男, 長女의 이름에만 쓴다.

○ 元 (으뜸원) 장남, 장녀의 이름만 쓰고 行列(항렬)
자에 쓰인다.

○ 龍 (용룡) 글자의 이상이 너무 커서 도리어 불리하
다.(三龍, 七龍, 龍八, 福龍)

○ 壽 (목숨수) 命에만 집작되어서 원대한 이상의 기
품이 보이지 않는다.

○ 愛 (사랑애) 너무 애정에 치우치는 기분이다.(英愛
貞愛, 寶愛, 信愛, 仁愛, 愛香, 愛順, 愛子, 愛姬)
等 女子의 이름에 많은데 너무 감정적이고 비극적인
느낌이 든다. 품위 있고 고상미가 없다.

○ 雲 (구름운) 아호(雅號)에는 많이 쓰이지만 사람
의 이름에는 實 (실)한 맛이 없어 좋지 못하다.

○ 梅 (매화매) 여자의 이름에 쓰이는데 藝名에는 써
도 무방하다. 풍상이 많고 고독한 뜻이 있는 文字다.

○ 花 (국화) 여자를 상징하는 文字이다.
여자의 이름에 많이 쓰는데 화류계 같은 직업 여성
의 이름에 많다. 일반적인 이름에는 마땅치 않다.

○ 吉 (길할길) 뜻은 양호하지만 풍기는 맛이 없어 가
볍고 천박하다.

○ 海 (바다해) 방랑적이고 돈이 해푼 글자다. 실속이
적어 보인다.

○ 九 (아홉구) 잘 발전해 나가다가 결정적인 순간에

좌절당하기 쉬운 의미의 글자다.

○ 童 (아이동) 어린아이의 별명같은 글자다. 어른
  도 어린이 같은 기분이 들어 천박하다.

○ 星 (별성) 연예인등 예명에 쓰이지만 보통 이름
  에는 너무 이상적이고 꿈 같은 글자라서 쓰지않는
  것이 좋다.

○ 風 (바람풍) 허무한 감이 든다. 실제성이 없는 글
  자로 쓰지 못한다.

○ 玉 (구슬옥) 玉字의 이름을 쓰는이는 성격이 까다
  롭다. 귀부인이 아니면 화류계 식모 등의 이름에 많
  이 본다. 玉 (옥) 을 아름답고 귀한 보배다. 고로
  여러 사람이 탐하나 극단적인 글자다.

이 밖에도 이름자에 나쁜 글자가 많으나 예로부터 쓰이
고 있는 글자 가운데서 운명상 (運命上) 좋지 못한 작용
력을 암시하는 예를 들어 설명한 것이다. 이름을 짓는데
참고하기 바란다.

第3章 文字의 數意와 劃數의 差 (문자의 수와 획수의 차)

姓名文字의 劃數 (획수) 는 그 形象 (형상) 의 표현된
(획) 이 아니라 그 文字에 含蓄 (함축) 되어 있는 數「
의 意」 (수의 의) 로서 算出計算 (산출계산) 하는 것입

니다. 이에 관해서는 物論(물론) 漢字의 構成法(한자의 구성법) 劃法(획법)의 변천등을 논술하여 상세를 기해야 할 것이나 불가불 참고적인 대략만 기술하기로 한다.

漢字(한자)가 中國(중국)에서 발명완성된 것은 지금으로부터 약 四千五百年前 黃帝時代(황제시대)입니다. 그 이전에도 각종의 文字를 사용한바 있으나 黃帝時代(황제시대)에 指事(지사), 象形(상형), 會意(회의), 形聲(형성), 轉注(전주), 假借(가차)의 六義法則(육의법칙)에 準(준)하여 取捨整正統一(취사정정통일)된 것입니다.

元來(원래) 中國文化가 상당히 발달하여 나아가 數學(수학)이 발달됨에 天文學(천문학)이 研究(연구)되었고, 數學(수학)을 기초로 하여 伏儀(복의)가 易學(역학)을 세운것이 約六千前의 일이라는 것을 미루워 生覺(생각)할때 능히 알수 있는 바입니다.

그런데 易學(역학)이 어떻게 幽妙深遠(유묘심원) 그리고 偉大한 학문인가 하는것은 새삼스럽게 논술할 여지가 없는 것이며, 이 易(역)의 理法이 漢字의 構造上 다분히 응용되었다는 사실은 文字에 대하여 조예있는 人士(인사)는 모두 인정합니다. 近代(근대)의 一部人士

（일부인사）들이 漢字（한자）의 創成時代（창성시대）를 原始的（원시적）인 것과같이 해석하여 이를 경시하는 풍조가 혹 있는것은 많은 잘못이 아닐 수 없읍니다. 하물며 六義의 法則에 이르러서는 실로 움질일수 없는 嚴然（엄연）한 論理（논리）가 확립되어 있는 동시에, 그 구성은 不變（불변）의 天地法則（천지법칙）에 준거하여 一點一劃（일점일획）의 오요도 없고 現代의 科學知識（과학지식）으로도 따를수 없는 完全함을 구비하고 있는 것입니다.

그러나 劃法에 있어서는 時代에 따라 변천되었으니 大篆, 小篆, 隷書, 章草, 行書, 楷書로 서법, 서체가 점차로 변화하여 전개되었으나, 「文字 그것의 本質」은 창성이래 절대불변인 것이며 따라서 그 의의정신은 추호도 변함이 없는 것이다. 漢字는 表音文字와는 다른 그 의의정신이 함유한 表音文字인 故로 文字의 形劃에 사로잡혀서는 안됩니다. 理解（이해）하기 용의하게 한 예로서 一에서 十까지의 漢字의 文字에 對해 생각해 보면 가장 명료하게 그 이치를 알수 있는 것입니다. 즉 七八九十의 文字는 모두 그 形劃이 二畵입니다. 그러나 文字의 意義는 七은 七數의 靈力（영력）을 발휘하며 七의 固有振動波長數（고유진동파장수）를 保有（보유）하고 있읍니다.

八은 八劃으로,九는 九劃으로,十은 十劃으로 계산해야 하는 것이니 數意(수의) 骨子(골자)가 여기있는 것 입니다. 四를 形劃에 사로잡혀 五劃으로,六을 四劃으로, 또는 五를 四劃으로 계산하는 등은 表意文字의 本質을 오 해한 것입니다.

但(단) 百,千,萬,億,兆(백천만억조)등의 文字 는 基本數字(기본수자)와는 성질이 달라서 그 字意는 多(다)를 표시한 文字인고로 百은 六劃,千은 三劃,萬은 十五劃으로 계산하게 됩니다. 따라서 한 예를 들면「氵」 은 形象(형상)으로는 三劃이나 본래가「水」의 뜻으로 그 數意는 응당 四劃이 정당한 것입니다. 그러므로 淑(숙)은, 洙(수), 治(치),法 等의 字劃계산에 있어 淑 (숙)은 十二劃, 洙(수)는十劃,治(치) 法(법)은 九劃으로 계 산하는 것이 정확입니다. 또「艹」는 해서체로 艹 이고 本體(본체)는「艸」로 生出을 의미한 象形(상형)으로 그 수의는 당연히 六劃이 정확입니다. 그러므로 花(화),芳(방) 芥(개), 芝(지)등은 十劃이 정당한 획수이면 八劃으로 계산함은 오요입니다. 마찬가지로「扌」는「手」의 四획이 정당하고,「阝左」는 阜의 八劃이고,「阝右」는 邑의 七劃이요,「忄」은 心의 四劃이고,「辶」는 七劃으 로 元劃이 正當(정당)하고, 珠, 珣, 珪, 等字(주,

순, 규 등자)의 「玉」部는 玉(옥)의 五劃이니 쓸때는
打點(타점)하지 아니하여도 本來(본래) 玉(옥)의 意
義(의의)를 함축한고로 玉部(옥부) 五劃으로 하여
十一劃이 정당합니다.

字劃算定(자획산정)은 원래 이렇게 하는 것이 正確(
정확)한 것이오니 文字의 數意로서 康熙字典이나 其他
著名한 字典을 좀 操心해서 살펴보면 곧 理解하게 됩니다.

第4章　發音別 劃數表示 漢字選
（木, 火, 土, 金, 水 別）

【가음（木部）】

가：可⑤　加⑤　佳⑧　家⑩　街⑫　賈⑬　嘉⑭　歌⑭　稼⑮　價⑮

각：各⑥　刻⑧　角⑦　珏⑩　閣⑭　覺⑳

간：干③　艮⑪　琅⑪　間⑫

갈：竭⑭　葛⑮

감：甘⑤　坎⑦　玲⑩　敢⑫　柑⑨

갑：甲⑤　鉀⑬

강：江⑦　岡⑧　姜⑨　崗⑪　剛⑩　罡⑩　軌⑪　絳⑫　強⑫　薑⑬
　　綱⑭　鋼⑯　疆⑯

개：介④　改⑦　開⑫　啓⑪

객：客⑨

거：去⑤　巨⑤　居⑧

건：巾③　件⑥　捷⑬　虔⑩　乾⑪　健⑪　鍵⑰

걸：乞③　杰⑧　桀⑩　傑⑫

검：儉⑮　劍⑯　檢⑰

격：佫⑨　格⑩　擊⑮　檄⑰　激⑰　隔⑱

견：見⑦　肩⑩　堅⑪　甄⑭

결：決⑧　訣⑪　結⑫　潔⑯

겸：兼⑩　謙⑰

경：冏⑦　京⑧　庚⑧　炅⑧　倞⑩　徑⑩　勍⑩　耿⑩　耕⑩　竟⑪

-81-

卿⑪ 景⑫ 經⑬ 敬⑬ 慶⑮ 境⑭ 曔⑰ 璟⑰ 璄⑰ 鏡⑲
競⑳

계 : 戒⑦ 季⑧ 溪⑮

고 : 古⑤ 告⑦ 孤⑧ 固⑧ 故⑨ 苦⑪ 雇⑫ 鼓⑬ 高⑩

곡 : 谷⑦ 鵠⑱

곤 : 昆⑧ 坤⑧ 困⑦

골 : 骨⑩

공 : 工③ 公④ 功⑤ 共⑥ 孔④ 供⑧ 空⑧ 玒⑧ 珙⑨ 貢⑩
恭⑩ 肛⑪ 鉷⑫

굉 : 宏⑦

과 : 果⑧ 科⑨ 課⑮ 過⑯

곽 : 廓⑭ 郭⑮ 霍⑯

관 : 串⑦ 官⑧ 冠⑨ 琯⑬ 綰⑭ 舘⑯ 關⑲ 灌㉒ 瓘㉓ 觀㉕
貫⑪ 款⑫ 館⑰ 錧⑯ 寬⑮

괄 : 适

광 : 光⑤ 匡⑥ 侊⑧ 洸⑩ 珖⑪ 硄⑪ 廣⑮ 礦⑳ 鑛㉓

괘 : 掛⑩

교 : 交⑥ 姣⑨ 校⑩ 敎⑪ 皎⑪ 較⑬

구 : 口③ 久③ 丘⑤ 句⑤ 求⑥ 灸⑦ 究⑦ 玖⑧ 具⑨ 枸⑨
矩⑩ 救⑩ 俱⑩ 區⑪ 邱⑫ 球⑫ 鉤⑬ 舅⑬ 舊⑯

국 : 局⑦ 國⑪ 菊⑭ 鞠⑰

군 : 君⑦ 軍⑨ 群⑬ 郡⑭

궁：弓③ 宮⑩ 躬⑩ 窮⑮

귀：貴⑫ 龜⑯ 歸⑱

권：卷⑧ 券⑧ 勸⑳ 權㉒

궐：厥⑬ 闕⑱

규：圭⑥ 奎⑨ 揆⑬ 窺⑯ 規⑪

균：勻④ 均⑦ 鈞⑫

귤：橘⑯

극：克⑦ 剋⑨ 極⑬ 郤⑭ 劇⑯

근：斤④ 妡⑦ 巹⑧ 根⑩ 近⑪ 僅⑭ 槿⑮ 瑾⑮ 謹⑱ 覲⑱

금：今④ 金⑧ 芩⑩ 衾⑫ 琴⑬ 禽⑬ 禁⑬

급：及③ 汲⑦ 急⑨

긍：肯⑩

기：己③ 企⑥ 杞⑦ 妓⑦ 忌⑦ 岐⑦ 其⑧ 玘⑧ 技⑧ 紀⑨
　　基⑪ 淇⑫ 氣⑩ 棄⑩ 棋⑫ 幾⑫ 琪⑬ 祺⑬ 畿⑮ 機⑯
　　錤⑯ 璂⑯ 禨⑰ 豈⑩ 驥㉖

길：吉⑥ 佶⑧ 姞⑨ 桔⑩

김：金⑧

【나音（火部）】

나：拿⑩ 娜⑭ 那⑪

낙：諾⑱

난：煖⑬ 暖⑬ 難⑲

남 : 男⑦ 南⑨ 湳⑬ 楠⑬

납 : 納⑩

낭 : 娘⑩ 郎⑬ 朗⑫

내 : 乃② 內④ 奈⑧ 耐⑨

녀 : 女③

년 : 年⑥

념 : 念⑧ 棯⑬

녕 : 寧⑭

노 : 奴⑤

농 : 農⑬ 膿⑲

뇌 : 腦⑭

뇨 : 尿⑦

눈 : 嫩⑫ 嫩⑭

능 : 能⑫

니 : 尼⑤ 泥⑨

【 다音 (火部) 】

다 : 多⑥ 茶⑫

단 : 丹④ 旦⑤ 但⑦ 段⑨ 亶⑬ 端⑭ 團⑮ 壇⑯ 檀⑰

달 : 妲⑧ 達⑯

담 : 覃⑫ 淡⑮ 潭⑯ 曇⑰

답 : 畓⑨ 答⑫ 踏⑮

당 : 唐⑩ 堂⑪ 當⑬ 塘⑬ 瑭⑮ 棠⑫ 黨⑳ 撞⑯

대 : 大③ 代⑤ 垈⑧ 帶⑪ 對⑭ 臺⑭ 戴⑱

덕 : 悳⑫ 德⑮ 櫶⑯

도 : 刀② 到⑧ 匋⑧ 度⑨ 道⑯ 島⑩ 稻⑮ 途⑭ 都⑯ 陶⑯
　　 渡⑬ 圖⑭ 桃⑩ 濤⑯ 鍍⑰

독 : 禿⑦ 毒⑨ 督⑬ 篤⑯ 獨⑰ 讀㉒

돈 : 敦⑫ 燉⑯

돌 : 乭⑥ 突⑨

동 : 仝⑤ 多⑤ 同⑥ 東⑧ 桐⑩ 洞⑩ 童⑫ 棟⑫ 董⑮ 銅⑯

두 : 斗④ 杜⑦ 豆⑦ 頭⑯

둔 : 屯④ 鈍⑫

득 : 得⑪ 淂⑫

등 : 登⑫ 等⑫ 燈⑯ 騰⑳

【 라音 (火部) 】

라 : 羅⑳

락 : 洛⑩ 絡⑫ 樂⑮ 落⑮

란 : 卵⑦ 亂⑬ 瓓㉒ 蘭㉓ 欄㉕

람 : 覽㉑ 藍⑳

랑 : 浪⑪ 朗⑪ 琅⑫ 廊⑬ 郞⑭

래 : 來⑧ 萊⑭

랭 : 冷⑦

-85-

량 : 良⑦ 兩⑧ 亮⑨ 梁⑪ 凉⑩ 量⑫ 粮⑬ 樑⑮ 糧⑱

려 : 呂⑦ 侶⑨ 旅⑩ 慮⑮ 麗⑲

력 : 力② 曆⑯ 歷⑯

련 : 連⑭ 輦⑮ 璉⑯ 鍊⑰ 聯⑰ 蓮⑰ 戀㉓

렬 : 劣⑥ 列⑥ 烈⑩

렴 : 廉⑬

령 : 令⑤ 姶⑧ 苓⑪ 零⑬ 領⑭ 靈㊷ 玲⑩

례 : 例⑧ 禮⑱

로 : 路⑫ 魯⑮ 盧⑯

록 : 鹿⑪ 祿⑬ 碌⑬ 錄⑰ 麓⑲

론 : 論⑮

롱 : 弄⑦

료 : 料⑩

룡 : 龍⑯

루 : 婁⑪ 累⑪ 樓⑮

류 : 柳⑨ 流⑪ 琉⑫ 硫⑫ 劉⑮

륙 : 六⑥ 陸⑯

륜 : 侖⑧ 倫⑩ 崙⑪ 輪⑮

률 : 律⑨ 栗⑩ 慄⑭

륭 : 隆

리 : 李⑦ 吏⑥ 利⑦ 里⑦ 离⑪ 梨⑪ 浬⑪ 理⑫ 離⑲

린 : 麟㉓ 鱗㉓

림 : 林⑧

립 : 立⑤ 岦⑧ 苙⑪ 笠⑪

【마音(水部)】

마 : 馬⑩ 痲⑪

막 : 莫⑬ 漠⑮ 幕⑭

만 : 万③ 晩⑪ 輓⑭ 萬⑮ 滿⑮

말 : 末⑤ 沫⑧

망 : 亡③ 罔⑧ 望⑪

매 : 每⑦ 買⑫ 賣⑮ 梅⑪

맥 : 麥⑦ 脉⑪ 脈⑫

맹 : 孟⑧ 氓⑧ 盟⑬

면 : 免⑦ 面⑨ 勉⑨ 冕⑪ 湎⑬ 棉⑫ 綿⑭

명 : 名⑥ 命⑧ 明⑧ 珞⑩ 冥⑩ 溟⑭ 銘⑭

모 : 毛④ 母⑤ 牟⑥ 某⑨ 冒⑨ 摸⑮ 模⑮ 謀⑯

목 : 目⑤ 木④ 牧⑧ 睦⑬ 穆⑯

몽 : 夢⑭ 蒙⑭

묘 : 卯⑤ 昴⑨ 妙⑦ 苗⑪ 廟⑮

무 : 武⑦ 巫⑦ 碔⑩ 務⑪ 茂⑪ 戊⑤ 斴⑫ 無⑫ 舞⑭

묵 : 墨⑮ 默⑯

문 : 文④ 汶⑧ 門⑧ 紋⑩ 問⑪ 聞⑭

물 : 勿④ 物⑧

미 : 未⑤ 米⑥ 美⑨ 眉⑨ 尾⑦ 娓⑩ 微⑬ 嫐⑬ 瑂⑭

민 : 民⑤ 旻⑧ 旼⑧ 敏⑪ 泯⑨ 閔⑫

밀 : 密⑪

【 바音 (水部) 】

박 : 朴⑥ 泊⑨ 拍⑨ 箔⑭ 博⑫

반 : 反④ 半⑤ 伴⑦ 班⑪ 斑⑬ 般⑩ 潘⑯

발 : 孛⑦ 勃⑨ 發⑫ 鉢⑬

방 : 方④ 坊⑧ 放⑧ 邦⑪ 房⑧ 訪⑪

배 : 杯⑧ 盃⑨ 俳⑩ 拜⑨ 排⑫ 倍⑩ 培⑪ 背⑪ 裵⑭

백 : 白⑤ 百⑥ 伯⑦ 帛⑧ 佰⑧ 栢⑩ 柏⑨

범 : 凡③ 氾⑥ 汎⑦ 泛⑨ 梵⑪ 范⑪ 範⑮

법 : 法⑨

벽 : 碧⑮ 壁⑯

변 : 卞④ 弁⑤ 邊㉒ 辨㉑

별 : 別⑦ 鱉㉓

병 : 丙⑤ 倂⑧ 幷⑧ 兵⑦ 並⑨ 昞⑨ 秉⑧ 竝⑩ 棅⑫

보 : 甫⑦ 步⑦ 保⑨ 報⑫ 普⑫ 輔⑭ 璴⑰ 譜⑲ 寶⑳

복 : 卜② 伏⑥ 福⑭ 服⑩ 馥⑱

본 : 本⑤

봉 : 奉⑧ 封⑨ 峯⑩ 峰⑩ 棒⑪ 逢⑭ 鳳⑭ 鋒⑮ 蓬⑳

부 : 父④ 夫④ 府⑧ 玞⑨ 砆⑨ 釜⑩ 富⑫ 部⑮

분 : 分④ 妢⑦ 汾⑧ 玢⑨ 芬⑩

불 : 不④ 弗⑤ 佛⑦ 拂⑨

붕 : 朋⑧ 鵬⑲

비 : 比④ 丕⑤ 庀⑧ 非⑧ 卑⑨ 斐⑫ 琵⑫

빈 : 賓⑭ 濱⑱

빙 : 氷⑤

【 사음 (金部) 】

사 : 巳③ 士③ 四④ 司⑤ 仕⑤ 史⑤ 私⑦ 社⑧ 使⑧ 泗⑧
    柶⑧ 沙⑧ 舍⑧ 糸⑥ 似⑦ 些⑦ 査⑨ 砂⑨ 師⑩ 蛇⑪
    肆⑬ 駟⑭ 謝⑰ 辭⑲ 射⑩

삭 : 朔⑩

산 : 山③ 珊⑩ 產⑪ 散⑫

삼 : 三③ 參⑪ 蔘⑰

상 : 上③ 床⑦ 狀⑦ 相⑨ 尙⑧ 庠⑨ 祥⑪ 爽⑪ 商⑪ 廂⑫
    象⑫ 翔⑫ 湘⑬ 想⑬ 詳⑬ 賞⑮ 霜⑰ 常⑪ 嫦⑭

생 : 生⑤ 笙⑪ 甥⑫ 湦⑬

서 : 西⑥ 序⑦ 絮⑨ 庶⑪ 胥⑪ 徐⑩ 栖⑩ 舒⑫ 暑⑬ 書⑩
    署⑭ 瑞⑭ 緒⑮ 誓⑭

석 : 夕③ 石⑤ 昔⑧ 晳⑫ 鉐⑬ 奭⑮ 錫⑯ 錫⑰ 釋⑳ 碩⑭

선 : 仙⑤ 先⑥ 宣⑨ 姺⑨ 珗⑪ 旋⑪ 璇⑯ 善⑫ 羨⑫ 瑄⑭
    鮮⑰ 嬋⑮ 愃⑬ 洗⑩ 扇⑩

설 : 卨⑪ 雪⑪ 設⑪ 舌⑥ 屑⑭ 說⑭ 薛⑮ 泄⑧

섭 : 涉⑪ 燮⑰ 陝⑮

성 : 成⑦ 星⑨ 省⑨ 性⑨ 城⑩ 娍⑩ 晟⑪ 珹⑫ 盛⑫ 聖⑬

세 : 世⑤ 洗⑨ 勢⑬ 歲⑬

소 : 小③ 少④ 召⑤ 沼⑨ 炤⑨ 笑⑩ 素⑩ 消⑪ 昭⑨ 邵⑫
　　 疎⑬ 蘇㉒ 俏⑨ 所⑧ 道⑭

속 : 束⑦ 速⑭ 屬㉑ 俗⑨ 鍊⑮ 續㉑

손 : 孫⑩ 巽⑫ 遜⑰

송 : 宋⑦ 松⑧ 訟⑪ 淞⑫ 頌⑬ 送⑬

쇠 : 瑣⑮

수 : 水④ 手④ 守⑥ 收⑥ 秀⑦ 受⑧ 垂⑧ 首⑨ 洙⑩ 遂⑯
　　 修⑩ 殊⑩ 脩⑬ 須⑫ 豎⑬ 授⑫ 壽⑭ 需⑭ 樹⑯ 穗⑰
　　 隨㉑ 數⑮ 琇⑫ 輸⑯ 銖⑭

숙 : 叔⑧ 宿⑪ 孰⑪ 淑⑫ 琡⑬ 肅⑬ 菽⑭

순 : 旬⑥ 巡⑩ 珣⑪ 順⑫ 荀⑫ 筍⑫ 舜⑫ 淳⑫ 純⑨ 焞⑪

술 : 戌⑥ 述⑫ 術⑪ 鉥⑬

숭 : 崇⑪ 嵩⑬

슬 : 瑟⑬

습 : 習⑫ 熠⑯ 拾⑩

승 : 升④ 承⑧ 丞⑥ 昇⑧ 乘⑩ 陞⑮ 勝⑫

시 : 示⑤ 市⑤ 始⑧ 侍⑧ 柿⑨ 施⑨ 是⑨ 時⑩ 詩⑬

식 : 式⑥ 食⑨ 息⑩ 植⑫ 寔⑫ 軾⑬ 湜⑬ 拭⑩ 殖⑪

신 : 申⑤ 臣⑥ 辛⑦ 伸⑦ 信⑨ **神⑩** 紳⑪ 晨⑪ **新⑬** 愼⑭

실 : 失⑤ 室⑨ 實⑭ 悉⑫

심 : 心④ 沁⑧ 甚⑨ 沈⑧ 尋⑫ 深⑫ 審⑯ 芯⑩

십 : 十⑩ 什④ 拾⑩

【 아음(土部) 】

아 : 牙④ 亞⑧ 兒⑧ 我⑦ 妸⑧ 芽⑩ 娥⑩ 雅⑫ 阿⑬

악 : 岳⑧ 握⑫ 渥⑬ 握⑫ 樂⑮

안 : 安⑥ 岸⑧ 晏⑩ 案⑩ 雁⑫ 鴈⑮ 顔⑱ 姲⑨ 按⑩

알 : 謁⑯ 妠⑩

암 : 岩⑧

압 : 鴨⑯ 押⑨ **巖㉓** 庵⑪

앙 : 央⑤ 仰⑥ 昂⑨ 秧⑩

애 : 厓⑧ 涯⑫ 愛⑬

액 : 液⑫

앵 : 鶯㉑ 櫻㉑ 鸚㉘

야 : 也③ 夜⑧ 冶⑧ 野⑪ 耶⑬ 爺⑰

약 : 約⑨ 弱⑩ 若⑪ 藥⑳ 躍㉑

양 : 羊⑥ 洋⑩ 楊⑫ 陽⑰ 養⑮ 樣⑮ 襄⑰ 瀁⑲ 壤⑳ 讓㉔
　　　釀㉔ 揚⑬

어 : 於⑧ 于⑧ 魚⑪ 圉⑪ 語⑭ 漁⑮ 圄⑩

억 : 億⑮

언 : 言⑦ 彦⑨ 焉⑪ 遗⑯ 諺⑯

-91-

엄 : 嚴⑳ 俺⑩ 奄⑧

업 : 業⑬ 浥⑪

여 : 如⑥ 余⑦ 汝⑦ 與⑭ 旅⑩

역 : 易⑧ 亦⑥ 役⑦ 譯⑳ 驛㉓

연 : 延⑦ 姸⑨ 衍⑨ 臾⑨ 沿⑨ 兗⑨ 涓⑪ 娟⑩ 然⑪ 煙⑬
　　 撚⑬ 演⑮ 淵⑭ 燕⑯ 宴⑩ 烟⑩ 軟⑪ 硯⑫ 鳶⑭

열 : 熱⑮ 悅⑪ 閱⑮

염 : 冉⑤ 炎⑧ 染⑩ 厭⑭ 髯⑮ 閻⑯ 捻⑬ 念⑨ 稔⑭

엽 : 葉⑮ 燁⑯ 曄⑯

영 : 永⑤ 咏⑧ 泳⑨ 映⑨ 盈⑨ 瑛⑭ 迎⑪ 詠⑫ 榮⑭ 穎⑮
　　 嬰⑰ 影⑮ 暎⑬ 英⑪ 楹⑬

예 : 芮⑩ 銳⑮ 豫⑯ 藝㉑ 乂② 預⑬ 隷⑯ 睿㉑ 叡⑯

오 : 五⑤ 午④ 伍⑥ 吾⑦ 吳⑦ 旿⑧ 娛⑩ 梧⑪ 烏⑩ 珸⑫
　　 寤⑭

옥 : 玉⑤ 沃⑧ 屋⑨ 頊⑭

온 : 溫⑭

옹 : 翁⑩ 雍⑬

와 : 洼⑩ 娃⑨ 蛙⑫ 媧⑫ 瓦⑥ 臥⑧

완 : 完⑦ 妧⑦ 玩⑨ 岏⑩ 宛⑧ 頑⑬

왕 : 王④ 枉⑧ 往⑧ 旺⑧

요 : 要⑨ 姚⑨ 妖⑦ 堯⑫ 窈⑩ 曜⑱ 燿⑱ 耀⑳ 僥⑭

욕 : 浴⑪ 欲⑪

-92-

용 : 用⑤ 勇⑨ 容⑩ 溶⑭ 庸⑪ 鎔⑱ 鏞⑲

우 : 又② 于③ 牛④ 友④ 尤④ 右⑤ 宇⑥ 佑⑦ 雨⑧ 禹⑨
羽⑥ 祐⑩ 迂⑩ 寓⑫ 虞⑬ 愚⑬ 憂⑮ 遇⑯ 郵⑯ 優⑰

욱 : 旭⑥ 昱⑨ 彧⑩ 郁⑭ 煜⑬ 頊⑭

운 : 云④ 芸⑩ 耘⑩ 雲⑫ 暈⑬ 運⑯ 煇⑬

울 : 尉⑪ 蔚⑰ 鬱㉖ 鬱㉙

웅 : 雄⑫ 熊⑭

위 : 位⑦ 委⑧ 韋⑨ 威⑨ 偉⑪ 爲⑫ 渭⑬ 緯⑮ 謂⑯

원 : 元④ 爰⑨ 原⑩ 員⑩ 袁⑩ 苑⑪ 院⑫ 媛⑫ 嫄⑬ 圓⑬
源⑭ 轅⑰ 遠⑰ 垣⑨

월 : 月④ 越⑫ 鉞⑬

유 : 由⑤ 有⑥ 酉⑦ 攸⑦ 幼⑤ 柔⑨ 乳⑧ 俞⑨ 油⑨ 柚⑨
唯⑪ 柟⑨ 幽⑨ 帷⑪ 惟⑫ 愉⑫ 維⑭ 儒⑯ 遊⑮ 宥⑨
婑⑨ 裕⑬

육 : 育⑧

윤 : 允④ 尹④ 胤⑪ 閏⑫ 潤⑯

융 : 融⑩ 戎⑥

은 : 垠⑨ 恩⑩ 殷⑩ 銀⑭ 隱㉒

을 : 乙

음 : 吟⑦ 音⑨ 飮⑬

읍 : 邑⑦

응 : 應⑰ 鷹㉔

의 : 衣⑥ 矣⑦ 宜⑧ 依⑧ 意⑬ 義⑬ 疑⑭ 儀⑮ 議⑳ 毅⑮

이 : 二② 已③ 而⑥ 耳⑥ 伊⑥ 夷⑥ 以⑤ 式⑤ 珥⑪ 怡⑨
　　異⑫ 移⑪ 貳⑫ 邇㉑

익 : 益⑩ 翌⑪ 翊⑪ 翼⑮ 謚⑱

인 : 人② 仁④ 印⑥ 因⑥ 引④ 寅⑪ 姻⑨ 忍⑦ 璘⑯

일 : 一① 日③ 壹⑫ 溢⑭ 鎰⑯ 衵⑩ 逸⑮ 馹⑭

임 : 壬④ 任⑥ 妊⑦ 姙⑨ 賃⑬

【 자음 (金部) 】

자 : 子③ 字⑥ 自⑥ 者⑨ 玆⑨ 紫⑪ 慈⑬ 資⑬ 作⑦ 滋⑭

작 : 勺③ 作⑦ 酌⑩ 爵⑰ 鵲⑲ 昨⑨

잔 : 殘⑫ 盞⑬

장 : 丈③ 杖⑦ 壯⑦ 長⑧ 章⑪ 將⑪ 帳⑪ 偉⑬ 奬⑭ 彰⑭

재 : 才③ 在⑥ 再⑥ 材⑦ 財⑩ 宰⑩ 栽⑩ 裁⑫ 載⑬ 齊⑭
　　齋⑰

쟁 : 爭⑧ 玎⑦

적 : 赤⑦ 迪⑬ 寂⑪ 積⑯ 績⑰ 蹟⑱ 嫡⑭ 的⑧ 炙⑦

전 : 田⑤ 全⑥ 佺⑧ 典⑧ 荃⑫ 栓⑩ 前⑨ 傳⑭ 專⑫ 錢⑯

점 : 占⑤ 店⑧ 點⑰

정 : 丁② 正⑤ 呈⑦ 廷⑦ 井④ 定⑧ 政⑨ 亭⑨ 征⑧ 貞⑨
　　汀⑥ 程⑫ 旌⑪ 情⑫ 靖⑬ 精⑭ 鼎⑬ 晶⑫ 湞⑬ 楨⑬
　　靜⑯ 鄭⑰

제 : 弟⑦ 帝⑨ 制⑧ 瑅⑭ 提⑬ 諸⑯ 濟⑱ 悌⑪ 梯⑪ 齊⑭
　　齋⑯

조 : 兆⑥ 祚⑩ 曺⑩ 曹⑪ 鳥⑪ 朝⑫ 照⑬ 造⑭ 調⑮ 錯⑯
존 : 存⑥ 尊⑫
종 : 宗⑧ 從⑪ 淙⑫ 琮⑫ 綜⑭ 鐘⑳ 鍾⑰ 種⑭ 棕⑫
좌 : 左⑤ 佐⑦ 座⑩
주 : 主⑤ 舟⑥ 州⑥ 住⑦ 宙⑧ 走⑦ 注⑨ 周⑧ 朱⑥ 姝⑨
　　 株⑩ 胄⑪ 奏⑨ 酒⑪ 紂⑨ 柱⑨ 週⑮ 註⑫ 駐⑮ 鑄㉑
죽 : 竹⑥
준 : 俊⑨ 峻⑩ 駿⑰ 儁⑭ 準⑭ 濬⑱ 埈⑩
중 : 中④ 仲⑥ 重⑨ 衆⑫
증 : 曾⑫ 增⑮ 證⑲ 烝⑧ 贈⑯
지 : 之④ 止④ 支④ 只⑤ 地⑥ 至⑥ 池⑦ 志⑦ 址⑦ 知⑧
　　 祉⑨ 紙⑩ 芝⑩ 智⑫
진 : 辰⑦ 晋⑩ 晉⑩ 眞⑩ 珍⑩ 珒⑩ 秦⑩ 津⑩ 振⑪ 溍⑭
　　 進⑮ 震⑮ 陣⑮ 盡⑭ 陳⑯ 璡⑰ 鎭⑱
질 : 姪⑨ 帙⑦ 秩⑩ 質⑮
집 : 執⑪ 集⑫ 輯⑯
징 : 徵⑮ 澄⑯

【 차音 (金部) 】
차 : 叉④ 且⑤ 此⑥ 次⑥ 車⑦
찬 : 粲⑬ 贊⑮ 撰⑯ 贊⑲ 讚㉖ 燦⑯ 瓚㉔
찰 : 札⑤ 察⑮

창 : 昌⑧ 昶⑨ 倉⑩ 蒼⑯ 彰⑭ 暢⑭ 菖⑪ 倡⑩ 窓⑫

채 : 采⑧ 彩⑪ 蔡⑰

처 : 處⑪

척 : 尺④ 斥⑤ 拓⑨

천 : 千③ 川③ 天④ 仟⑤ 穿⑨ 粁⑨ 泉⑨

철 : 哲⑩ 澈⑯ 喆⑫ 徹⑮ 轍⑲ 鐵㉑ 綴⑭

청 : 靑⑧ 淸⑫ 晴⑫ 請⑮ 聽㉒

초 : 肖⑦ 秒⑨ 草⑫ 焦⑫ 超⑫ 招⑬ 蕉⑱

촉 : 燭⑰ 促⑨ 屬㉑

촌 : 寸③ 村⑦

총 : 銃⑭ 寵⑯ 總⑰ 叢㉙

최 : 崔⑪ 催⑬ 最⑫ 暷⑯

추 : 秋⑨ 酋⑨ 推⑫ 錐⑯

축 : 丑④ 柚⑨ 畜⑩ 蓄⑯ 縮⑰

춘 : 春⑨ 椿⑬ 瑃⑭ 媋⑫

출 : 出⑤

충 : 充⑥ 沖⑥ 忠⑧ 琉⑪ 衝⑮

취 : 取⑧ 翠⑭

치 : 治⑨ 致⑩ 恥⑩ 袳⑪

친 : 親⑯

칠 : 七②

침 : 針⑩ 鍼⑰ 枕⑧ 沈⑦ 寢⑬ 箴⑮ 沉⑦

칭 : 稱⑭ 秤⑩

【 타音 (火部) 】

타 : 他⑤ 朶⑥ 佗⑦ 坨⑧ 打⑥

탁 : 卓⑧ 琸⑬ 鐸㉑ 托⑦ 琢⑪

태 : 太④ 台⑤ 兌⑦ 泰⑨

택 : 宅⑥ 澤⑰ 擇⑰

통 : 通⑭ 統⑫ 筩⑬ 侗⑧ 桶⑪

【 파音 (水部) 】

파 : 巴④ 坡⑧ 波⑨ 破⑩ 芭⑩ 頗⑭ 婆⑫ 派⑩ 琶⑫

판 : 判⑦ 版⑨ 坂⑦ 板⑧ 販⑪

팔 : 八⑧ 馱⑫ 玐⑦

패 : 貝⑦ 湏⑪ 佩⑧ 孛⑥ 牌⑬ 沛⑧ 珮⑫ 霸㉑

팽 : 彭⑫ 伻⑦ 澎⑯

편 : 片④ 便⑨ 偏⑨ 編⑮ 遍⑯

평 : 平⑤ 泙⑨ 坪⑩ 評⑫ 閘⑬

포 : 布⑤ 包⑤ 砲⑩ 浦⑪ 舖⑮

표 : 杓⑦ 表⑧ 票⑪ 漂⑮ 俵⑩ 彪⑪

품 : 品⑨ 稟⑬

풍 : 風⑨ 豊⑬ 楓⑬

피 : 皮⑤ 彼⑧ 疲⑨

필 : 必⑤ 匹⑤ 泌⑨ 畢⑪ 筆⑫ 弼⑫

【 하음 (土部) 】

하 : 下③ 何⑦ 河⑨ 夏⑩ 荷⑬ 厦⑫ 昰⑨ 瑕⑬ 訶⑫

학 : 虐⑨ 學⑯ 鶴㉑ 壑⑱

한 : 寒⑫ 閑⑫ 漢⑮ 韓⑰ 翰⑯ 恨⑩ 汗⑦ 澣⑭

함 : 咸⑨ 唊⑪ 涵⑬ 陷⑮ 含⑧ 緘⑮

합 : 合⑥ 盒⑪ 蛤⑫ 閤⑭

항 : 亢④ 巷⑧ 沆⑧ 缸⑨ 恒⑩ 航⑩ 港⑫ 夅⑦ 沆⑧ 降⑭

해 : 亥⑥ 奚⑩ 海⑪ 解⑬ 該⑬ 偕⑪

행 : 行⑥ 杏⑦ 倖⑩ 幸⑧

향 : 向⑥ 香⑨ 珦⑪ 鄕⑰ 響⑰

허 : 許⑪ 虛⑪ 墟⑭

헌 : 憲⑯ 獻⑬ 軒⑩

혁 : 革⑨ 奕⑨ 赫⑭ 爀⑱

현 : 玄⑤ 弦⑧ 炫⑨ 泫⑨ 玹⑩ 衒⑪ 現⑫ 鉉⑬ 鋗⑮ 賢⑮
　　　顯㉓ 峴⑩ 縣⑮ 駃⑮ 絃⑪

협 : 夾⑦ 協⑧ 洽⑩ 俠⑨ 悏⑩

형 : 兄⑤ 亨⑦ 炯⑨ 烱⑪ 珩⑪ 邢⑪ 瑩⑮ 衡⑯ 泂⑨ 熒⑭ 形⑦

혜 : 彗⑪ 惠⑫ 慧⑮ 嫕⑬ 蕙⑱

호 : 戶④ 互④ 乎⑤ 号⑤ 虎⑧ 胡⑨ 浩⑪ 號⑬ 琥⑬ 鎬⑱
　　　昊⑧ 淏⑫ 毫⑭ 湖⑬ 晧⑪ 好⑥ 澔⑯ 琥⑬ 豪⑬

홍 : 弘⑤ 泓⑨ 紅⑨ 虹⑨ 洪⑩ 鉷⑭ 鴻⑰ 灯⑦ 烘⑩

회 : 回⑥ 廻⑨ 會⑬ 澮⑰

화 : 化④ 禾⑤ 和⑧ 花⑩ 華⑫ 妠⑬ 火④ 禍⑭ 貨⑪ 靴⑫

환 : 丸③ 奐⑨ 桓⑩ 煥⑬ 渙⑬ 亘⑥ 圜⑮ 宦⑨ 患⑪ 紈⑩

황 : 皇⑨ 況⑨ 晃⑩ 凰⑪ 黃⑫ 煌⑬ 湟⑬ 瑝⑬ 滉⑭ 徨⑩
潢⑯

효 : 爻④ 孝⑦ 效⑩ 涍⑪ 曉⑯ 諕⑭

후 : 后⑥ 候⑨ 厚⑨ 後⑪ 珝⑪

훈 : 訓⑩ 焄⑪ 勛⑫ 煇⑬ 熏⑭ 勳⑯ 薰⑳ 壎⑰ 燻⑱

훤 : 萱⑮

휴 : 休⑥ 儦⑭ 携⑫ 烋⑩

흔 : 欣⑧ 昕⑧

희 : 希⑦ 姬⑧ 喜⑫ 熙⑬ 羲⑬ 熹⑯ 禧⑰ 熹⑯ 僖⑭ 曦⑰

제5장 五行別 劃數別 作名上 必要文字選
木音之部 (가, 카의 發音)

【 三劃 】

干 방패간   久 오랠구   己 몸기

【 四劃 】

介 클개   公 귀공   孔 구멍공   今 이재금

【 五劃 】

加 더할가   可 오를가   刊 새길간   甘 달감   甲 갑옷갑

巨 클거   功 공공   丘 언덕구

【 六劃 】

艮 간방간   共 한가지공   光 빛광   匡 클광   交 사귈교

求 구할구   圭 양도규   吉 길할길   价 클개   考 상고할고

【 七劃 】

伽 절가   江 물강   改 고칠개   更 다시경   車 수래거

宏 클굉   局 판국   君 임금군   宮 집궁   均 고를균

克 이길극   妓 기생기   岐 높을기   告 여고   角 뿔각

杆 방패간   坎 구덩이감   谷 골곡   克 이길극

【 八劃 】

佳 아름다울가　刻 새길각　玕 예쁜돌간　岡 뫼강　杰 호걸걸

決 결단할결　庚 별경　京 서울경　炅 빛날경　垌 들경

季 말재계　昆 말곤　坤 땅곤　供 이바지공　官 벼슬관

侊 클광　玖 검은돌구　卷 책권　金 성금　昑 밝을금

技 재주기　奇 기이할기　其 그기　具 갖출구

【 九劃 】

姜 성강　皆 다개　建 세울건　癸 북방계　計 셀계

珙 옥이름공　科 과거과　冠 갓관　九 아홉구　軍 군사군

奎 별규　矜 자랑할긍　紀 벼리기　姤 만날구　架 실경가

竿 대줄기간

【 十劃 】

家 집가　珏 쌍옥각　彫 새길각　芥 클개　豈 어찌기

格 이룰격　兼 겸할겸　徑 지름길경　耕 밭갈경　耿 빛날경

桂 계수나무계　烓 밝을계　高 높을고　庫 곳집고　恭 공손공

貢 받칠공　洸 물소리광　校 학교교　矩 곡척구　根 뿌리근

衿 옷깃금　肯 즐길긍　記 기록할기　起 일어날기　耆 늙을기

【 十一劃 】

珢 옥간　　崗 뫼강　　康 편안강　　健 건강할건　　乾 하늘건

涓 물견　　堅 굳을견　　竟 마침경　　訣 비결결　　鄕 벼슬경

啓 열개　　崑 산이름곤　　貫 꿸관　　教 가르칠교　　救 구할구

國 나라국　　珪 서옥규　　規 법규　　近 가까울근　　崎 험할기

寄 부탁할기　　基 터기　　旣 이미기

【 十二劃 】

敢 군셀감　　強 힘셀강　　鉅 클거　　傑 호걸걸　　結 맺을결

景 빛경　　球 구슬구　　邱 언덕구　　貴 귀할귀　　鈞 근균

淇 물이름기　　棋 뿌리기

【 十三劃 】

幹 줄기간　　揭 높이들간　　鉀 갑옷갑　　絹 비단견　　敬 공경경

琨 구슬곤　　琯 옥저관　　莞 왕골완(관)　　極 극할극　　琴 거문고금

琦 옥기　　棋 상서기　　琪 옥기

【 十四劃 】

嘉 아름다울가　　綱 벼리강　　溪 시내계　　管 대롱관　　郡 고을군

箕 치기　　菊 국화국

【 十五劃 】

磎 시내계　　郭 성곽　　寬 너그러울관　廣 넓을광　　歐 성구

槿 무궁화근　畿 경기기

【 十六劃 】

鋼 강철강　　彊 굳셀강　　錕 금곤　　龜 거북귀　　瑾 옥근

錦 비단금　　冀 뿌릴기

【 十七劃 】

鍵 자물쇠건　謙 겸손할겸　環 옥빛경　　禨 상서기　　璣 구슬기

【 十八劃 】

鎌 낫겸　　　壙 광굴광　　簡 편지간　　謹 삼갈근　　騏 준마기

【 十九劃 】

疆 지경강　　鏡 거울경　　繫 밀계　　　麒 기린기

【 二十劃 】

競 다툴경　　瓊 옥경　　　繼 이을계　　鑛 쇠롱광　　勸 권할권

【二十二劃】

鑑 거울감　　灌 관물관　　權 권세권

【二十五劃】　　　　## 【二十六劃】

觀 볼관　　　　　　　鑵 두루박관　驥 준마기

火音之部（나다라타의　發音）

【二劃】　　　　　## 【三劃】

乃 이어내　　　　　　女 계집녀　　大 큰대

【四劃】

丹 붉을단　　斗 말두　　太 콩태　　屯 모일둔　　內 안내

【五劃】

尼 중니　　他 다를타　　立 설립　　台 삼태대

【六劃】

年 해년　　乭 돌돌　　同 한가지동　灯 등불등　列 벌렬

老 늙을노　劣 용렬할렬　六 여섯륙　吏 아전리　宅 집택

【七劃】

男 사내남　　杜 막을두　　豆 팥두　　良 어질량　　呂 법려

伶 영리할령　里 마을리　利 이해할리　李 외완리　兌 서방태

【八劃】

奈 어찌내　　念 생각렴　　到 이를도　　東 동녘동　　來 올래

兩 두량　　始 계집영리할령　林 수풀림　　卓 높을탁　　坦 편탄할단

【九劃】

南 남녀남　　段 조각단　　侍 모실시　　度 법도　　亮 밝을량

侶 짝려　　昤 영롱할영　柳 버들류　　律 법률　　俐 영리할리

泰 클태

【十劃】

娜 아름다울나　娚 오래비남　納 들일납　　娘 아사낭　　唐 당나라당

桃 복숭도　　烔 더울동　　洛 낙수낙　　烈 매울렬　　玲 옥소리령

栗 밤률　　特 특약할특　桐 오동동

【十一劃】

那 어찌나　　訥 더듬을눌　堂 집당　　動 움직일동　得 얻을득

浪 물결랑　　朗 밝을낭　　梁 들보량　　倫 인륜륜　　勒 자갈록

-105-

笠 갓립　　　胎 아이밸태　　　鹿 사슴록　　　婁 별루

【十二劃】

能 능할능　　　茶 차다　　　單 홑단　　　悳 큰덕　　　敦 도타울돈

童 아이동　　　棟 들보동　　　鈍 둔할둔　　　登 오를등　　　絡 연락할낙

涼 서늘할량　　量 헤아릴량　　琉 유리돌류　　硫 유황류　　理 다스릴리

統 거느릴통

【十三劃】

暖 따뜻한난　　湳 물이름남　　楠 남나무남　　農 농사농　　塘 못당

當 마땅당　　　渡 건널도　　　廉 청렴할렴　　鈴 방울령　　祿 복록록

裡 옷속리

【十四劃】

寧 편안녕　　　端 끝단　　　團 둥글단　　　臺 집대　　　圖 그림도

銅 구리동　　　郎 사내랑　　　萊 쑥래　　　連 연할련　　領 거느릴령

僚 등관료　　　綾 비단릉　　　通 통할통　　　透 통할투

【十五劃】

德 큰덕　　　董 자오락동　　諒 넓을량　　魯 노나라노　　練 익힐련

論 의론론　　　履 밟을리

【十六劃】

達 달할달   潭 못담   陶 질그릇도   都 도읍도   道 길도

篤 도타울독   燉 불성할돈   璉 홀릴련   盧 성로   錄 기록할록

燎 비칠료   瞭 밝을료   龍 용룡   陵 능릉   燐 불꽃린

霖 장미림

【十七劃】

聯 연합할련   蓮 연꽃련   隆 높을륭   擇 가릴택   澤 못택

【十八劃】

戴 이을대   濤 물결도   燾 덮을도   董 동독할동   濯 씻을탁

【十九劃】

麗 고을려   譚 말씀담

【二十劃】

騰 오를동   藤 덩굴동   羅 벌라   藍 쪽람

【二十三劃】

蘭 난초난   麟 기린린

土音之部 (아 , 하의　發音)

【 一劃 】

乙 새을　　　一 하나일

【 二劃 】

乂 어질예　　又 또우　　二 두이

【 三劃 】

丸 둥글환　　也 잇기야　　于 어조사우　　已 이미이

【 四劃 】

牙 어금니아　尤 더욱우　　云 이를운　　月 달월　　尹 믿을윤

允 어질윤　　仁 어질인　　日 날일　　壬 북방임　　王 임금왕

【 五劃 】

永 길영　　五 다섯오　　玉 구슬옥　　外 바깥외　　用 쓸용

右 오른우　幼 어릴유　　由 맏아들유　玄 거물현　　弘 클홍

【 六劃 】

安 편안안　　如 같을여　　亦 또역　　伍 다섯사람오　字 집우

羽 나래우　　旭 빛날욱　　有 있을유　　伊 저이　　印 도장인

-108-

任 맡길임　　合 합할합　　亥 돝해　　行 갈행　　好 좋을호

后 황후후

【七劃】

我 나아　　　冶 더불야　　言 말씀언　　汝 너여　　　余 나여

延 맞을연　　吾 나오　　　吳 오나라오　完 완전할완　妖 예쁠요

佑 도울우　　位 벼슬위　　酉 닭유　　　攸 바유　　　邑 고을읍

矣 어조사이　杏 은행행　　亨 형타울형　孝 효도효　　希 바랠희

【八劃】

亞 버금아　　兒 아이아　　岳 언덕악　　岩 바위암　　奄 문덕암

易 쉬울역　　旿 밝을오　　沃 기름질옥　臥 쉴와　　　枉 굽을왕

旺 왕성할왕　往 갈왕　　　汪 못왕　　　雨 비우　　　沅 물이름왕

侑 짝유　　　臾 잠길유　　宜 마땅의　　幸 다행행　　弦 활시위현

協 화할협　　昊 하늘호　　和 화할화

【九劃】

彦 큰언　　　衍 넓을연　　妍 예쁠연　　泳 헤엄칠영　暎 비칠영

盈 찰영　　　娃 계집와　　玩 구경할완　姚 예쁠요　　勇 용맹용

禹 성우　　　昱 빛날욱　　爰 이에원　　垣 담원　　　兪 화합유

垠 언덕은　音 소리음　河 물하　怡 화할이　香 향기향
炫 빛날현　洞 찰형　炯 빛날형　泓 물깊을홍　紅 붉을홍
虹 무지개홍　眩 햇빛현　奐 큰환　宦 내한한　皇 임금황
侯 재후후　厚 두터울후　後 뒤후　姬 계집희　奕 클혁

【 十劃 】

娥 예쁠아　洋 바다양　圄 옥어　娟 고을연　芮 풀예
容 얼굴용　祐 도울우　芸 향풀운　耕 김맬경　原 근본원
袁 성원　員 관원원　洧 물이름유　育 기를육　殷 은나라은
恩 은혜은　倚 의지할의　益 더할익　夏 여름하　倖 요행행
軒 마루헌　峴 고개현　眩 어지러울현　玹 옥돌현　洪 넓을홍
花 꽃화　桓 썩썩할환　晃 밝을황　洸 물넓을황　訓 가르칠훈
洽 화할흡　活 살활

【 十一劃 】

野 들야　悅 기쁠열　英 꽃부리영　梧 오동오　浣 씻을완
婉 예쁠원　庸 떳떳용　尉 벼슬위　苑 동산원　唯 오직유
悠 멀유　胤 씨운　翊 평일익　寅 동방인　彗 지혜혜
晧 해돈을호　浩 넓을호　胡 어질호　毫 터럭호　鳳 봉황새봉
港 항구항　海 바다해　珦 옥이름향　許 허락할허　絃 줄현

晦 그믐회

【十二劃】

雅 맑을아	硯 벼루연	淵 못연	然 그럴연	堯 요임금요
寓 부칠우	雲 구름운	雄 수컷웅	瑛 옥돌오	媛 마음에 당길원
圍 애울위	庾 노적유	惟 생각할유	閏 윤달윤	貳 두이
壹 한일	賀 하례할하	現 보일현	惠 은혜혜	皓 할호
黃 누를황	淮 물이름희	欽 공경흠	喜 기쁠희	項 목항
解 풀해	黑 검을흑	阮 성원	異 다를이	蛙 개구리와

【十三劃】

衙 마을아	阿 언덕아	愛 사랑애	耶 어조사야	楊 버들양
揚 들날일양	業 업업	暎 비칠영	漢 물맑을영	莞 빙그레할완
頑 완고할완	湧 날뛸용	愚 어리석을우	煜 빛날욱	郁 문채 날욱
暈 해무리운	嫄 계집이름원	圓 둥글원	園 동산원	湲 물소리원
渭 속끓일위	裕 넉넉할유	愈 나을유	義 옳을의	意 뜻의
翊 도울익	鉉 솥기현	號 이름호	湖 물가호	渾 흐릴혼
煥 빛날환	渙 물부틀환	煌 빛날황	會 모을회	輝 빛날휘
熙 빛날희				

【 十四劃 】

斡 돌이킬알　語 말씀어　瑛 옥빛영　與 더불여　榮 영화영

睿 성인예　溫 따슬온　溶 녹일용　熊 곰웅　源 근원원

瑗 옥원　維 벼리유　銀 은은　爾 너이　僥 요행요

溢 넘칠익　赫 빛날혁　瑚 산호호　豪 호걸호　華 빛날화

瑍 옥환　瑝 옥소리황　滉 깊을황　熏 불사를훈　僖 즐길희

鉷 고등홍　該 그해

【 十五劃 】

樂 즐길락
풍류악　養 기를양　億 억억　緣 인연연　演 넓을연

閱 볼열　葉 잎엽　瑩 밝을형(영)　影 그늘영　銳 날카로울예

瑢 옥소리용　憂 넉넉할우　郵 우편우　院 집원　慰 위로할위

衛 모실위　緯 씨유　誼 옳을의　毅 굳셀의　逸 편안일

漢 한수한　賢 어질현　陜 좁을현　慧 지혜혜　滸 물가호

嬅 고울화　萱 언주리헌　輝 빛낼휘　嬉 희롱할희　興 일흥

潁 물이름영　儀 거동의　頤 턱이

【 十六劃 】

諺 속담언　餘 남을여　燕 연나라연　燁 빛날엽　叡 밝을학

蓉 부용용　遇 만날우　運 운수운　謂 이을위　儒 선비유

諭 비유할유　遊 놀유　　潤 부를윤　融 화할유　陰 그늘음
學 배울학　退 멀하　　翰 줄기한　憲 법헌　　衡 저울대형
澔 빛날호　曉 새벽효　勳 공훈　　熹 기쁠희　憙 밝을희
瞳 밝을희　羲 기운희　螢 반디불혐　潢 은하수황　燻 빛날황

【十七劃】

陽 빛양　　遠 멀원　　應 응할응　翼 나래익　霞 노을하
韓 나라한　鄕 고을향　鴻 기러기홍　璜 반달옥황　禧 복희
襄 도울양　嬰 어릴영　優 광대우　澣 빨한　　轄 다스릴할

【十八劃】

燿 빛날요　曜 요일요　鎔 녹일용　繪 그림회　燻 불기운훈
鵝 거의아　顔 낯안 얼굴안　魏 위나라위　鎰 스물넉양중일

【十九劃】

韻 운운　　願 원할원　穫 거둘획　擴 넓을확　穩 편안할은
遺 끼칠유　瀅 물맑을형

【二十劃】

譯 번역역　耀 빛날요　議 의논의　懸 달현　　馨 향기향(형)
還 돌아올환　懷 품을회　薰 훈발훈　曦 햇빛희

【 二十一劃 】

櫻 앵무앵　　鶯 꾀꼬리앵　　藥 약약　　　藝 재조예　　譽 기릴예

邇 가까울이　　鶴 새학　　護 지킬호

【 二十二劃 】

隱 숨을은　　響 소리향　　歡 기쁠환

【 二十三劃 】

巖 바위암　　驛 역말역　　顯 나타날현

金音之部（사,자,차의　發音）金

【 二劃 】

丁 고무리정

【 三劃 】

士 선비사　　山 뫼산　　三 셋삼　　上 윗상　　夕 저녁석

子 아들자　　丈 장인장　　千 일천천　　川 내천　　小 적을소

【 四劃 】

四 넉사　　少 작을소　　水 물수　　手 손수　　升 되승

氏 성씨　　心 마음심　　中 가운대중　　之 갈지　　支 지탱할지
井 샘정　　天 하늘천

【 五劃 】

仕 벼슬사　　司 맡을사　　史 사기사　　生 날생　　石 돌석
仙 신선선　　世 인간세　　召 부를소　　矢 살시　　示 보일시
市 살시　　田 밭전　　占 점칠점　　正 바를정　　左 왼좌
主 임금주　　只 만이지　　且 또차　　申 납신　　仔 질자
札 편지찰　　册 책책　　出 날출

【 六劃 】

寺 절사　　色 빛색　　西 서녁서　　先 먼저선　　守 지킬수
收 거둘수　　戌 막을수　　戌 개술　　旬 여을순　　式 법식
臣 신하신　　字 글자자　　自 스스로자　　全 온전전　　汀 물가정
兆 억조조　　早 이를조　　存 있을존　　州 고을주　　朱 붉을주
竹 대죽　　仲 버금중　　至 이를지　　地 땅지　　旨 맞지
此 이차　　次 버금차　　充 채울충　　匠 장인장　　舟 배주

【 七劃 】

杉 스기묵삼　　成 이룰성　　邵 부를소　　宋 송나라송　　秀 빼어날수

伸 펼신	辛 매울신	壯 장사장	呈 들일정	廷 조정정
弟 아우제	助 도울조	佐 도울좌	住 머무를주	志 뜻지
池 못지	辰 별진	車 수래거	初 처음초	村 마을촌
七 일곱칠	肖 잡을초	臥 밭갈전	赤 붉을적	玎 옥소리정
序 차례서	些 적을사	私 사사사		

【八劃】

祉 모을사	尙 오히려상	狀 평상상	昔 옛석	析 나눌석
姓 성성	所 바소	松 솔송	受 받을수	垂 드릴수
承 이을승	昇 오를승	侍 모실시	沈 성심	姉 누이자
長 긴장	政 정사정	定 정할정	制 법제제	宗 마루종
周 두루주	宙 집우	枝 가지지	知 알지	直 곧을직
昌 창성창	朶 캘채, 일채	帖 문서첩	靑 푸를청	招 부를초
忠 충성충	取 가질취	事 일사	沙 모래사	舍 집사
典 법전				

【九劃】

泗 물사	砂 모래사	思 생각사	相 서로상	庠 학교상
叙 펼서	姺 계집이름선	宣 베풀선	契 이름설	星 별성
性 성품성	省 살필성	沼 못소	昭 밝을소	俗 풍속속

帥 장수수　首 머리수　徇 드릴순　是 이시　柿 감시
施 베풀시　信 믿을신　室 집실　泚 물맑을자　姿 맵시자
者 놈자　狀 형상장　前 앞전　亭 정자정　貞 곧을정
柱 기둥주　炷 심지주　姝 분바를주　冑 투구주　奏 알일주
俊 준걸준　重 무거울중　祉 복지　昶 밝을창　泉 샘천
秋 가을추　促 재촉할촉　春 봄춘　峙 재시　治 다스릴치
勅 신칙할책　政 정사정　柶 윷사　査 사실할사　衫 적삼삼

【十劃】

祠 사당사　紗 깁사　射 쏠사　師 스승사　朔 초하루삭
桑 뽕나무상　書 글서　徐 성서　扇 부채선　城 재성
娍 아름다울성　洗 씨울선　素 힐소　笑 웃음소　孫 손자손
修 닦을수　洙 물가수　洵 믿을순　純 순진할순　拾 주을습
乘 탈승　時 때시　息 쉴식　神 귀신신　娠 아이밸신
十 열십　玆 이자　庭 뜰정　娣 제수제　祖 조상조
挑 도울조　曹 성조　祚 복조조　洲 물가주　株 줄기주
峻 높을준　埈 높을준　晋 나라진　持 가질지　指 손가락지
肢 사지지　紙 종이지　芝 지초지　津 나루진　珍 보배진
眞 참진　秦 진나라진　珍 보배진　秩 차례질　朕 나짐

哲 밝을철	祝 빌축	値 만날치	針 바늘침	秤 저울칭
索 찾을색	席 자리석	殊 다를수	准 법준	

【十一劃】

參 셋삼	商 장사상	常 항상상	祥 상서상	笙 저생
胥 사위서	庶 뭇서	旋 돌선	船 배선	雪 눈설
卨 이름설	設 베풀설	涉 건널섭	晟 밝을성	紹 이을소
珣 옥이름순	術 꾀술	崇 높일숭	習 익힐습	紳 큰여선
晨 새벽신	紫 붉을자	張 베풀장	章 글자장	將 장수장
專 오로지전	頂 이마정	偵 탐문할정	停 머무를정	旌 시선
悌 공경제	第 차례제	曹 무리조	彫 새길조	釣 낚시조
族 일가족	從 따를종	終 마침종	珠 구슬주	硃 주사주
晝 낮주	振 떨칠진	提 막을제	處 곳처	淸 맑을청
晴 개일청	崔 높을최	娶 장가들취	側 곁측	産 나을산
袖 소매수	埴 진흙식	帳 장막장	笛 외리저	條 가지조
鳥 새조	執 잡을집	唱 부를창	娼 창녀창	窓 창창

【十二劃】

詞 말씀사	斯 이사	森 삼엄할삼	象 코끼리상	翔 날상
晳 분석할석	善 착할선	璇 옥돌선	盛 성할성	巽 손방손

順 순할순　淳 순박할순　舜 임금순　述 지을술　勝 이길승

植 심을식　寔 이식　掌 손벽장　迪 나아갈식　程 법정

晶 맑을정　朝 아침조　詔 조서소　棗 대추조　尊 높일존

淙 물소리종　衆 무리중　曾 일찍증　智 지혜지　集 모을집

參 참여할참　敞 넓힐창　採 캘채　策 꾀책　喆 밝을철

捷 이길첩(서)　替 대신할채　草 풀초　最 가장취　甥 생질생

棲 쉴서　稅 부세세　粟 조속　淞 강이름송　授 줄수

琇 옥돌수　須 모름지기수　媤 시집시　視 볼시　貯 쌓을저

堤 막을저　竣 마칠준　超 말초　診 볼진　推 밀추

軸 굴대축　就 나갈취

【 十三劃 】

嗣 이을사　揷 꽂을삽　湘 물상　想 생각상　詳 자세할상

暑 더울서　羨 부러울선　聖 성인성　湜 맑을식　軾 수래식

新 새신　資 자리자　莊 씩씩할장　傳 전할전　殿 집전

靖 편안청　艇 눈망울정　鼎 솟정　照 비칠조　琮 옥종

誅 아릴주　稙 벼식　椿 추나무춘　馳 달릴지　脩 길수

竪 세울수　嵩 산이름숭　詩 글시　試 시험할시　頌 칭송할칭

楚 초나라초　蜀 나라촉　稚 꽁치　牒 편지첩　迹 자취적

跳 멸조

【十四劃】

嫦 계집이름상　誓 서약할서　瑞 서광서　碩 클석　瑄 구슬선

誠 정성성　壽 목숨수　瑟 비파슬　實 열매실　慈 사랑자

滋 부를자　獎 근면할장　嫡 정실적　禎 상서정　精 가일정

堤 옥이름식　齊 모둘제　趙 나라조　綜 모을종　種 심을종

綢 얼굴주 이을주　準 법준　誌 기록할지　溍 물이름진　暢 높일창

彰 빛낼창　菜 나물채　翠 비치최　稱 일컬을칭　算 수놓을산

說 말씀설　愼 삼갈신　銃 총총　聚 모을취　僧 중승

造 지을조

【十五劃】

駟 사마사　箱 상자상　賞 상줄상　緒 실마리서　奭 클석

諄 도울순　陞 오를승　漳 물장　調 고를조　儁 준걸준

緝 길삽즙　稷 피직　陳 진칠진　進 나갈진　震 우뢰진

瑨 옥돌진　徵 부를징　賜 줄사　署 쓸서　線 줄선

誰 누구수　審 살필심　暫 잠간석　箸 나타날석　締 매질채

輟 그칠철　趣 뜻취

【十六劃】

錫 주석석　樹 나무수　璋 서옥장　墻 담장　積 쌓을적

錢 돈전　　靜 고요정　　錠 촛대정　　潮 밀물조　　輯 모을집

縉 분홍빛진　澄 맑을정　　撰 가릴선　　纂 모을천　　撤 거둘철

澈 사무칠철　諦 살필제　　醒 술깰성　　遂 드릴수　　輸 보낼수

潛 잠길잠　　整 정제정　　蒼 푸를창　　諸 모두제

【 十七劃 】

蔘 인삼삼　　霜 서리상　　償 갚을상　　鮮 빛날선　　禪 딱은선

燮 불꽃섭　　聲 소리성　　謙 겸손할겸　隋 나라수　　穗 이삭수

齋 집제　　　績 길삼적　　點 점점　　　鍾 쇠북종　　駿 준마준

璡 옥돌진　　燦 빛날찬　　蔡 성채　　　請 청할청　　錫 백철석

謝 사례사할　雖 비록수　　謚 시호시　　蔣 풀장　　　聰 귀밝을총

鍼 침침　　　縮 쭈그러질축

【 十八劃 】

雙 쌍쌍　　　曙 새벽서　　繕 기울선　　膳 반찬선　　繡 수놓을수

濟 건널제　　濬 깊을준　　織 짤직　　　職 벼슬직　　識 알식

鎭 진압할진　璨 옥찬　　　礎 주추돌초　叢 떨기총　　爵 벼슬작

蹟 사적적　　轉 구를전　　題 글제

【 十九劃 】

辭 말씀사　　選 가릴선　　璿 고운옥선　薛 쑥다북설　譔 지을선

-121-

鄭 나라정　贊 도울찬　薪 섶신　際 지음제　遵 좇을준

贈 줄증　證 증거증　薦 천거할천　擲 던질척　寵 고일총

薔 장미장　障 막힐장

【二十劃】

薩 보살살　釋 놓을석　藏 감출장　藉 깔자　籍 호적적

鐘 쇠북종　纂 모을찬

【二十一劃】

隨 따를수　鐵 쇠철　續 이을속

【二十二劃】

攝 잡을섭　蘇 들개소　齊 젤제　鑄 부을주　聽 들을청

【二十三劃】

纖 가늘섬　體 몸체

【二十四劃】

瓚 옥찬

【二十五劃】

廳 들을청　韆 그네천

【二十六劃】

讚 도울 찬

水音之部 (마 , 바 , 파의 發音)

【二劃】

卜 점 복

【三劃】

万 일만 만   凡 무릇 범

【四劃】

毛 터럭 모   母 어미 모   木 나무 목   文 글월 문   方 모 방

卞 법 변   勿 말 물   夫 지아비 부   父 애비 부   分 나눌 분

比 견줄 비   巴 땅이름 파   片 조각 편   匹 짝 필

【五劃】

末 끝 말   目 눈 목   卯 동방 묘   戊 별 무   民 백성 민

白 흰 백   弁 고깔 변   丙 남녘 병   本 근본 본   付 줄 부

北 북녘 북   弗 말 불   平 평할 평   布 배 포   必 반드시 필

-123-

乏 다할필　牛 절반반　包 쌀포　皮 가죽피

【 六劃 】

名 이름명　牟 클모　米 쌀미　朴 성박　百 일백백

伐 칠벌　帆 돛대포　伏 엎드릴복　份 빛날분　妃 왕비비

仿 비슷할방　氾 뜰범　妄 망령될망

【 七劃 】

每 매양매　免 면할면　妙 묘할묘　尾 꼬리미　伯 맏백

汎 떠울범　別 다를별　兵 군사병　步 걸음보　甫 도울보

佛 부처불　判 판단할판　杓 자루표　伴 짝반　孚 믿을부

庇 덮을비

【 八劃 】

妹 아래누이매　枚 줄기매　孟 맏맹　明 밝을명　命 목숨명

牧 칠목　杳 아득할목　武 호반무　汶 더러울문　門 문문

味 맛미　旻 하늘민　秉 잡을병　服 옷복　奉 받들봉

扶 도울부　府 마을부　阜 언덕부　汾 물흐릴분　朋 벗붕

坡 언덕파　板 널판　版 조각판　八 여덟팔　佩 찰패

坪 들평　氓 백성맹　物 물건물　岷 산이름민　旼 화할민

房 방방　　放 놓을방　　杯 술잔배　　帛 비단백　　佰 백사람백

并 아오릴병　　杷 비파파　　彼 저피

【九劃】

勉 힘쓸면　　面 낫면　　冒 무릅쓸모　　昴 별모　　眇 헌모할묘

美 아름다울미　　玫 옥돌민　　柏 잣백　　法 법법　　封 봉할봉

赴 다다를부　　玢 옥나무분　　泌 물흐릴비　　表 겉표　　品 품수품

風 바람풍　　柄 자루병　　昧 버들매　　某 아모모　　眉 눈섭미

泊 쉴박　　厖 클방　　拜 절배　　泛 뜰범　　炳 빛날병

昺 빛날병　　並 아오릴병　　保 보전할보　　俌 도울보　　盆 동이분

玭 진주민　　波 물결파　　便 편할편　　泙 물소리평　　扁 작을편

抱 안을포

【十劃】

馬 말마　　眠 졸민　　冥 어두울명　　紋 문니문　　珉 옥돌민

珀 호박반　　般 열반반　　紡 길삼방　　芳 꽃다울방　　倍 갑줄배

栢 잣백　　竝 아우릴병　　峯 산봉우리봉　　峰 봉우리봉　　俸 녹봉

芙 부용부　　釜 가마부　　芬 향기분　　粉 가루분　　圃 채전포

豹 표범표　　娩 순산할만　　梅 매화매　　配 짝배　　秘 비밀비

砲 대포포　　派 갈래파

【十一劃】

麻 삼마　　晚 늦을만　　望 바렐망　　梅 매화매　　脉 맥영

麥 보리맥　　冕 면류관면　務 힘쓸무　　茂 성할무　　問 물을문

敏 민첩할민　密 백소할민　班 반열반　　邦 나라방　　培 돋울배

梵 불경범　　烽 봉화봉　　浮 뜰부　　　婦 며느리부　副 버금부

訪 찾은방　　埠 언덕부
　　　　　　　선창부　　彬 빛날빈　　婆 할미파　　浦 물가포

票 표할표　　畢 마칠필　　販 팔판　　　符 병부부　　返 돌아올반

【十二劃】

買 살매　　　媒 중매할매　棉 목화면　　帽 모자모　　珷 돌무

貿 무역할무　閔 성민　　　博 넓을박　　斑 무늬반　　發 필발

幇 도울방　　棅 자루병　　普 넓을보　　棒 칠봉　　　傅 스승부

富 부자부　　備 갖출비　　彭 성팽　　　評 평론할평　筆 붓필

弼 도울필　　補 받들보　　茫 망망할망　脈 맥맥　　　媚 고울미

防 막을방　　傍 의지할방　番 차례번　　筏 때벌　　　幅 폭폭

【十三劃】

莫 말맥　　　盟 맹세맹　　募 부를모　　睦 화목목　　微 작을미

煩 번민할번　補 기울보　　蜂 벌봉　　　附 부마부　　琵 비파비

琶 비파파　　楓 단풍나무풍　豊 풍년풍　　頒 나눌분　　碑 비석비

陂 언덕파

【十四劃】

綿 솜면　網 그물망　溟 바다명　夢 꿈몽　舞 춤출무

聞 들을문　蜜 꿀밀　裵 성배　閥 문벌벌　碧 구슬벽

輔 도울보　菩 보살보　僕 종복　福 복복　逢 만날봉

鳳 새봉　賦 부세부　賓 손빈　幕 장막막　輓 수레끌만

鳴 울명　駁 얼룩말방　榜 방목방　搏 넓을박　腑 장부부

【十五劃】

摩 만질마　滿 찰만　萬 일만만　賣 팔매　勵 힘쓸매

模 법모　慕 사모할모　廟 사당모　墨 먹묵　憫 총명할민

盤 소반반　範 법범　腹 배복　複 다시복　鋒 창봉

駙 부마부　部 나눌부　敷 편부　編 엮을편　葡 포도포

髮 터럭발　漠 아득할막　魅 도깨비매　摸 본뜰모　鋲 징병

褓 포대기보　碼 마루마　緬 멀면　輩 무리배　鋪 펼포

【十六劃】

磨 갈마　穆 화할목　蒙 무릅쓸몽　默 잠잠묵　潘 성반

壁 벽벽　辨 분별할별　潽 넓을보　瞞 속일만　陸 뭍육

-127-

撲 뿌리칠박　頻 자주할빈　播 퍼질파　澎 물소리팽　遍 두루편

瓢 표주박표　逼 가까울핍

【十七劃】

彌 많을미　璞 옥덩이박　璠 옥번　謗 나늘방　繁 성할번

餅 떡병　縫 꿰맬봉　蓬 쑥봉　賻 부의부　嬪 계집이름빈

磻 시내번

【十八劃】

謨 꾀모　謾 소질만　濛 이슬비몽　璧 구슬벽　馥 향기복

膨 배부를팽　鞭 채찍편　蔽 가릴폐　豊 풍년풍

【十九劃】

霧 안개무　薄 엷을박　簿 문서박　譜 족보보　鵬 새붕

瀑 폭포폭

【二十劃】

饅 만두만　寶 보배보　譬 비유할비　避 피할피

【二十一劃】　【二十二劃】　　【二十三劃】

辯 말씀변　　邊 갓변　　變 변할변　　鼈 자라별

第6章　數理와 數의 意義（수리와 수의 의의）

八十一數의 意義（의의）는 어떠한 것인가?　八十一數에는 各各（각각）一定不變（일정불변）의 靈力（영력）을 구비하고 있는 것입니다. 즉 각수에 고유한 절대적인 意義가 있는 것입니다.

○ 一數는 萬事（만사）의 기본이요 一切의 始初이고, 영구불변의 절대불동인 根本數（근본수）입니다. 이 수에 당연히 始初頭首（시초두수）집중등의 의의가 구비되어 있으며, 自主獨立（자주독립）, 頭令（두령）, 發展（발전）부귀명예 등의 암시유도력이 생기되 陽數이다.

○ 二는 一과一의 合數（합수）며 즉 陽과陽（양과양）의 집합으로 완전한 화합력이 결여해 있으니 분리하기 쉬운 意義가 있는 것으로 불완전, 불철저, 연약 분산, 불구등의 유도력이 생기고

○ 三은 一陽二陰（일양이음）이 合한 확정수며 일체겸비의 意義로 자연적으로 權威（권위）, 智達（지달）, 富貴（부귀）, 新生等（신생등）의 靈力（영력）이 발휘되는 것이다.

○ 四는 분리수인 一과二의 陰合數（음합수）로서 또는 一과三의 合數（합수）를 해도 陽合數（양합수）으로 和合（화합）의 理（리）에 反（반）하는고로 한층 흉조를

-129-

조성하여 破壞衰滅之象(파괴쇠멸지상)으로 되고, 困苦病離, 逆境變轉等(곤고병리 역경변전등)의 暗示力(암시력)이 발생하되, 이 四數(사수)는 病院入院室(병원입원실)에 四호실이 없고, 旅舘(여관)에 四호 숙실이 없고, 軍團(군단)에도 四師團(사사단)이 없고, 단 특수대(特殊隊)를 구성하여 배치한다는데 이는 四數(사수)에 연유된 靈動暗示(영동암시)로 일반이 막연하나마 社會通念化(사회통념화)하여 현재는 기분상으로나마 忌(기)하게 되는 원인이 이에 있는 것입니다. 四는 音譯(음역)으로 死(사), 邪(사)를 연상하게 되는 原因(원인)도 本來(본래) 四數(사수)의 固有振動波動(고유진동파동)이 破壞凶兆(파괴흉조)를 암시 발생하기 때문입니다.

○五는 三陽二陰(삼양이음)의 同化로 合成(합성)된 수로 中心(중심)에 위치하여 上下左右(상하좌우)를 통솔하는 數(수)인고로 그 암시는 당연 萬物能生之象(만물능생지상)으로 尊榮有德(존영유덕), 能成弘業等(능성홍업등)의 吉祥力(길상력)으로 發顯(발현)되는 것입니다.

○六으로 이수는 좀 복잡한 의의를 내포하고 있읍니다. 즉 一에서 九까지에 至(지)하는 數(수)의 個個(개개)의 음양은 物論(물론) 一三五七九가 陽이고, 二四

六八十이 陰數인데 이 陽中(양중)에도 陰氣(양기)를 포함하고 陰中에도 陽氣(양기)를 포함하고 있는것이 宇宙造化(우주조화)의 眞理(진리)입니다. 그러므로 一에서 十까지를 陰陽(음양)으로 大分(대분)하게 되면 一에서 五가 陽이요, 六에서 十이 陰(음)에 속하게 됩니다. 一括(일괄)하면 五는 一에 十中의 陽極(양극)이요, 六은 陰의 始初(음의시초)가 됩니다.

그러므로 六數(육수)는 繼成, 陰德始胎之象(계성, 음덕시태지상)이요 溫和頭首의 意義(온화두수의 의의)를 포함하게 됩니다. 그러나 일면 三과三, 二와四, 혹은 一과五로 그 合數는 모두 陰陽和合(음양화합)의 造化(조화)를 缺(결)하게 되는고로 分離破境(분리파경)의 흉의도 함유하게 되며, 道理(도리)로서 六, 十六까지는 吉兆의 暗示力(길조의 암시력)을 발현합니다만, 二十六數以上(이십육수이상)으로 되면 變怪破亂 怪傑偉隆이 極端的으로 조화를 부리고 유도력을 발생하게 됩니다.

○七은 五의 盛運(성운)과 二의 破運(파운)이 合한 또는 三의 盛運(성운)과 四의 凶運(흉운)이 合한 數인 관계로, 내면에는 吉凶兩極端(길흉양극단)의 靈意(영의)가 相互制剋(상호제극)하며 또는 상호 化成(화성)

되는 결과로 자연적으로 權威(권위)와 완강의 암시력이 생기게 되며 강력한 前進不屈(전진불굴)의 氣力(기력)이 발생됩니다.

○ 八은 四의 破數(파수)의 중복인 동시에 五, 三의 統率智德(통솔지덕)이 合한 數로 역시 각종의 영력이 화생하되 自取發展之象(자취발전지상)으로 노력매진의 암시력이 발생됩니다.

○ 九는 陽數(양수)의 終(종)이요 또는 其數(그수)의 궁극수인고로 陽德(양덕)으로 智力(지력)과 활동력은 있으나, 終極之意(종극지의)를 궁박에 지하게 되는 大材無用之象(대재무용지상)으로 孤獨不遇(고독불우) 徒勞無功(도로무공)으로 귀결됩니다.

○ 마지막 十은 종결을 告(고)하는 數(수)로서 陰(음)의 最極(최극)이요, 零(영)의 위치에 있는 數(수)로 그 意義가 空虛無限之象(공허무한지상)이라, 각수중의 가장 忌(기)하게 되는 凶兆(흉조)의 암시력이 발생되는 것도 數理(수리)의 결정적인 약속이라 하겠읍니다.

그러나 數理의 순환은 宇宙(우주)의 법칙으로서 空虛死滅終結(공허사멸종결)은 다시 始生(시생)의 始初(시초)로, 이 零位(영위)의 十數(십수)가 相重(상중)될 경우에는 意外(의외)의 전향으로 大發展(대발전)

이 稀有(희유)하다는 理致(이치)로 됩니다.

이와같이 그 數(수)만으로 數에 固有해 있는 靈妙(영묘)한 意義를 내포하고 있는 것입니다. 眞實(진실)로 現證的(현증적)인 數理哲學(수리철학)이요. 靈科學(영과학)의 顯現(현현)입니다. 다음 章에 記載한 八十一數에는 各各(각각) 그 固有(고유)한 誘導波長力(유도파장력)이 있으며, 그것이 姓名의 各部分에 함축되어 晝夜(주야)로 간단없이 人間心身靈(인간심신령) 生命律(생명률)에 암시 유도하는고로, 本人의 自覺(자각), 不自覺(부자각)을 불문하고 不知不識間(부지부식간) 數意(수의) 그대로 支配(지배)되며 命運(명운)되는 것입니다.

第7章 數理의 變化論(수리의 변화론)
(姓名에 對한 數理論)

이세상 만유의 現象(현상)이 무질서하게 輪轉(윤전)되는 것이 아니고 一定(일정)한 律(률)로써 행하여지는 것이며, 一年 三百六十五日 公轉(공전)하는 地球(지구)도 도수에 있는 것이며, 每月朔望(매월삭망)에 수반된 滿休月(만휴월) 관계나 朝夕(조석)에 의한 潮水干滿(조수간만)의 理致(이치)도 그러하고 현세기의 과학적 原理(원리)로 數理의 변화에 기인되어 있는 것이다.

　數는 萬有變化(만유변화)의 基調(기조)가 되어있는 故(고)로 數의 처음은 一이요 끝은 九이며 十은 다시 一로 환원되며 一에서 九까지를 基本數라 하여 無限大(무한대)하게 展開(전개)되는 數(수)로 一에서 九까지의 변화작용에 있는 것이다. 姓名組織(성명조직)의 數理(수리)란 根幹(근간)된 主動的(주동적) 실천력을 발휘시키는 작용을 하는 것이다.

1. 名字上字 劃數(명자상자 획수)와 名下字劃數(명하자 획수)를 合한 數를 元格(원격)이라 칭하고, 基礎運(기초운)과 一歲에서 二十三歲까지의 初年運路(초년운로)를 보며

2. 姓字劃數(성자획수)와 名上字劃數(명상자획수)를 合한 數를 亨格(형격)이라 칭하고, 성공운과 二十四才에서 三十五才까지의 壯年運路(장년운로)를 보며

3. 姓字劃數(성자획수)와 名下字劃數(명화자획수)를 合한 數를 利格(이격)이라 칭하고, 外部助力運(외부조력운)과 三十五才에서 四十七才까지의 中年運路(중년운로)를 보며

4. 姓名三字劃數全部合(성명삼자획수전부합)한 數(수)를 貞格(정격)이라 칭하고, 一平生主動運(일평생주동운)과 四十七才以後 임종까지의 末年運路(말년운로)를 본다.

"解名의 實例"(해명의 실례)

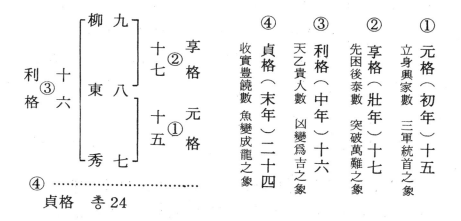

① 元格(初年)十五 立身興家數 三軍統首之象
② 享格(壯年)十七 先困後泰數 突破萬難之象
③ 利格(中年)十六 天乙貴人數 凶變爲吉之象
④ 貞格(末年)二十四 收實豊饒數 魚變成龍之象

柳 九
東 八
秀 七
② 享格 十七
① 元格 十五
③ 利格 十六
④ 貞格 총 24

元格(初年), 享格(壯年), 利格(中年), 貞格(末年)의 수리에서 2,4,9,10,12,14,19,20,22,27,28,30,34,40,42,43,44,46,49 등의 수리는 불행이 생기며 疾病(질병), 不安(불안), 妻子生死別(처자생사별), 失敗(실패) 조난,고독,빈곤등을 초래하고 甚(심)한자는 단명,변사,피살등의 비운이 생기고

26,36 數理는 영웅 시비격이라 칭하여 평범한 사람에는 不合한 數이며, 意志堅困(의지견고)하고 분투력이 있고 용감한 자인지라도 수차 사선을 돌파하고 九死一生(구사일생)

하는 자만이 성공할 수 있다.

1,3,5,6,7,13,15,17,18,24,25,29,31,33,35,37, 38,41,45,47,48 등 수리는 대체적으로 幸福(행복) 하며 성공 영달 장수하는 吉數(길수)이며, 21,23,33,39 數理(수리)는 男子는 頭領運(두령운)으로 大成(대성)하나,女子는 男便運(남편운)을 剋하고 弧寡(고과)난면이나 職業女性(직업여성) 및 독신생활에는 大成할 수 있다.

○ 數 理

姓名의 數理는 文字의 劃數(획수)에서 나오는데 이름을 짓거나 풀이 감정함에는 姓字 및 이름의 文字(글자)의 정확한 획수를 알아야 된다. 이 획수에 의하여 陰陽(음양)이 定해지고 또 획수가 配合(배합) 되므로서 五行과 各格(각격)의 吉하고 凶한 配合(배합)인가를 알아 낼 수가 있는 것이다.

◦ 다음은 姓氏別(성씨별)로 좋은 수리를 배합한 것이오니, 이름을 지을때 이에 맞는 획수의 글자를 가려 발음의 어휘 및 오행이 길격이 되게 하면 좋은 이름이 될것입니다.

◦ 이 수리의 배치는 상하의 배열을 편의대로 하면 된다.

제 8 장 各 姓氏別 吉數配置表 (각 성씨별 길수배치표)

○ 二劃姓 (卜 丁)

1,2　1,14　1,15　1,22　3,3　3,13　5,1　5,6
5,11　　5,16　6,9　6,15　6,23　11,5　4,9
4,11　4,19　6,5　9,4　9.6　9,14　9,22　11,22
6,13　14,15　14,21　15,16　13,16　16,19　14,19

○ 三劃姓 (于 干 千)

2,3　2,13　2,21　3,2　3,10　3,12　3,18　4,4
4,14　5,8　5,10　8,10　8,13　8,2　10,22　12,20
13,22　14,15　14,18　14,21　15,20　18,20

○ 四劃姓 (孔 公 今 方 卞 文 毛 王 元 尹 夫 片 允 太)

1,12　1,20　2,9　2,11　3,4　4,7　4,9　4,13
4,17　4,21　7,14　9,12　9,20　11,14　11,20
12,13　12,17　12,19　12,21　13,20　13,21
14,17　14,19　14,21　17,20

○ 五劃姓 (丘 白 史 石 申 玉 田 玄 皮)

1,10　1,12　2,6　2,11　2,16　3,8　3,10　6,10
6,12　6,18　8,8　8,10　8,16　8,24　12,12
12,20　13,20　16,16

○ 六劃姓（朴吉百安伊任全朱）

1,10　1,17　2,9　2,15　2,23　5,10　5,12　5,18
5,26　7,10　7,11　7,18　7,25　9,9　9,23　10,15
10,19　10,23　11,12　11,8　12,17　12,19　12,23
15,17　15,18　17,18

○ 七劃姓（江呂李成宗辛余吳廷池車何杜）

1,10　1,16　1,24　4,4　4,14　4,22　6,10　6,11
6,18　8,8　8,9　8,10　8,16　8,17　8,24　9,16
9,22　10,14　10,22　11,14　14,17　14,18　16,16
16,22　17,24

○ 八劃姓（京具金寄林孟明奉沈周表）

3,5　3,10　3,13　3,21　5,8　5,10　5,16　5,24
7,8　7,9　7,10　7,16　7,17　7,24　8,9　8,13
8,15　8,17　8,21　9,15　9,16　10,13　10,15
10,21　13,16　15,16　15,18　15,22　16,17　16,21

○ 九劃姓（姜南柳宣禹兪咸）

2,4　2,6　2,14　2,22　4,4　4,12　4,20　6,9
6,23　7,8　7,16　7,22　8,8　8,15　8,16　9,14
9,20　9,23　12,12　12,20　14,15　15,23　15,24
16,16　16,22

○ 十劃姓（高骨桂俱馬孫芮袁殷奏夏洪）

1,5　1,6　1,7　1,13　1,14　1,21　1,22　3,3
3,5　3,8　3,22　5,6　5,8　6,7　6,15　6,19
6,23　7,8　7,14　7,23　8,13　8,15　8,21　8,23
11,14　13,22　14,15　14,21　14,23　15,22
15,23　19,19　21,27

○ 十一劃姓（康梁鹵魚張章曹崔許）

2,4　2,5　2,22　4,14　4,20　6,7　6,12　6,18
7,14　10,14　12,12　13,24　18,23　20,27

○ 十二劃姓（邱景閔邵荀舜堯彭黃）

1,4　1,5　1,12　1,20　3,3　3,20　4,9　4,13
4,17　4,19　4,21　5,6　5,12　5,20　6,11　6,17
6,19　6,23　9,12　9,20　11,12　12,13　12,17
12,21　12,23　13,20　13,22　19,20

○ 十三劃姓（賈琴廉楊虞莊楚）

2,3　2,16　3,8　3,22　4,4　4,12　4,20　4,22
5,20　8,8　8,10　8,16　10,12　12,12　12,20
12,22　16,16　16,19　16,22　16,18　18,20　19,20

○ 十四劃姓（菊連裵箕趙愼溫）

1,2　1,10　1,17　2,9　2,15　2,19　2,21　2,23

3,4　3,15　3,18　3,21　4,7　4,11　4,17　4,19
4,21　7,10　7,11　7,17　7,18　9,9　9,15　10,11
10,15　10,21　10,23　15,18　18,19

○ 十五劃姓（葛 慶 郭 歐 魯 菖 劉 萬 滿）

1,2　1,16　1,22　2,6　2,14　2,16　2,22　3,14
3,20　6,10　6,17　6,18　8,8　8,9　8,10　8,16
3,18　8,22　9,14　9,23　10,14　10,22　10,23
14,18　16,16　16,17　17,20

○ 十六劃姓（潭 都 盧 陸 潘 陰 錢 陳「皇甫」）

1,7　1,15　1,16　1,22　2,5　2,13　2,15　2,19
2,21　5,8　5,16　7,8　7,16　7,22　8,9　8,13
8,15　8,17　8,21　9,16　9,22　13,16　13,19
13,22　15,16　15,17　16,19　19,22

○ 十七劃姓（鞠 陽 遜 蓮 謝 蔣 蔡 韓）

1,4　1,6　1,14　1,20　4,4　4,12　4,14　4,20
6,12　6,15　6,18　7,8　7,14　7,24　8,8　8,18
12,12　15,16　15,20

○ 十八劃姓（魏）

3,3　3,14　3,20　5,6　6,11　6,15　6,17　6,7
7,14　11,23　10,13　14,15　14,19　8,15

○ 十九劃姓 (南宮 鄭 薛 龐)

2,4　2,14　2,16　4,12　4,14　6,10　6,12　10,19
12,20　13,16　14,18　16,22　19,20　19,22

○ 二十劃姓 (羅 釋 鮮于 嚴)

1,4　1,12　1,17　3,12　3,15　3,18　4,9 4,11
4,13　4,17　4,21　5,13　9,9　9,12　12,5　12,9
12,13　12,19　13,18　15,17

○ 二十一劃姓 (藤)

2,14　2,16　3,8　3,14　4,4　4,12　4,14　4,20
8,8　8,10　8,16　10,14　10,27　12,12　17,20

○ 二十二劃姓 (權 邊 蘇 隱)

1,10　1,14　1,15　1,16　2,9　2,11　2,15　3,13
7,4　7,9　7,10　7,16　9,16　10,3　10,13　10,15
13,4　13,16　16,19

○ 三十一劃姓 (諸葛)

1,6　1,16　2,20　2,4　2,6　2,16　2,21　4,4
4,17　6,16　7,10　7,14　8,8

○ 八十一數의 吉凶 一覽表

一·⊗　二×　三○　四×　五○　六○　七⊗　八○　九×　十×

十一○　十二×　十三○　十四×　十五⊗　十六○　十七○　十八○　十九×　二十×

二十一⊗　二十二×　二十三⊗　二十四○　二十五○　二十六△　二十七×　二十八×　二十九⊗　三十○

三十一○　三十二○　三十三⊗　三十四×　三十五○　三十六△　三十七○　三十八○　三十九⊗　四十×

四十一○　四十二×　四十三×　四十四×　四十五○　四十六×　四十七○　四十八○　四十九○　五十×

五十一△　五十二○　五十三×　五十四×　五十五△　五十六×　五十七△　五十八○　五十九○　六十×

六十一○　六十二×　六十三○　六十四×　六十五○　六十六×　六十七○　六十八○　六十九×　七十×

七十一○　七十二△　七十三○　七十四×　七十五○　七十六△　七十七△　七十八○　七十九×　八十×

八十一○　숫자옆에　○표는　길격수,　△표는　길흉상반이며

×표는 흉격수의 표시요, ⊗표는 여자에게는 흉하고 (불
길) 남자에게는 길한 수리이다.

○   八十一數의 靈導暗示

八十一數의 靈意 (영의), 暗示 (암시), 誘導 (유도) 변
화 등의 數理靈動力 (수리영동력)은   중요한 三才 五行
의 配合 (基礎運, 成功運, 內外運) 과 또 各格運 (元亨利
貞)의 상호접촉 或은 抱合, 或은 反撥等으로 각종 변화가
발생하는 것이다. 그러므로   비단 一格이나 혹은   兩格의
數理만으로 吉凶判斷은 不可하며, 즉 三才 五行의 配合과 各格
數理의 靈動을 審査考察하고 其他의 字義, 字體, 音靈, 陰
陽 等의 各條件을 종합한 연후에 可以判斷을 하여   구성
하면 일단 수리에 있어서는 吉格이 된다.

제四편 五行및 數理의 吉凶

제 1 장 文字이름에 피해야 할 글자

1 . 文字(글자)

① 長男(장남)의 이름 윗자에 (乙 次 亨 二 三 七
夏 南 義 秋등)의 글자를 사용하지 아니한다.

② 長男(장남), 長女(장녀)가 아닌 사람의 이름에 아
래나 위에 다음 글자를 쓰지 아니한다.(天 乾 日
東 春 仁 上 甲 子 長 起 新 一 元 宗 先
初 始 等)

③ 이름자에 凶, 亡, 禍, 敗, 財, 厄等의 凶하고 不吉
한 글자를 쓰지 않는다.

④ 이름자에 될수있으면 金字, 玉字, 珠字는 쓰지 않는
것이 좋다.

⑤ 이름자에 날짐승,짐승,벌레,물고기 등의 이름의 글
자를 쓰지 않는다.(馬 羊 兎 烏 鷄 雁 蚣 蛙
魚

⑥ 이름자에 가급적 다음 글자는 쓰지 않는 것이 좋다.
(乭 福 梅 花 春 童 吉 星 富)

이름을 짓는데 남자의 이름이 글자의 뜻이나 모양이 모
두 유약(柔弱)하면 자립성이 없고,여자의 이름에 글자
가 너무 강건하면 독립적이나 호주가 되거나 팔자가 세게
된다. 고로 各種字典의 破字篇을 참조해서 잘 짓도록 할것

-147-

◎ 글자의 의미가 강（强）한 것은 다음과 같다.

（剛 強 進 振 雲 龍 勝 天 昇 勇 男
光 成 大 克 壯 鎭 昶 等）

◎ 글자의 뜻이 약한 것은 다음과 같다.

（微 軟 幼 細 少 素 幼 女 福 花 順 姬 愛 玉 珠
惠 玧 寶 銀 心 等）이 있다.

◎ 글자의 짜임새가 약해 보이는 것은 （羊 平 牛 申
年 斗 幸） 등이 있고

◎ 글자가 허해 보이는 것은 （門 行 方 孔 戊 八）
등이 있다. 글자가 허해 보이는 것을 이름에 쓰
면 운세도 약하고 進就力（진취력）이 없다.

제2장 語彙（어휘）와 發音（발음）

이름에 구성된 글자의 뜻이 속되거나 천하지 않은 글자
를 가려（선택） 쓰는것도 중요하지만 아무리 속되거나
천박하지 않은 좋은 글자를 사용할지라도 姓名（성명）을
합쳐 부를 때에 발음으로 나오는 어휘（語彙）도 매우 중
요하다.

※ 다음과 같은 발음이 나오는 것은 피하는 것이 좋다.

1. 좋지못한 별명이 붙기 쉬운 발음
2. 욕과 비슷한 발음이 나오는 이름

3. 불길한 단어가 나오는 이름

◎ 그 예를 기록하니 참고로 할것

辛長洙＝신발 장수란 별명이 된다.

金致國＝ 김치국이란 별명이 된다.

黃千吉＝황천(黃泉)에 간다는 놀림을 받고

元承姬＝ 원숭이란 별명이 된다.

朱吉洙＝죽일수라는 흉한 발음이다.

文東輝＝문둥이(나병환자)란 흉한 발음이다.

羅哲阿＝나 처라 하는 저속발음이다.

具德基＝구더기 같은 흉한 별명이 된다.

李尙武＝이상무 이상없다는 별명의 발음이 붙는다.

사람의 이름은 부르는 발음이 분명하고 고상하여 무게 있게 지어져야 운에서도 좋은 작용을 유도한다. 사회생활에 있어서도 남의 존경과 신망을 받을수 있다. 모든 格 (격)을 길하게 구성하였다고 해도 어휘가 천박하면 안된다. 이 밖에도 많은 예가 있지만 생략한다.

제 3 장   五行의   吉凶

(발음을 中心으로 한것)

○ 木姓 (발음이 가, 카로 된것)

賈 康 姜 强 葛 廣 京 景 高 郭 具 邱 丘
孔 公 琴 吉 金 鞠 菊

① 木木木 △

품성이 착실하고 인내력이 있으며 사람이 총명하고 외유내강하나

기반을 튼튼히 세워나가 **成功**하는 운이다. 날로 발전하고 이련격에 수리가 모두 불길하면 원수를 맺고 그로 인해서 해를 입을 수 있다.

② 木木火 ○

사람됨이 착실하고 품성이 온전 착실하지만 이해력이 부족한게 결점이다. 감정이 예민하여 신경질적이고 애정에는 극단에 흐르기 쉽다.

③ 木木土 ○

사람의 품성이 착실하고 친절하며 외유내강하나 신체가 약한 경향이 있다.

특히 사회의 모든 이들의 신용을 얻어 사업이 순조로우며 운세도 튼튼하다. 관운도 좋은 편이니 입신출세하여 가정도 화목하고 자손운도 있다.

④ 木木金 ×

성품이 정직하고 대인관계가 원만하여 의지를 지키려고 하나, 지나치게 완고해서 교제가 넓지 못해서 남의 반감을 산다.

성공운은 있으나 지구력이 없고 공연히 남의 박해를 당

하여 변동이 심하고 건강도 좋지 못한 편이다. 호흡기 질환 발생 우려가 있음.

⑤ 木木水 △

감수성이 예민하여 이해력이 풍부하고 성실하게 노력하는 형이다.

가정은 원만하고 자녀들은 효순하겠다. 인생 번민이 많고 실의에 빠져 유랑 방랑하는 경우도 있다. 한때 성공할지라도 유지하기 어렵다. 귀 또는 골절계통의 질환이 있다.

⑥ 木火木 ○

신경이 불과 같이 예민하여 변화가 자주오게 된다. 혹 사람을 사랑하고 미워함에 소극적이 되기 쉽다.

인덕이 있어 운세도 순조롭고 도와주는이가 많으므로 잘 발전해 나간다. 조상의 음덕이 있으며 자손 번영하고 행복한 삶과 장수하는 운인데 색정에 빠져 헤어나지 못할 우려가 있다.

⑦ 木火火 △

성질이 불과 같이 급하고 괄하나 오래 가지 아니하고 쉽게 풀리나 참을성이 없다. 좋고 나쁜 표시를 즉석에서 한다.

운세는 순조로이 성취되지만 오래 가지를 못한다. 이성

간의 일로 곤경에 빠지기 쉽고 자주 실패도 한다. 심장병 및 고혈압으로 고생한다.

⑧ 木火土 ○

열정적이고 온순하여 감수성 예민하다. 남의 호감을 사게 되고 대인관계가 원만하고 예의도 있고 친절하다.

부모와 윗사람의 귀여움과 도움을 받아 많은 덕이 있고 직장이나 사업이 순조롭다. 가정생활이 원만 화목하고 자녀 효순하고 행복을 누리어 장수하는 격이다.

⑨ 木火金 ×

이런 성격을 조석변이라 한다. 순간적인 감정으로 동요가 잘 일어나고 누구와 사귀면 한없이 친절하다가 비위가 상하면 싹 돌아서 버린다. 그리고 사치와 허영에 빠지고 방탕하기 쉬운 경향이다.

겉만 그럴사하게 보이고 실속이 적다. 매사에 거의 헛수고에 그치고 만다. 가정운도 나쁜데 특히 신경 및 호흡기 계통 질환 주의

⑩ 木火水 ×

성격이 강경하여 승벽심이 많고 남과 경쟁하거나 다투기를 좋아한다.

윗사람의 도움으로 한때 성공은 하나 오래가지 못하고 실패한다. 특히 아래사람과의 불화로 협조를 받지못해 혼

자서 분주하게 고단하기만 하다. 이 격에 **수리마저** 불리하면 급사하는 흉조도 내포하고 있다.

⑪ 木土木　×

사람이 변덕심이 많고 호기심이 있어 한자리에 오래도록 있으면 권태가 생겨 자주 이동하는 개혁적인 성미다.
환경의 안정을 잡지 못하고 사업의 변동 거주의 이동이 심한편이고 부모 처자와도 인연이 박하다. 고독한 상이다.

⑫ 木土火　△

사람이 호기심이 많고 경솔한 편이다. 색다른 것을 보면 바로 그 일을 하고 저한다.
직장이나 사업의 변동을 자주한다. 매사에 불만이 많다. 부모의 유산은 없으나 자식은 효성하다. 수리가 길하면 적게는 성공한다. 위장, 호흡기, 고혈압 등에 주의할 것

⑬ 木土土　×

입이 무겁고 마음이 무던해서 남에게 잘 선동되지 않는 사람이다.
한평생 불운으로 한번도 얼굴을 펴고 지낼 일이 없고 특히 조상의 덕이 없어 타관에 가서 자수성가하는 이름이다. 자녀에 대한 애착이 많고 부부관계는 좋다. 눈병이 자주 난다.

⑭ 木土金　△

성격이 내성적이고 조심성이　많고 적극성이 없다. 남에게 지배받기를 꺼린다.　성공운이 약하고 발전이　늦다. 부모의 덕은 없으나 자녀의 운은 원만하다. 이련격은　남여를 막론하고 생정으로 인한 곤액을 받기 쉽다.　위장병 눈병주의　할것

⑮ 木土水　×

사람의 성격이 냉정하여 교제가 넓지 못하다. 경우에 따라서는　남에게 원한을 사는 일도　있다.

성공은 있을 수도 없고 도중에 실패하는 일이 많다. 부모 무덕에　자녀에　대한 근심도 있다. 수리가 나쁘면 급사한다. 위장병, 심장마비 등에　주의

⑯ 木金木　×

고집이 세고 말이 적은데다 사교수단이 부족해서　발전성이 없다.

가정운이 나쁜데 자녀들에게 너무 엄격하다. 겉보다 실속이 없다. 신경쇠약, 근시 등의 유도력이 보인다.

⑰ 木金火　×

모든 물정에 어두어 자기의 신분을 망각하는 행동을 하

는 수가 있으며 자포자기 되기 쉽다.(저능인의 배합에서 오는 오행이다.)

집안이 불안하여 성공을 이루지 못하고 자녀들의 덕이 없고 말년에 박복하다. 신경계통, 발광, 자살, 변사 등의 액운을 초래한다.

⑱ 木金土 △

말이 적고 침묵을 좋아한다. 마음속에 불평, 불만이 많다.

운세는 별로 순조롭지 못하나 적극적인 노력으로 웬만한 것은 성공한다.

⑲ 木金金 ×

지혜가 있고 책략이 뛰어나니 잘난체 하는 경향이 있으며 남과 시비 언쟁을 잘 한다. 그로 인해서 남이 가까이 하지 않으려 하니 도와주는 사람이 없어 뜻을 이루기가 어렵다. 고독하게 지낸다. 부모에게 불효하고 자녀와도 불화된다. 심신과로, 뇌, 코병 등으로 고생 가능성 있다.

⑳ 木金火 ×

무엇에 쫓기는 듯 안절부절하는 표정에 말이 적으나 언제나 불안해 한다.

운세 나쁘니 모든 일에 장애가 있어 중도에 좌절하고

성공을 이루지 못한다. 재정상에 굴곡이 심하다. 뇌일혈, 변사등의 흉조있는 오행배치다.

㉑ 木水木 ○

상하를 구분할 줄 아는 예의 바르고 성격이 온순하고 융화로움이 있어 사람들의 호감을 사는 상이다. 그로 인하여 일하는 도중에 조금의 어려움이 있어도 서로 협조해 주므로 해결발전에 나간다. 이격에 수리가 흉하면 질병으로 고생 단명한다.

㉒ 木水火 ×

성격이 고약하고 까다로아 남의 잘못을 너그럽게 용서하는 아량이 부족하다. 운세는 평범하다. 지나친 욕심을 부리지 않으면 약간의 성공은 한다. 이 운은 특히 가정운이 나빠 처, 자를 극할 우려가 있고 자신이 고액에 시달려 급사할 수다.

㉓ 木水土 △

남이야 어떻게 보던 자기 멋대로 사는 사람, 스스로 잘난체 하여 뽐내기 좋아한다. 자기 분수를 알아야 하지 그렇지 않으면 남의 미움을 받아 일에 지장이 생긴다. 운세 불안정하여 기반을 다지지 못해서 방황한다. 조난, 뜻밖에 환난조심

㉔ 木水金 ○

사람의 마음은 선하나 조심성이 없이 덤벙대다가 실수를 한다. 겉보기보다 실속이 적다. 내면충실에 기울어야 된다. 수리가 길하면 성공도 할 수 있다. 수리가 흉하면 실패 병약하고 뇌를 상할 우려가 있다.

㉕ 木水水 ×

인색하고 이기적이어서 돈이 생기면 좋고 나뿐 일이든 가리지 아니한다. 한평생 재물은 궁하지 않으나 가정이 원만치 못하고 모든 근심거리가 계속해서 생겨난다. 마음이 항시 고독하다.

○ 火姓發音 (발음이 나, 다, 라, 타로 된것)

太 林 李 南 柳 廉 魯 董 劉 潭 都 盧 羅 藤
陸 呂

① 火木木 ○

성격이 외유내강하고 남에게 대한 승벽심이 매우 강하다. 성공운이 작용되는 운으로 본래의 기반이 튼튼한데다 귀인의 도움이 있음으로 모든일이 발전해 나간다.

② 火木火 ○

승벽심이 강하나 도량이 적다.
운세는 대체적으로 평안하다. 순조롭게 목적한 바를 이

룰 수 있지만 모두 노력한만큼의 보답에 지나지 않다. 끊임없이 노력을 경주하면 부귀장수할 수 있는 좋은 배치다.

③ 火木土 ○

승벽심이 많으나 대인관계 원만하고 사교가 넓다. 여색을 좋아해서 이로 인해서 손해보는 경우가 있으니 이점을 조심하면 운세는 양호한 편이다. 이격은 길한 배치로서 부귀를 얻어 건강하게 행복을 누린다.

④ 火水金 ×

신경이 아주 예민하여 대범한 성격이 못되고 박력도 없다. 모든일에 망서리다가 기회를 놓친다. 결단성 있게 밀고 나가지 못한다. 이렇다할 성공이 없다. 용두사미의 격이다. 정신적 질환에 걸릴 우려가 있다.

⑤ 火木水 ×

외유내강하여 승벽심과 시기심이 많고 투쟁을 잘한다.
성공 발전하는 운이 있으나 지구력이 없다. 가정이 불안하고 객지에 나가 허송세월할 명이다. 재산급변의 흉한 배치다.

⑥ 火火木 ○

사람은 잘 다루고 이끄는 힘이 있다. 사물에 밝고 여자로서 유혹적이고 매력적이라 하겠다.

운세도 강하여 남과 같이 협동하는 일은 무엇이든 잘된다. .한평생 심신이 건강하고 액운없이 행복하리라

⑦ 火火火 ×

火가 셋으로 구성되었다. 성격도 불과 같이 맹렬하고 용맹하고 무슨 일도 열정적이지만 인내력이 없다.

운세는 타는 불과 같이 한때 성하다가 금세 쇠약해진다. 기초가 약한데다가 일을 경솔히 다루니 마침내 실의에 빠진다. 가정운도 나쁘고 노고가 많고 심장, 소장, 혈관 등의 질환이 발생한다.

⑧ 火火土 ×

수양력이 있고 성격은 온순하다.

겉 보기는 근사하지만 실속은 분산하려는 싹이 트고 있고 그러므로 한때 성공했다 하더라도 종말에는 재난이 이르러 비운에 처하고 만다. 색난의 징조가 있고 부모와 인연이 박한데 수리가 나쁘면 단명하거나 소년에 조실부모한다.

⑨ 火火金 ×

단기로서 참을성이 없다. 허영심이 많아 실속은 없다. 그리고 체면치레 하기를 좋아한다.

겉 보기는 원만하게 사는것 같지만 그 실상은 곤고가 많다. 부하 또는 손아래 사람으로 인하여 실패를 보게된다.

가정불화에 시비 구설 혹은 처자와 이별수도 있다. 대장염, 피부질환에 주의

⑩ 火火水 ×

신경질적이고 성질이 급하여 소심하다. 모든일에 너무 소심하게 살피다가 모처럼의 기회를 놓치는 일이 있다. 한때 성공은 하나 의외의 일로 재화 급변하고 재산을 잃고 건강도 나빠진다. 가정도 불화하고 심장,뇌일혈을 조심하라 이격에 수리가 나쁘면 급사의 흉조가 있다.

⑪ 火土水 ×

사람의 성질이 온순하고 국량이 크다. 예의와   성의를 다한다.

이 격은 부모와 조상 및 윗사람의 혜택으로 잘 지낸다. 그러나 그 영향력은 잠시적이고 결국은 재산의 손실 사업의 실패등으로 곤경에 빠진다. 복부,위장병 등의 질환이 있을 것이다.

⑫ 火土火 ○

성격이 온후하며 덕망이 있고 사람을 대함에 있어 진심과 정성을 다한다.

부모와 윗사람의 도움을 입어 성공한다. 뿐만   아니라 아랫 사람들의 도움도 있으므로 일생동안 기반을 세워 발전해   나간다. 정신적,육체적 모두 건강하다.

⑬ 火土土   ○

사람이 성실하고 원만하여 부지런해서 인심을 얻는다.

부모와 조상의 덕이 있고 윗사람의 사랑을 받아 순조롭고 성공을 크게는 이루지 못해도 운세가 평탄하여 살아가는데는 매우 좋은 명이다.

⑭ 火土金   ○

원만하고 신의도 있는데 약간 소극적인 면이 있다.

부모와 조상의 음덕있고 귀인의 도움과 인덕이 있어 모든일에 성사가 잘 된다. 중년이후에 여색으로 손실 있겠으니 조심하라

⑮ 火土水   △

이중성격자이다. 사람을 대할때에 진심을 쓰지 아니하고 사람을 꾀는 수단은 놀랍다.

우선 사람들의 귀여움을 받거나 수단을 부려 성공하나 끝에는 실패한다.

⑯ 火金木   ×

감정이 예민하고 사람이 소심하고 의심이 많다.

겉으로는 안정되어 보이나 속으로는 복잡하고 .쪼들린다. 매사에 조심성 있게 처리하면 평범한 생활은 유지한다. 그렇지 않을 경우 헤어나지 못할 곤경에 빠진다. 불구, 발광

자살등 변사의 흉조가 있는 배합이다.

⑰ 火金火 ×

사람이 행동과 말을 함부로 하다가 추궁을 받고 자포
자기에 빠져 더욱 아무렇게나 행동할 가능성이 있다.

운세는 불리하고 기초가 불안정되어 성공이 힘들고
한평생 시비 쟁송이 따른다. 가족과의 인연도 박하여 적
막한 세월을 보낸다. 뇌병, 발광, 호흡기 등에 이르기 쉽
다.

⑱ 火金土 ×

스스로 잘난체 영리한체 하고 의심이 많으며 남을 비
평하고 헐뜯다가 미움을 받는다.

자식은 불효하고 가정운이 나쁘다. 운세 또한 약해서 모든
일에 성공을 못하며 남의 경멸을 받는다. 그리고 뜻밖
의 횡액도 당할 수 있다.

⑲ 火金金 ×

출중한 재주가 있으나 알아주는 사람이 없고 혼자서만
외로히 지낸다. 세상을 등지고 사는 염세주의자

포부는 크나 뜻대로 이루지 못하므로 불만속에서 탄식하고 산
다. 부부와 자녀의 사이가 불목하며 뇌병, 폐병등에 우려가 있다.

⑳ 火金水　×

감정이　예민하고　약해서　의심이　많다.　한평생　파란
만장의 생애를 겪는다. 급변 몰락할 상이 있다. 직장 사
업운이 나쁘고 가정생활에서 취미가 없어 고독 적막하게
지낸다. 폐병, 뇌일혈, 심장마비 등의 우려가 있다. 수리까
지 나쁘면 자살 급사할 흉조도 있다.

㉑　火水木　×

너무 조심성 있고 자기를 속박한다. 그런데다 고집이
세고 욱일심이 강해서 남에게 좋은 인상을 받지 못한다.
　우연히 성공하는 예도 있으나 모든 일이 엇갈려 나간다.
대체로 파란이 자주 일어나고　일이 되어가는 도중에 불
상사가 생긴다. 폐, 심장, 신장계통의 질환에 조심해야 한다.

㉒　火水火　×

신경질적이고　감정이 예민하며 책임감이 부족하고　남
에게 숙이기 싫어한다.
　한평생 재앙이 많고 급벽, 이산 등의 불상사가　따르고
생활의 기초가 불안하여 풍전등화 같이 위태하다. 처자와
이별등의 액이 있고 허약체질, 뇌일혈을 조심해야 한다.

㉓ 火水土 ×

사람을 깔보고 자기만 위대한체 하여 남의 말을 잘 듣
지 아니한다. 제멋대로 사는 사람이다.

세상 넓은 줄을 모르는 우물안에 개구리와 같은 사람,
겉치레만 신경쓰고, 실속은 없고, 생활에 쪼들리고, 불만심
이 많고 이로 인한 신경질환과 자포자기에 빠져 몸을 망
치고 수명마저 손상시키는 결과를 가져온다.

㉔ 火水金 ×

책임감은 강하나 복종심이 적고 생색 내세우기를 잘한
다. 이해관계가 없는 일에 가담하여 재물과 시간만 헛되
이 낭비하는 경우가 많다.

운세가 강하지 못해서 한가지 일을 성공시키는데는 어
려움과 장애가 따른다. 가족간에 인연이 박하여 가정을
두고 홀로 떠나 고독한 세월을 보낸다. 건강도 나쁘다.
수리마저 흉하면 변사할 흉조가 있다.

㉕ 火水水 ×

남에게 지기 싫어하고 자존심이 강해서 승벽심이 있으며
스스로 잘난체 한다. 남과 타협이 잘 안되어 사회생활에
있어 진취가 더디다.

일시적 성공은 기약한다. 그러나 뜻밖의 어려움이 있
고 재앙을 만나 몰락한다. 가정운이 나쁘고 병액이 따르

며 수리가 흉하면 급사하는 불행도 암시한다. 이 격이 간혹 크게 성공하는 예도 있긴하다.

○ 土姓 (발음이 아 하로 된것)

于 尹 允 元 王 玉 玄 安 伊 任 印 延 吳
何 禹 俞 咸 余 芮 袁 殷 夏 洪 魚 許 堯
黃 楊 虞 溫 皇甫 蔚 韓 魏 隱

① 土木木　×

외유내강하고 자신을 의심하는 습성이 있으며 남에게 복종하기를 싫어한다. 생활의 기반은 안정된다.　도와주는이도 많다. 그러나 실속이 없다. 발전이 느리고 부모 처자와 인연도 박하다. 위장병, 신경통 등으로 고생한다.

② 土木火　△

투쟁심이　강하고 적극적이고 노력하는 사람이다.

운세는 보통인데 성공운이 더딘것이 흠이다. 열심히 노력해 나가면 뜻을 이룬다.

③ 土木土　○

주관력이 강하여 시대의 유행이나 풍습에 물들지　아니한다. 기반을 튼튼히 세워나간다. 아까운 것은 그　재능만큼의 효과를 얻지 못하는 것이지만 직장이나 사업에 원만함을 암시한다.

④ 土木金 ×

오락을 즐기며 편한것을 좋아한다. 변화가 많아 개혁하기를 잘 한다.

거처와 직장을 자주 옮기는데 어디를 가나 만족을 얻지 못한다. 특히 부하들의 배반으로 낭패를 당하여 번민에 빠진다. 집안일에 등한하여 항시 부부싸움이 잦다. 폐병, 위장병, 신경쇠약에 주의

⑤ 土木木 ×

정직하고 뜻이 고상하며 의협심이 강하다. 항시 노력하는 형으로 백가지 어려움을 물리쳐 나가지만 장애가 부딪히곤 하여 뜻을 이루지 못한다. 겉보기만 화려한 형이다. 부모 처자의 덕이 없고 급변 실패의 흉격이다. 병액으로 재산 및 생명을 잃게되는 불길한 배치다.

⑥ 土火木 ○

활동적이고 적극성이다. 여자는 똑똑하면서 얌전하다.
재산 및 출세운 모두 좋다. 고로 부귀겸전의 이름이다.
마음이 즐겁고 사업 직장 모두 순조로우니 배치다.

⑦ 土火火 ○

자존심이 강하며 혹 신앙심이 강하다. 여자는 명랑하고 지혜롭지만 끈기가 부족하다. 운에 있어 단독적인 사업은 성공하기 힘들고 타인과 같이 경영하는 공동사업에는 큰

성과를 거둔다.

⑧ 土火土 ○

남을 상대함에도 친절과 정성을 다하고 적극적이고 부지런히 노력하는 형이다.

기초가 튼튼하고 심신이 건전하여 사물에 명석하고 능히 새로운 뜻을 실천해 나간다. 사업에 크게 발전하고 공명도 성취한다.

⑨ 土火金 ×

성품이 강직하고 성질이 급하여 무슨일이나 고려해 볼여가없이 즉흥적으로 결정해 나간다.

일시적 좋은 운세가 있을뿐 비교적 침체된 편이다. 언뜻보기는 좋은듯 하나 내막적으로는 번뇌와 시끄러움이 있다. 부하들에게 괜한 꾸지람을 내리다가 원한만 사게되니 주의해야 한다. 과로, 병약, 폐질환의 우려가 있다.

⑩ 土火水 ×

신경이 지나치게 예민하고 사람됨이 잘다. 모든 일을 감정적으로 따르고 특히 여자 유혹에 넘어가는 상이다.

뜻밖에 재난을 만나 많은 손해보는 일이 있다. 운세는 엉뚱한 일이 잘 생기고 가정불화, 손해 등이 있다. 건강은 뇌일혈, 심장병 등에 조심

⑪ 土土水 ×

마음의 안정을 찾지못하고 스스로 잘난체 한다. 마음은 정직하다. 남과 쉽게 친하고 또 쉽게 잘 멀어진다.

운세는 성패 굴곡이 심하다. 즉 기복이 잦다. 신경쇠약, 위장병 등에 주의할사

⑫ 土土火 ○

정직 성실하게 노력하는 사람, 여자는 사람의 마음을 당기는 매력이 있다.

운세는 순조롭지 못하나 많은 어려움을 디디고 성공한다. 가정이 화목하다.

⑬ 土土土 ○

사람의 성질이 괴팍하면서도 타산적인데 융통성이 있다.

가정운이 나빠서 부부 자녀들의 인연이 박하다. 비약적인 발전은 없으나 차츰차츰 나아가서 상당한 부를 이룬다.

⑭ 土土金 ○

사람이 게으르면 행동이 느리고 적극성이 없다. 이런 배치의 경우, 여자는 정조관념이 없다고 한다.

성공운은 느리고 안정하게 발전한다. 가정은 평범하다. 남녀를 막론하고 이성관계에 주의하라

⑮ 土土火　△

개성이 강하여 남의 지배를 받기 싫어한다. 정과 의리를 존중하여 처세에 원만하다.

운세는 기초가 약하여 모든 일에 장애가 따르고 경영사에 손실이 크다. 그러나 관리 계통에 직업을 가지면 안정된 생활을 할 수 있다. 뇌일혈, 위장병, 심장마비 등에 조심하라

⑯ 土金水　○

행동은 민첩하나 너무 자세하여 의심이 많은 사람이다.

운세는 상사의 도움을 받아 일시적인 행운을 누린다. 그러나 차츰 퇴화되어 재산이 줄어드는줄 모르게 사라진다. 남보기는 좋고 실속이 없다. 신경쇠약, 폐질환에 조심

⑰ 土金火　×

자신의 처지를 잘 모르고 참을성이 없다.

가정사정이 안정이 없다. 직장사업면에 모두 불안정하다. 분수를 지키고 욕심을 버리고 처지에 맞는 일을 하도록 하라.

건강은 뇌병, 호흡기질환 등에 주의할것

⑱ 土金土　○

사람이 예의 바르고 윗사람을 잘 받들고 하부인들을 사

랑하며 항상 화기가 넘친다. 그러므로 직장이나 사업면에서나 위 아래서 다투어 도와주니 순조롭게 성공을 할 수 있는 격이다.

⑲ 土金金 ○

국량이 좁고 겁이 많으며 자부심이 강하고 혼자 훌륭한 체 한다. 그러면서 자기보다 나은 이에게는 고분고분 비위를 맞추지만 자기만 못한 사람에게는 냉혹하게 군다.

운세는 순조롭다. 목적을 달성하고 성공한다. 모든 사람들에게 친절미를 가지고 도모하는 수단이 있으면 크게 성공하는 명이다.

⑳ 土金水 ○

이 사람은 소인의 기질이다. 자기 위에 사람이 없는 것처럼 난체하고 거만하지만 그러면서도 윗사람에게 아부하고 자기만 못한 사람에게는 냉정하게 대한다.

운세는 한때 성공해서 떵떵거리지만 깊게 가지 못하고 쇠운에 들어선다. 남과 원한을 사지말라 항시 근신하는 마음으로 너그러운 마음을 가지면 어느정도는 행복을 기약한다.

㉑ 土水木 ×

침착 온순하고 재주 있으나 소극적이어서 활동력이 부족하다. 실력을 가지고도 남에게 인정을 받지 못한다.

엉뚱한 일에 손대다가 의외의 손해를 당하는 불운한 명이다. 가정불화와 급변하는 재난이 있고 건강상으로는 신장 폐결핵 등에 주의하라.

㉒ 土水火　×

감정이 예민하고 신경질적이다. 재치가 있으나 활동력이 부족해서 좋은 재간이 있으면서 써먹지 못한다. 운세 급변으로 인한 몰락 부모 무덕에 처자 이별이오, 수리마저 나쁘면 재산을 크게 파하거나 비명에 횡사할 우려가 있다.

㉓ 土水土　×

재주가 있고 사람이 영리하나 남을 지나치게 어려워 하므로 매사에 소극적이면서 활동력이 없다.

이런 사람은 재간이 있어도 남이 알아주지 않아서 표면은 안정되어 보이나 실속은 항시 급하고 불안하다.

수리가 흉하면 뇌일혈, 심장마비 등으로 변사할 우려 있다.

㉔ 土水金　×

사람이 거만해서 잘난체 하기를 좋아한다. 말보다 실천력이 적다. 자기만 못한 사람에게는 냉정하게 대하는 경향이 있다. 윗사람이나 친척의 알선으로 좋은 직장 등을 얻는다 해도 잠시적이고 결국은 전락하여 곤경에 들어간다.

㉕ 土水水 ×

한마디로 말해서 낯 뜨거운 칠면피 같은 사람이다 약삭 빠르고 수단도 좋다. 비록 한때 성공하여 영화를 누린다 해도 오래 가지 못하고 결국은 실의에 빠져 실패한다. 병액에 부상, 살상의 액이 있고 여자는 대하증으로 고생한다.

○ 金姓 (발음이 사 자 차로 된것)

丁 千 史 石 申 朱 成 宋 辛 池 車 沈 周
徐 孫 秦 蔣 全 章 曹 崔 邵 莊 趙 愼 錢
陳 謝 蔡 鄭 張 釋 蘇 西門 諸葛 荀 舜 秋 田
昔 宣 鹵 施

① 金木木 ×

외유내강하고 신경이 예민하다. 의심이 많으나 모든 일에 몸을 아끼지 않은 노력가이다.

운세는 기반이 튼튼하여 도와주는 사람이 있어 재물에 궁핍은 없으나 큰성공은 없다. 건강은 신경쇠약, 간질, 근시안의 근심이 있고, 수리가 나쁘면 반신불수의 횡액이 따른다.

② 金木火 ×

의심이 많고 감정이 예민하여 재치가 있다.

운세는 큰 성공과 발전은 없고 무언가 불만이 많고 처자의 불목으로 고민이 있다. 수리가 흉할 경우 폐병, 발광등의 단명의 변사 흉조가 있는 징조다.

③ 金木土 ×

의심이 많으며 버릇이 없어 윗사람을 잘 받들지 못하고 함부로 대한다.

매사에 어려움이 닥치고 성공운이 없다. 신경쇠약에 조심。

④ 金木金 ×

사람이 다정다감하나 의심이 많아 대인관계를 원만하게 못해서 좋은 기회를 많이 놓친다.

환경의 변화가 심하다. 직업 및 직장의 변혁이 자주 일어난다. 모든 일에 용두사미격 되고 만다. 가정 운이 나쁘고 부부이별, 발광, 변사의 흉조가 있는 이름이다.

⑤ 金木水 ×

감정이 예민하고 인내심이 강하다. 자기일이나 남의 일을 막론하고 일단 착수하면 온 정력을 다 쏟는다. 희생적 정신을 가지고 있다.

운세는 좋지 않다. 일시적인 성공은 있으나 종말에는 실패한다. 항상 불안한 마음이 떠날새가 없다. 치료하기 힘든 병으로 고생할 우려도 있다.

⑥ 金火木　×

성실하다 다만 잘난체 한다는 비평을 듣게 된다. 여자는 온순 착실하다.

운세는 막히는 편이다. 인덕은 있으나 결과적으로 발전이 없다. 여기에 수리가 나쁘면 폐병, 뇌의 붕상이 있고 심한 경우 변사, 단명할 근심도 있다.

⑦ 金火火　×

사람이 허세를 잘 부리고. 남에게 뒤지기 싫어한다. 한때 성공해서 잘 하다가 지구력이 없어 결국 실패의 수로 돌아간다. 인덕이 없으며 가정운도 나쁘다. 한평생 고달프게 지낸다. 수리가 불길하면 흉조의 변이 생긴다.

⑧ 金火土　△

스스로 잘난체 하지만 실속이 없어 걱정이다.

요행이 부모의 유산을 받는다 해도 일시적 재산이고 영화다. 결국은 다 없앤 뒤에 자수성가 하게된다. 그러자니 수없는 고생이 따른다. 이 배치는 먼저는 길하고 뒤에는 흉하다. 신경쇠약, 폐질환, 뇌병 등에 염려가 있다.

⑨ 金火金　×

사람이 교만하고 잘난체 하기를 좋아한다. 과장을 잘하는

는데 여자는 윤락에 빠지거나 바람둥이가 되기 쉽다.

운세는 나쁘다. 고로 얼핏 보기에는 생활이 평온해 보이나 그 내면은 곤란이 극심하다. 쟁송의 시비가 자주 일어나고 가정불화에 처자와의 인연이 박하고, 이별수 있고, 신경쇠약, 폐병의 발생, 조난의 우려가 있다.

⑩ 金火水 ×

고집이 세고 우아하여 외유내강의 성질이다. 발전운이 없고 성공은 고사하고 현상유지도 불안한 상태, 생각지 아니한 변괴가 생겨 재산의 손실이 온다. 가정은 평온하나 이별수가 있고 신경쇠약, 폐질환 등에 주의할것

⑪ 金土木 △

성격이 강하여 남에게 복종하기를 싫어한다.

운세는 처음은 잘 발전해서 성공의 문턱에 이른다. 하나 곧 변전이 생기어서 엉뚱한 일로 끌고 나가며 직장 및 사업을 막론하고 불안해진다. 위장병 조심

⑫ 金土火 ○

수단과 언변이 능해서 비록 잘못이 있을지라도 임기응변으로 잘 마무리지어 나간다.

순조로운 운세에 날로 발전하여 명예와 재물이 함께 이르는 운인데 너무 재물에 집착하다가 생각외의 손해를 보

는 일도 있다. 이 점만 주의하면 한 평생을 부귀하게 사는 길격이다.

⑬ 金土土 ○

아무에게나 지기를 싫어하고 집착심도 강하며 노력가다. 운이 순풍에 돛단것 처럼 순조롭다. 잘 발전해서 부귀를 얻는다. 고로 관운, 사업운을 막론하고 대길하다. 가정도 화목하고 일생동안 근심이 없다.

⑭ 金土金 ○

명예를 존중해서 예의가 바르고 신용을 지키고 있는 사람이다. 한편 소극적인 면이 있다.

운수가 대길하다. 순조롭게 발전하여 이름도 떨치고 재산도 모으니 명리쌍전에 오복을 누리게 된다. 수리까지 길하면 크게 성공 발전하다.

⑮ 金土水 △

사람이 약아서 남을 대함에 있어 진심을 감추고 농간하다가 자기 꾀에 넘어가는 수가 있으니 조심하라

비록 일시적 성운은 있으나 점차로 쇠약해서 급기야는 재난을 당하고 불상사가 일어난다. 처자무덕에 생활도 궁핍하다. 한편 수리가 길하면 재난이 적고 대체로 평온하다.

⑯ 金金木 ×

사람의 성격이 지나치게 강하고 완고해서 슬기롭게 이해하려는 맛이 없다.

성공발전으로 외면은 호화롭게 보이나 속으로는 상당이 좀먹어 가고 있다. 항시 대인 관계에 조심하고 남과 원한을 맺지 말아야 한다. 직장이나 사업면에 처세하여야 큰 봉변을 면할 수 있다. 가정파괴의 징조가 있으니 인내로 화합에 힘써 나가야 한다.

⑰ 金金火 △

대인관계가 원만치 못하고 성격이 강하고 편협심이 있어 지나친 언행으로 망신당하는 경우도 있다.

파죽지세와 같이 성운에 도달하나 일장춘몽으로 금새 쇠운에 접어들어 몰락하기 시작하면 걷잡을 수 없다. 성패운의 굴곡이 심하여 부부 불화에 자녀들마저 정이 떠난다. 심장마비, 뇌일혈등의 질환의 징조다.

⑱ 金金土 ○

성질이 강하고 국량이 좁다. 편협하다는 말을 듣는다.

많은 고생을 하고 우연히 성운에 들어 무난히 성공한다. 그러나 수리가 나쁘면 길흉이 상반하여 직업, 사업의 변혁이 심하다.

⑲ 金金金　×

사람의 지혜가 총명하고 재주가 뛰어나며 책략이 있으나 너무 잘난체 뽐내기를 좋아한다.

성공할 수 있는 운세는 보이나 지나치게 완만한 고집 때문에 인화(人和)를 이루지 못해 실패할 뿐 아니라 고독하게 지낸다. 이별수 있고 조난의 액이 따른다.

⑳ 金金水　○

편협심이 있으며 외유내강하고 도량이 좁고 남과 화합을 이루지 못한다.

운세는 평탄하다. 이름이 날만한 권세와 재산은 누리지 못할지라도 평생을 순조롭게 산다. 가정도 원만하고 큰 재앙이 없다.

㉑ 金水木　○

투지와 인내력이 부족하나 성경이 온순하고 재주가 있다.

운세는 가정적 좋은 환경의 영향으로 비교적 순탄하고 안정하다. 뿐만 아니라 사회에서도 귀염을 받아 윗사람의 도움으로 순조롭게 입신한다. 낭비심에 있어 많은 재산을 소모하지만 의식주 생활에 있어서는 궁색함이 없다. 가정생활도 원만하다.

㉒ 金水火　○

감정이 예민하고 신경질이 많으나 재치있고 약아서 남의 눈에 든다.

일약 성공을 했다가도 갑자기 실패의 곤액을 당한다. 길흉의 전복이 심하다. 임기응변이 능하므로 그때 그때의 상황에 따라 약게 대처하니 극단적 곤액에까지는 이루지 아니한다. 수리가 흉하면 처자와도 생이별이 있고 심장병으로 고생한다.

㉓ 金水土　△

사람이 거만하고 잘난체하고 남에게 굽히기를 싫어한다. 허식을 좋아하고 겉치레는 그럴싸하게 한다.

운세도 좋치 않다. 간혹 뜻밖의 재물이 생기지만 그만큼 쓰기도 쉽게 하여 모이는 재산은 없다. 수리의 구성이 흉하면 병약, 단명, 조난의 흉조가 있다.

㉔ 金水金　○

성격이 명랑하여 그때 그때 상황에 따라 변동해 나가는 재간이 있다.

운세는 좋고 부모와 조상의 음덕이 있고 상당한 유산도 받게된다. 주관도 확고하고 기초가 견고해서 경영사에 자신을 갖고 운도 순조로와 재산을 융창시킨다. 성공할수 있는 오행의 배치이다.

㉖ 金水水 △

성격이 명랑하고 타산적이다. 이해관계가 없는 일에는
가담하지 아니한다.

조상의 덕을 이어받아 윗사람의 도움도 있어 발전해 나
간다. 이상과 포부를 가지고 목적을 달성하여 명성을 날
리지만 후반에는 불운으로 접어든다. 한때(九死一生)의
긴박한 액난에 처하게 된다.

○ 水姓 (발음이 마 바 파로 된다.)
卞 文 方 毛 夫 片 白 皮 朴 百 孟 明 奉
閔 彭 潘 邊

① 水木木 ○

외유내강의 성격에 독립심이 약하고 남에게 의지하려
는 경향이 있다.

처음에는 고생하다가 귀인의 도움을 받아서 순조롭게
성공 발전한다. 가정도 화목하고 몸도 건강함으로 능히
부귀와 장수를 누리는 길격이다.

② 水木火 △

눈치가 빠르며 감수성이 예민하다. 표면은 웃고 좋게
대하지만 내심은 유험하여 우선은 유익하나 결과적으로
실패의 쓴맛을 보게 된다.

부모와 조상의 덕이 있고 윗사람의 도움을 입어 성공한다. 만년에 곤액이 이르니 파란과 재화가 생기며 가정운이 좋지 못하여 자식들은 불효한다. 노쇠에 병약하여 질병이 떠나지 않는다.

③ 水木土 ○

공순하고 선량하며 지략이 뛰어난다.

기반이 튼튼하여 운세도 좋다. 날로 발전하여 성공해 간다. 일생동안 근심과 재앙은 없을 것이며 가정생활도 좋다.

④ 水木金 △

온순하고 마음이 연약하나 남을 위해 봉사하는 미덕이 있고 희생정신이 있다. 봄에 자라는 초목과 같은 운세 초년에는 순조롭게 발전하지만 세월의 흐름에 따라 차차 쇠퇴된다. 먼저는 길하고 후는 곤하다는 수 건강은 폐병등의 질환이 따르고 수리가 흉하면 살상등의 재난을 당한다.

⑤ 水木水 ○

머리가 총명하고 감수성이 예민하다.

먼저는 곤궁하다. 후에는 부유해진 격이다. 중년부터 운세가 트이기 시작하여 매사가 순조롭게 성공한다. 직장 사업 모두 번영하는 길운이 온다. 뇌리에 질환이 따르고 고독할 우려가 있다.

⑥ 水火木 △

행동이 민첩하여 성격이 급하다. 대인 관계에는 정성을 다한다. 여자는 온순하고 부드러우며 말씨가 곱다. 반흉반길의 수 성패가 엇갈려 자주 망하고 자주 일어난다. 변화무상한 운세다. 마음의 안정이 안된다. 뇌일혈 심장마비에 걸릴 우려가 있다.

⑦ 水火火 ✕

감정이 예민하고 성격이 매우 급하나 솔직한 면이 있다. 모든 일에 깊이 고려함이 없이 단순한 생각으로 행동한다.
운에 내구성이 없어 성공을 해도 오래가지 못하고 금새 좌절한다. 일생동안에 세번 성공했다가 세번 실패한다. 한평생 파란이 중중하고 처자와도 인연이 박하고 이별수 있다. 수리 구성이 나쁘면 단명한다.

⑧ 水火土 ○

사람의 성질이 차분한 맛이 없고 항시 바쁜 사람처럼 민첩하게 돌아 다닌다. 운세는 기반이 든든해서 크게 곤란을 받지 않으나 크게 성공할 운은 없다. 가정은 원만한 편이다. 급변이 생기어서 전락으로 인한 곤경을 겪는다.

이 운수는 실패했다가 뒤에 뜻밖에 성공하는 예도 있다. 심장마비,뇌일혈 등에 주의해야 한다.

⑨ 水火金 △

사람이 감정이 예민하고 성질이 급하다. 항시 조심성 있게 처세하지만 한가지의 일에도 성취하지 못한다.

인덕이 없다. 부하의 덕이 없어 잘해 주어도 배은망덕을 당한다. 처자와 인연이 박한수요. 부모의 유산도 없고 혹 풍운아적인 인물이 이 배합에서 나오기도 한다. 건강은 심장마비,뇌일혈,호흡기질환 등에 우려가 있다.

⑩ 水火水 ×

승벽심이 강하고 잘난체 한다.

재산을 탕진하고 실의에 빠지는 운이다. 가정에도 파란이 있어 이혼이 아니면 사별의 참상이 있다. 수리마저 불길하면 살상,수액등의 흉변이 발생한다.

⑪ 水土木 ×

편벽된 성격에 남의 간섭을 받지 않으며 거만하고 허영심이 많다.

운세도 불안정하다. 이동수가 많고 직장 사업장을 자주 바꾸며 장애로 인하여 실패와 곤경을 많이 겪는다. 파란만장의 운명이다. 폐병, 위장병을 주의하라.

⑫ 水土火 ○

사치와 허영을 좋아하고 승벽심이 강하여 남에게 굽히기를 싫어한다.

불길한 배합으로 모든 일에 장애가 따른다. 운에 지구력이 없다. 한때 성공하여 영화를 누리고 이름을 빛내는 수도 있지만 극히 드문 일이다.

⑬ 水土土 ×

돈을 해프게 쓰고 허영심이 많고 사치스럽지만 마음은 항시 즐겁지 아니하다.

운세는 승벽심이 강하여 양보할만한 일에도 지지 않으려다가 호된 꼴을 당하는 경우도 많다. 온갖 역경을 넘기고 일시 성공해도 오래가지 못하고 쉽게 무너지기 시작했다. 이 수는 급변 재화가 있음을 암시해 주고 신장병 계통의 질환으로 고생한다.

⑭ 水土金 ×

소극적인 면이 있고 자존심이 강하여 남에게 굽히기 싫어하고 지나치게 세밀한 경향이다.

평범한 운세다. 큰 성공은 없을 것이다. 큰 일을 경영함에 있어 장애가 있어 성공이 힘든 것이다. 건강은 허약체질로 신경과로에 주의하라.

⑮ 水土水　×

남에게 굽히기 싫어하고 간섭 받기를 꺼리고 허영심이 많고 책임감이 부족하며 생활이 불안정하다.

급변으로 인한 불의의 재앙으로 크게 낙심한다. 수리마저 나쁘면 자살, 변사의 흉조가 생긴다. 심장병, 위장병 주의

⑯ 水金木　△

사람이 너무 세심하여 의심이 많다. 감정의 변화가 심하다.

겉보기에는 평온하지만 운세가 좋지 못하여 안으로 무언가 좀먹어 들어가고 있다. 초년은 길하나 후에는 불길한 운세이다. 처자를 극하거나 이별수요. 변동이 심하여 조난등 횡액을 자주 만난다.

⑰ 水金火　△

자중함이 없이 무슨 일이든지 기분 내키는대로 처리한다. 말이 가볍고 행동이 경솔하다.

조금만 실의에 빠져도 자포자기에 빠져 용기를 잃고 만다. 초년운세는 좋으나 중년이후는 침체되어 안정을 잃고 후분에는 더욱 곤액에 처한다. 폐병등이 발작될 우려가

있다.

⑱ 水金土 ○

총명하고 이상이 건실하며 발전성이 있다. 정신적으로 건전하며 매사에 의욕과 성실을 기울이며 순조롭게 발전 성공한다. 가정운도 양호하고 자녀들도 효성하고 그야말로 이상적인 길격의 배치다.

⑲ 水金金 ○

재주가 뛰어나고 책략이 출중하며 자부심이 강하다.

완강한 성격과 자부심 그리고 거만으로 인해 시비를 초래하여 의외의 손해를 보는 수도 있다. 여기 수리가 길하면 비약적인 성공을 얻어 출세한다.

⑳ 水金水 △

겸손하고 온화한 성격이다. 여자는 온순하여 남편의 뜻을 성의껏 받는다.

처음에는 제반 뜻이 이루어지나 후반은 불리하고 급변으로 몰락의 불행에 처하기 쉽다. 가정이 불화하고 고독하여 심신이 허약하다.

㉑ 水水木 ×

큰 공을 세우기를 좋아하고 자기를 지나치게 믿는 경향

이 있다.

성격상 포부가 지나쳐서 분수에 넘치는 일을 도모하다가 제반 일이 수포로 되고 만다. 분수를 지키고 적당한 위치에 만족할 줄 알면 무사하다. 요행이 큰 공을 이루는 수도 있지만 극히 드물다. 수리마저 나쁘면 병약, 단명한다.

㉒ 水水火 ×

감정이 예민하고 신경질이 많으며 자기를 너무 믿는 경우가 있다.

자기의 허황된 욕심을 채우려다 크게 실패하고 안정을 잃는다. 운세는 순조롭지 못하다. 부부 불화에 자녀도 불량하다. 고독한 운명에 처하게 되고 심장병으로 고생한다.

㉓ 水水土 ×

사람은 총명하나 너무 잘난체 하고 거만하다. 남들이 상대하기를 꺼리고 진정한 마음을 가지고 친근하려는 사람이 없으니 자연 고립되어 있다.

운세는 일시적은 성공하나 직장 및 사업에서 불신등으로 실패한다. 가정운도 매우 불길하다. 자녀들의 불초로 말썽을 일으킨다. 심장병 등으로 병약 단명할 우려가 있다.

㉔ 水水金 ○

자기를 과신하고 공로를 내세우기를 좋아하고 거만하
며 자부심이 강하다.

운세는 기반이 든든해서 성공 발전하여 사업이나 직장
양면에서 명성을 얻게 되지만 자만에 빠져서 방심 , 방탕
으로 실패할 경우가 많다. 이 점을 알고 언행을 조심하
고 성실하게 사람을 대하면 한 평생 순조롭게 지낼 수
있다.

㉕ 水水水 △

자기 관심에만 힘을 쓰게되니 큰 성과를 얻기에 급급
한 현상이다.

운세는 초년에는 일시적으로 성공길에 올라 크게 성
공한다. 차차 쇠운이 되어 급변 횡액에 들어 실패하고
가정도 불행하여 고독으로 세월을 보낸다. 혹 이상적으
로 대성하는 사람이 있다. 병약, 단명에 주의할 것.

　※ 이 오행길흉 표시는 글자의 발음오행 (發音五行)
　　 을 기준으로 한 것이다. 그리고 오행의 표시에 (예
　　 ① 木木水 ○) ○의 표시는 성명의 배치가 길한 것
　　 이며, △표시는 반길, 반흉의 표시이고, ×표시는 대
　　 흉격의 표시임을 알리는 바이다.

제 4 장 八十一數 靈動力(팔십일수 영동력)

1. 施生 頭首運 (君王玉座之象)

萬事萬物의 최초 출발기수로서 최고의 권위와 吉祥을 암시함.

건전, 부귀, 명예, 행복, 장수, 안강한 수의를 합유함.

2. 孤愁 分離運 (諸事分離之象)

才智는 있으나 元氣가 쇠퇴하여 제사가 終見無成이요. 간난역경 분리신고함. 특히 가정운에 불운을 초래하여 夫婦之間 또는 子女間의 生離死別 혹은 東西各飛하여 타향에서 孤愁之嘆하며, 신체허약과 氣力不足 등 人間苦海의 비운에 잠겨 喜樂을 모으러 好時節을 허송세월하는 운의 數이다.

3. 新生 壽福運 (萬物始旺之象)

千伶萬例하고 智謀가 出衆하되 資性이 高蓮英俊하여 지기와 도량이 如海라, 明哲한 두뇌와 용감무쌍한 과단성을 활동적인 천성과 아울러 능히 天下의 大業을 이루고, 권세와 위풍이 四海에 떨치며 未滿三十에 입신양명 하여 萬人之將의 지도적 인물로 出將入相格이요, 부귀공명운의 大

吉數

4. 歸魂 破壞運 (東西名飛之象)

본성이 건태혼미하고 優柔不斷하여 諸事不成이요, 志氣가 박약하여 종무일성이라, 근근이 노력하나 성공하면 또 실패하고 寒鴉天盡에 白雲之間하니 객지고독에 愁心三更이 유심한 數로 배우자와 相別하고 최면부실하며 破家亡身하니 執杖千里에 수류동정이라.

병난,조난,변사,단명등의 암시가 다분히 有한 數, 但 효자,열려,호걸 등을 간혹 배출하는 數

5. 紫微 成功運 (能生萬物之象)

자성이 온후독실하며 智德이 겸비되고 不學能知에 道高文章이라, 雄志가 자연 전개하여 能히 弘學을 大成하며 早達能文하여 治內治外하니 揚名天下요, 부귀안강 하며 萬人이 仰視하고 頭角이 現出하면 万人之長이라, 可히 그 地位를 알 수 있으며 財力과 權威를 겸비하고 四方을 統率하는 運의 數

6. 繼成, 豊富運 (陰德始胎之象)

資性이 온화하고 지덕을 겸비하여 和氣가 自來하니 부귀영달을 可期라, 확고 부동한 신념과 忍耐 불굴하는 노력상이며, 祖業 또는 社會的大業을 계승 혹은 창조하여 日就日長하니 그 大陸的이며 은근한 수완은 가히 대성을 기할 수 있는 운의 수라, 연이나 달이차면 기우는 法으로 他運의 배합여하로 或有變化함.

7 . 成倍, 發達運(剛健前進之象)

丈夫의 意志가 철석과 같으니 정신일도면 하사불성이라 그 勢가 맹호가 출림하는 상이요, 자연 권위가 왕성하여 人人이 皆從이라, 心身이 剛健하고 성질 또한 金剛이요 능히 재난을 돌파하고 目的을 달성함. 불요불굴의 기백은 비상한 인내성과 노력으로 자기 기초를 강고하게 하고 初志一貫으로 대성함.

但 완강한 성질과 고집을 유화하여 人和에 힘쓰면 其在妙味하되, 만약 不然이면 他日 비방이 심다함. 여성은 順和溫良과 柔德을 함양해야함.

8 . 開發, 健康運(自取發展之象)

그 性이 秋霜强烈 하여 독립수지하고 의지가 철석이라 능히 제반장애를 극복하고 初志를 관철하여 목적을 달성

함. 확고한 정신은 一身의 運氣를 형성 자립케 하고
사회적 명망과 지위를 획득하여 수복강녕함. 但 必勝之念
은 장점이나 고집하면 불통이라, 過剛하면 中析이니 외유
내강에 온유신중이 필요함.

女性은 건강상 차수는 필요로 하는 수 있되, 필히 순화
온양한 心德을 함양해야함.

9 . 大望, 窮迫運 (大材無用之象)

不利한 政局에 出世한 英雄格이다. 그 大志大謀와 민
첩한 수완 또는 英俊高蓮한 才質은 능히 天下의 大業을
수행하고 揚名四海, 부귀영달이나 대개는 중도 실각, 성공
좌절하여 비참한 환경에 留入함. 혹은 大成者가 稀有하
되 夫婦運의 비애는 난면이요. 불연이면 子孫之運 심
지어는 조난, 상해, 형화, 질병, 不具等의 運을 초래하게
되는 吉中에 大凶이 伏在한 運

不然이면 적은 기술로 근근히 糊口之策하며 平生을 보
냄.

10 . 歸空, 短命運 (空虛無限之象)

多能多才하야 技藝가 출중하고 제사의 계획과 모사가

주도면밀하여 自負 立身大成 코저하나,매사가 유두무미라 허사에 사교적수완은 기민하여 영특하니 침체유약성과 우유부단으로 항상 호기를 상실하며,六親이 無德하야 타관천리하되 혹 長上의 親友의 수조로 自立小成 하고 녹연을 떠나 淸貧한 平生을 보내는 수도 있음. 처자이별 혹은 병질, 조난, 중년요절 등의 四顧莫莫한 短命運

但 이수의 重複은 稀有하게 長壽者 大貴格, 大富格으로 현달하는 수도 있으나 대개는 공허무한이다.

11 . 更新興家運 (自力更生之象)

資性 (자성)이 純直溫良 (순직온양)하고 매사에 궁리함이 묘하여 學而時習 (학이시습)하여 자진성취라, 면밀한 의지적인 思考力 (사고력)과 一面 進取的 (일면 진취적)인 氣象 (기상)은 소기의 목적을 완수하고 社會的 (사회적)으로 相當 (상당)한 권리와 位置 (위치)에 군임하여 人望 (인망)이 集中 (집중)하여 富貴安樂 (부귀안락)하는 運 (운)의 數 (수)이다.

但 此數 (이수)는 養子 養女 (양자 양녀)의 뜻을 含有 (함유)함

12. 孤獨,孤獨運 (薄弱失意之象)

비록 才略(재략)은 있으나 善計(선계)가 不能(불능)이요, 박약무력한 運力(운력)이니 大成(대성)은 난망이다. 만약 祖業(조업)이 있으면 일시는 안과하나 心身이 허약하여 夫婦相別 子女失喪(부부상별 자녀실상), 병액불구, 고독역경, 사업실패 등으로 氣力(기력)을 상실하고 客地愁淚(객지수루)에 稀風沐雨(희풍목우)라, 제사에 연약부진하여 無力衰敗(무력쇠패)하여 허송세월 혹은 夭壽(요수)를 不安하는 凶運(흉운)의 數(수)

女性은 寡婦(과부)나 진배없는 형식적인 夫婦生活(부부생활)의 운으로 유도됨.

13 . 明理, 智達運(久而自明之象)

자성이 영술하여 지략이 출중하며 처세에 탁월한 점이 있고, 명석한 두뇌는 능히 천하대세를 간파하여 임기응변으로 매사를 선처하는 經倫才士(경륜재사)라, 대사대업을 能成能就(능성능취)하고 입신양명하여 고귀한 발전과 영예안락을 재래하는 형복의 大吉運(대길운)이요. 赤手空擧(적수공거)로도 능히 大成(대성)하여 특히 지도자적인 先見之明(선견지명)은 三軍(삼군)의 참모도 감당할 수 있는 運의 數(운의수)

但 너무 理智的(이지적)으로만 기운 즉 小才(소재)가

낙착되니 大陸的心性(대륙적심성)을 함양해야 大人物(
대인물)이 됨.

14. 離散, 破壞運(運延四散之象)

　온유한 자성과 깊은 지혜는 매사를 요의하게 성공하고
상당한 地位(지위)와 家計(가계)를 樹立(수립)하나
대개는 일시적 성공이요. 특히　가정적 파란을　야기하
여 夫婦相剋, 生離死別(부부상극 생이사별)　或은 타향
에　천신만고하여　고독,실패,곤고,병액,질고등의　흉운으
로 유도함을 暗示(암시)함　　인내성을 함양하고　내연
적 우울을 극제하면 어느 정도의 平安(평안)을 득함.
他運配合(타운배합)이　不利(불리)하면　天壽不定(천
수부정)이라.

15. 統率, 福壽運(萬物統合之象)

　至貴至尊(지귀지존)에　富貴双全(부귀쌍전)이라,지
혜와 용기와　덕망을　겸비하니 구족원만한　수로 혹 초분은
곤란하나 결국은　自立大成(자립대성)하고 제사에 여의
라, 自然(자연)　상하의 총애와 부귀수복이　無窮(무궁)
한 대길운으로,특히　衆人(중인)을　통솔하며 그　威德(
위덕)은　衆望(중망)이　一身(일신)에 집중하여 長上

(장상)으로 추앙되는 一大領相運(일대영상운)이라.

16 . 德化, 豊厚運 (天地合德之象)

其性(기성)이 구전원만하여 剛柔(강유)겸전하니 度
量如海(도량여해)라 재주가 능숙하며 大志大業을 能
成能就(대지대업을 능성능취)하고 天賦(천부)의 대행
을 齊來(제래)하여 富貴功名(부귀공명)하는 數
  특히 女性은 氣品(기품)이 溫和正大(온화정대)하고
善政內助(선정내조)하여 五福(오복)을 초래하는 大
吉運(대길운)

17 . 勇進 , 健暢運 (自奮暢達之象)

凶中(흉중)에 大計(대계)를 포부하고 諸難(제난)
을 극복하고 매진하여 初志貫徹(초지관철)하고 揚名天
下(양명천하)하야 衆人(중인)의 존경을 모으며 赤手
成家(적수성가)라 함.
  心身健康(심신건강)하고 인내적인 노력과 不退轉(불
퇴전)의 氣力(기력)과 能(능)히 大事를 거행하여 完
成(완성)하는 運(운)의 數(수)
  然而나 一便(일편), 社交性(사교성)의 缺如(결여)
는 不意(불의)의 화난을 초래할 우려가 있으니 이 점에

특히 유의하여 수양하면 大吉(대길)이라, 만약 不愼(불신)한즉 급화지난이 身命(신명)에 유관할 수 있음.

女性은 건강상 이수가 필요한 경우가 있으나 항상 有德(유덕)을 함양해야 함.

18. 剛健, 發展運(開發進取之象)

有技無能(유기무능)한 丈夫(장부)라 비록 初分은 困難(곤란)이 있으나, 意志(의지)가 剛鐵(강철)과 같아서 능히 대업을 수행하여 양명사해하고 富貴榮達(부귀영달)할 溫柔(온유)한 氣品(기품)을 수덕함은 非常(비상)한 發展(발전)을 齊來(제래)하여 상당한 지위에 군임하고 존경을 받음. 만약 불연이면 頑剛(완강)함이 支障(지장)이 되어 家庭不和 乃至 社會的融和(가정불화 내지 사회적융화)를 결하게되며, 不意(불의)의 禍를 初來(초래)하고 비난의 대상이 되기 쉬우며 心身(심신)이 건강하고 착실히 발전하는 吉運의 數

女性(여성)은 유화를 위주하여 婦德(부덕)에 힘써야 함.

19. 成衰, 病惡運(鳳鶴傷飛之象)

智慧(지혜)가 出衆(출중)하고 容貌(용모)가 過人

（과인）하여 可히 **大用之材**（대용지재）요 **棟樑之器**（동
양지기）라,大志大業（대지대업）을 **能成能就**（능성능취）
하고 그 권위와 명성이 **風靡一世**（풍비일세）하나 때를
못만난 **英俊**（영준）과 여하여 **自然**（자연）의 **數理靈能**
（수리영능） **諸事**（제사）가 **泡影**（포영）이요,**擧事**（거
사）에 중도 실패하니 가탄가석이라. **夫婦**（부부）의 인
연이 박약하며 **六親**（육친）이 무덕이요. 심지어는 **刑**
禍, 殺傷, 遭難, 廢疾, 自殺, 狂疾 等（형화, 살상, 조
난, 폐질, 자살, 광질등）의 흉운을 초래하기 쉬운 **數**요
혹은 **無子女**（무자녀）,**短命**,**孤寡等**（단명,고과등）의 대
흉을 유도하는 수라, 특히 **抱病之意**（포병지의）로 흉조일
수임.

　　女性은 **形式上**（형식상）의 **夫婦生活**（부부생활）로 유
도하기 쉬움.

20 . 虛望, 短壽運（萬事空虛之象）

　　其性（기성）이 **淡白怜悧**（담백령리）하고 **謀計性**（모계
성）이 조밀하여 **一時的成功**（일시적성공）은 기할수 있
으나,사물의 종말을 고하는 **數意**（수의）모든일이 쇠폐하
고 운기가 도시 공허라,심신이 허약하고 **六親無德**（육친
무덕）하며 혹은 부부상별,**子女矢喪等**（자녀실상등）에
겸하여 고질제액을 초래하며 심지어는 단명에 이르고 재

화가 속출하여 平生(평생)에 一事不成(일사불성)이라,
元格,亨格(원격 형격)에 이 수가 있으면 自身短壽(자
신단수)요 혹은 조실부모하고 기초난입의 대흉운의 수이
라.

但 此數重複境遇(단 차수중복경우) 又는 先天運(선
천운)과의 조화를 득묘한 경우에는 大人物(대인물) 부
호장수자를 배출할 수가 있으나,이는 극히 회유한 數에
속하며 一面(일면)의 人生空虛(인생공허)는 불면이요
一面身命(일면신명)에 위협이 연속이다.

女性은 亦易(역시) 孤寂,短壽,孤寡愁淚運(고요 단수
고과수루운)이요,혹은 회유하여 남편에게 畜妾(축첩)을
권하는 환경으로 조성되는 수가 있는 모순된 운로이다.

21.自立, 頭領運(光風霽月之象)

貴重無比(귀중무비)한 운격으로 智略(지략)이 출중
하며 能(능)히 자주독립하여 大志大業(대지대업)을
완수하고,名聲(명성)이 있으나 家庭運(가정운)에는
夫運(부운)을 剋(극)해야 孤寡運(고과운)을 난면이
라. 만약 부부가 유정이면 無子女요,有子女인즉 과부운
이라. 또는 利格(이격), 貞格(정격)에 有하면 再聚
男性(재취남성)과 결혼하거나 혹 社會的으로 권세있는
男性(남성)과의 부부생활이면 무난히 百年해로하는 수

가 있음. 그러나 항상 유덕으로서 男便의 애정을 잃
지 않도록 조심해야 함.

22 . 薄弱, 中折運(秋草逢霜之象)

柔弱暗味(유약암미)하고 특히 健康을 沮害하여 무기
력하며, 陰屈的(음굴적)이요 또는 內向的(내향적) 이
요 能(능)히 善計(선계)를 隱忍樹立(은인수립)하나
매사가 中途挫折(중도좌절)이라, 실패 곤고하여 역경에
방황하며 千辛萬苦(천신만고)로 家庭(가정)을 亡失함.
又는 처자상별의 비애와 육친무덕하여 人因成事(인인
성사)로 善無功德(선무공덕)이라, 病難短壽, 薄命凶厄
(병난단수 박명흉액)을 초래하여 흉운으로 유도하는 無
力不吉(무력불길)한 運의 數意(운의 수의)
女性은 形式的(여성은 형식적)인 夫婦生活(부부생활)
되기 쉬움.

23 . 革新, 隆昌運(改舊從新之象)

偉大한 隆昌發展運(융창발전운)으로서 勢力冲天(세력
중천)하며 비천한중에서라도 一躍(일약) 出世하여, 領
導的(영도적) 地位와 權勢 (권세)를 획득함에 人人仰
視(인인앙시)하되 기세가 맹호에 생익한듯 권위왕성하

고 功名榮達(공명영달)하여 능히 대지대업을 성축하고 大吉運이라 然이나 此數가 重複되면 中折 或은 極化,조난의 뜻도 있음.

但 女性은 喪夫之運(상부지운)의 數요 孤寡身勢(고과신세)를 난면이라,獨立自成之運(독립자성지운)으로 高等教育(고등교육)이 有하면 社會的으로 名聲이 진동함.

24 立身, 蓄財運(財星照門之象)

始見(시견)이 賓弱(빈약)하나 才略智謀(재략지모)의 出衆(출중)과 不屈(불굴)의 분투노력성으로 점차 성공하여 大業(대업)을 완수하고,功明이 天下에 진동하는 특히 무일물로서도 축재가 점차로 축적되는 재성대길운으로 부귀영화 자손여경하는 효운이니 初困(초곤)을 莫嘆(막탄)하라. 格에 따라 承相(승상)에 이르며 富貴榮譽(부귀영예)가 隨身(수신)함.

此數(차수)는 특히 大財星(대재성)이 따르니 先天運(선천운)과 合局(합국)하면 巨富(거부)를 呼稱(호칭)함.

25 . 安全, 健暢運(安康無難之象)

智謀（지묘）가 심원하여 성품이 온건하고 능숙한 수완으로 大事大業（대사대업）을 成就（성취）하고 自手成家（자수성가）함에 제사가 亨通（형통）하여 안락한 생활을 영위함.

出人（출인）함에 있어 權度（권도）나 品位가 있으며 食祿（식록）이 無憂（무우）요 安樂康寧（안락강녕）하되, 但 此數（차수）가 亨格（형격）에 있으면 언어를 삼가하여 圭角（규각）이 없이 人和（인화）에 힘쓰면 大事에 臨（임）하여 오요를 불범하고 용의하게 성공함.

此數（차수）가 貞格（정격）에 有하고 先天運（선천운）에 天財星（천재성）이 大旺氣（대왕기）면 大財入門（대재입문）에 巨富를 呼稱함.

26 ·大望, 怪傑運（大志晚達之象）

英雄運（영웅운）이고 變怪運（변괴운）이요, 奇數運（기수운）으로 天賦（천부）의 英才（영재）와 百怪變出之機（백괴변출지기）는 豪俠怪傑的（호협괴걸적）인 運數（운수）로써 위대한 발전과 破竹之勢（파죽지세）의 功果（공과）를 획득하는 운이며, 英邁俊傑（영만준걸）한 운력과 위협적 기개는 不惜身命（불석신명）하고 대사에 당국하여 匡正하는 특이한 경의나 원래가 變怪英雄數（변괴영웅수）인 고로 先天運（선천운）과 조화되면 萬難

死線（만난사선）을 돌파하고 不出世（불출세）의 怪傑（괴걸·）, 覇權者（패권자）, 富豪（부호）, 志士（지사）, 烈士（열사）, 怪力士（괴력사）등의 특출한 대인물을 배출하는 수라 만약 선천수운국격에 불합당하면 가정불운, 처자생이별, 조난, 형액, 변사, 被過等의 運으로 유도되어 합당해도 가정운은 一面不遇（일면불우）는 不免이라·

27. 英雄, 中折運（中途挫折之象）

元來가 영명유철한 人傑（인걸）로써 才智（재지）가 過人（과인）하고, 用謀（용모）가 비상하여 능히 대사를 거사함에 雄志（웅지）를 달성하고 명망과 권세를 일세에 풍비하여 부귀영화를 획득하는 수이다.

大概（대개）는 중도좌절로 千恨（천한）이 미신이라 실패, 곤고, 고독, 조난, 형액, 불구단수, 부부생사별운 등으로 蓋世（개세）의 英雄（영웅）도 末路（말로）의 비참을 난면이요, 盛衰興亡（성쇠흥망）에 파란이 중첩되는 運의 數나 然이나 元格에 有하면 前半生 琢磨之數（수마지수）의 運이요, 건강 其他를 참작하여 배치유효 할 수도 있고 貞格에 在하면 晩年（만년）에 悲運參禍（비운참화）의 運數（운수）다.

28 . 風雲, 遭難運 (亂世壯士之象)

　遭難運 (조난운)으로　一種 (일종)의　豪傑的運力 (호걸적운력)이　발휘되어 파란변동이 심하여　비난비방의　대상이 됨은 불면이요,一身이　영달하던 가정파란이 생기고 家庭이 平安하면 一身에 재화가 속출이라.　一時的 成功榮達 (일시적성공영달)도 수포로 귀하기 쉽고, 幼時別親, 夫婦相別, 子女喪失 (유시별친 부부상별 자녀상실)을 甚하면 만경창파에 一葉片舟格 (일엽편선격)이요　變亂 (변란)이 첩생하여 조난, 형액, 불구 등의 신체손상　형액지운이요,貞格에 有하고 先天運과 合當하면 건강 , 용진호걸운으로서 난관을 파월하여 어느 정도의 成功 (성공)을 可期하는 吉數라.

　女性은 準孤寡運 (준고과운)으로 성격이 강함.

29 . 成功, 受福運 (泰功亨福之象)

　智謀가 出衆하며 氣象 (기상)이 英邁하고 活動力 (활동력)이 旺成 (왕성)하여 能히 大事大業 (대사대업)을 達成하고,富貴長壽 (부귀장수)로 安樂 (안락)하게 過平生 (과평생)하는 吉福 (길복)의 운수로써 사회적으로 상당한 지위를 획득하여 명망이 유함.　단 일면의 不平不滿 (불평불만)의 불절로 知足知止 (지족지지)를 望却 (망각) 하고 又는 自己의 智謀 (지모) 를 過信하여   人生을 誤算하기 쉬운점을 含有 (함유) 함.

女性은 어느정도 자중을 요하는 수이나 운격의   배치가 양호하면 무관하며   수복강영함.

30 . 春蒙, 浮沈運 (燕雀無巢之象)

權謀術數 (권모술수) 의   특성은   일시 대사대업을   대 성공을 기할 수 있으나, 否運 (부운) 이 시작되면 그   難 의 불측이라. 연이나 突然 (돌연) 히 意外의 方向으로 發 展하는 等 (등)   吉凶善惡 (길흉선악) 이 浮沈하는   運 으로서 中無所主 (중무소주) 하여 매사를   확정치 못하고 左顧右眄 (좌고우정) 하다가   수난하게 되며 東西移動 離 鄕客地 (동서이동 이향객지) 에 孤獨飄風之象 (고독표풍지 상) 이라. 특히 一握千金 (일악천금) 과 一時大成 (일시대 성) 을 꿈꾸나 이점을 심고할바요. 일정한 직업 一事 (일사) 를 전공하면 어느 정도의 성공을 可期하는   吉凶相 半之數 (길흉상반지수)

31 . 覺世, 開拓運 (自立興家之象)

資性 (자성) 이 英秀 (영수) 하고 지혜와 인덕과 용기를 구전하고 더욱 의지견실, 천좌불굴하여 自立大成하며 능히

세사의 흥망지사를 동찰하고 자주독립하며 적수 공권으로
서도 대업을 부흥시켜 명성과 부영을 형수하는 福壽双全
(복수쌍전)의 대길수로서, 은근한 두령적 위치를 확립함.
더욱 溫良平靜(온양평정)하여 학술 예술의 대발전운이
유한고로 학위를 획득할수가 多大함.

여성에는 才德을 겸비한 대길운의 수.

32. 破竹, 僥倖運 (意外亨福之象)

一過風塵(일과풍진)하니 海天一碧(해천일벽) 順風
(순풍)에 擧帆(거포)하고, 綠水千江(녹수천강)에
주선하는격으로 意外에 生財하고 생활의 기초를 확립하며
諸事亨通(제사형통), 壽福康寧(수복강영)하는 대길운
으로 長上(장상)의 후원이 두터워 得時(득시)하면 破
竹之勢(파죽지세)로 성공하여 가문흥융하는 至上幸福
(지상행복)의 운이요.

但 貞格에 有하면 선천운과 부조화하면 형화 급변조난
이 伏在(복재)하여 위험한 면도 있으니, 지족지지와 人
和陰德(인화음덕)에 힘써야함. 又는 參天兩地(삼천양지)
에 極貴(극귀)한 數(수)이나 平數로 낙착되는 수가 있
되, 요는 全格(전격)의 先天運과의 調和如何(조화여하)
로 결정되는 운.

32 . 登龍, 旺盛運(旭日昇天之象)

　지모와 판단력이 출중하여 年少時節(연소시절)부터
특이한 두각을 현출하되, 흉중에 大望을 포부하여　성장하
여　盛運昌盛(성운창성)하는　吉祥運(길상운)이요.
權威(권위)의 세력이 중천하니 萬人이 仰視(앙시)　하
여　名聲(명성)이　天下를 진동함.

　단 이운기는　귀중무비한　極旺運(극왕운)으로　裏面(
이면)에는　極衰倫落. 暗黑陷穽(극쇠윤락　암흑함정)를
함유한 수인고로, 凡人(범인)에는　不適當(부적당)한
運數(운수)며 선천운과의 조화를 절대로 考慮(고려)해
야 되는　數로서　輕輕히　使用해서는 안됨.

　女性은　大運이　沖剋하여　三夫更送, 三夫死別形의　運(삼
부경송 삼부사별형)이라.　平生獨立生活(평생독립생활)
을　하여야　하며　高等教育(고등교육)을 한　女性은 自立大
成하여　名聲(자립대성 명성)이　震動(진동)함.

34 . 變亂, 破壞運(運將破滅之象)

　破壞破滅(파괴파멸)로 유도되는　運(운)의　數(수)
로써　不意의　災禍(재화)가 소출하여 만사가 沮害(저해)
되고　不測(불측)의　禍難(화난)을 초래함.　비록　食
祿(식록)은 있으나 안중방액이　제일이요. 夫婦相別(부

-207-

부상별), 失子(실자)의 비에 흉사중첩·내외파경, 참담비통이 무한히 波生(파생)하는 운이며, 他運과의 配合관계 여하로 不吉이 加强한즉 형화, 액화, 살상, 광질, 폐가망신등의 극단적인 불행을 초래하는 凶導運(흉도운)

35. 平和, 安康運 (安過泰平之象)

自己分度(자기분도)에 合當한 天職(천직)에 勤勉(근면)하고 過欲(과욕)이 없이 忠直誠實(충직성실)하게, 선심의 일관으로 有益한 사업에 安過從事(안과종사)하여 一生을 幸福, 富貴, 長壽(행복, 부귀, 장수)하는 吉數라. 당운에 있어 가까운 친구가 相愛相助(상애상조)하여 平生의 기초를 반석상에 건립하는 수. 특히 문예, 학술, 기술 방면에 발전 성공하는 好暗示(효암시)가 다분하여 사도로 매진하면 大成을 기하게 되고, 만약 타방면에 大志를 포부하게 되면 절의에 철저하며 氣力이 大振하여 위세의 不足을 보충하면 대성공을 기할 수 있으나 선천운과 대운영동에 合局해야 함은 물론이다.

女性은 현모양처의 최적한 良數(양수)

36. 英雄, 波瀾運 (或歌或泣之象)

一種(일종)의 英雄運(영웅운)으로써 파란부심이 중

첩하나 미래가 情義豪俠(정의호협)한 운수라. 일생이
多難不安(다난불안)하며 或 萬人(만인)이 欽仰(흠
앙)하는 權威(권위)에 至하나 自尊誇恃(자존과시)하
는 大變動(대변동)과 극쇠를 내포하고 있는 喜悲双曲(
희비쌍곡)이 유전하는 무상지운수, 급병난, 조난과 고과
역난에 함입하기 쉬운 波瀾(파란)의 運數(운수)

37. 政治, 奏功運 (奏功天下之象)

智謀才略(지모재략)과 暗大剛毅(암대강이)한 과단
성은 능히 天下之難事(천하지난사)를 선도처리하고, 理
論的인 大才는 능히 大志大業(대지대업)을 성취하여
名聲(명성)이 四海(사해)에 전번되는 一種의 영웅지
수로서 天賦大幸(천부대행)과 부귀영예를 형수하는 수.
단, 매사에 임하여 獨立單行的(독립단행적)이므로 일
단 고립성이 유하니 順和平靜(순화평정)과 아량융화에
노력해야함.

38. 創意, 文藝運 (文理高峰之象)

英明(영명)한 才智(재지)와 현철한 두뇌는 특히 문
학, 예술, 창작, 발명의 특질이 有하여 長足(장족)의
발달을 재래함에 先進的人物(선진적인물)로서 立身揚名

（입신양명）함. 권위면의 大志는 活動力量（활동역량）
과 統率的威望（통솔적위망）이 不足한 故로 目的貫徹（
목적관철）의 희망이 박약한바 있으나,然이나 一但 決意
（일단 결의）한 바를 敢行（감행）하면 多藝多能（다예
다능）한 특성을 발휘하여 一事專心（일사전심）의 노력
으로 富貴（부귀）를 획득 成功（성공）할 수 있는 數.

39. 泰極, 長壽運（將星揮刀之運）

相當한 人格과 위품의 소유를 암시하고 又는 만사를 능
히 攝政（섭정）하는 才謀（재모）가 有한 故로, 一但 승
시하면 破竹之勢（파죽지세）로 禍亂一變（화난일변）의 吉
運으로 轉向（전향）하는 귀중무비한 운으로,그위가 왕
성하며 財帛（재백）이 豊大（풍대）하고 덕망이 사방에
波及（파급）하는 부귀영예, 수명장수,자손여경하는 수。
일령지하에 간업을 통솔하는 將星之格（장성지격）이다.
그 氣槪（기개）와 위세는 天下（천하）를 진동하는 運
이요. 然이나 極貴（극귀）한 이면에는 비참한 흉운을
내포하야 吉凶（길흉）이 一紙（일지）, 表裏之間（표리
지간）에 있으므로 輕輕（경경히） 사용해서는 안되는 것
이며 先天運（선천운）과 調話（조화）가 절대로 필요함.
여성은 과부가 많음.

40 · 無常, 變化運 (隨緣生滅之象)

智謀膽力 (지모담력) 과 임기응변의 才幹 (재간) 이
(출중) 하야 大業 (대업) 에 성공할 수 있으나, 一面
德望不足 (일면 덕망부족) 은 비방의 대상이요, 投機 (투
기) 를 즐기나 虛欲 (허욕) 의 發動 (발동) 이라. 都是 (
도시) 운기가 공허하여 의지할바 없으니 所營之事 (소영
지사) 가 거개 徒勞無功 (도로무공) 이라. 祖業 (조업)
이 있다해도 고수하게 곤란하고 平生 (평생) 의 餘恨 (여
한) 이 永無所解 (영무소해) 하니 可知其運의 數 (가지기운
의수) 라 善德 (선덕) 을 布施 (포시) 하야 修眞正道 (수
진정도) 하면 吉運 (길운) 의 回報 (회보) 를 可期 (가기)
함.

41 · 正道, 高名運 (乾坤中心之象)

爲人 (위인) 이 俊秀 (준수) 하며 英明正直 (영명정직)
하고, 담력과 재묘를 겸비하며 紅塵 (홍진) 을 招脫 (초
탈) 하니 大貴 (대귀) 현출하고 大志大業 (대지대업) 을
樹立成功 (수립성공) 하는 數로 齊衆 (제중) 의 大望 (
대망) 을 抱負實踐 (포부실천) 하는 中心的 (중심적)이고
貴重無比 (귀중무비) 한 運이라. 高名之功 (고명지공)

을 千秋(천추)에 유전하는 대길수,특히 世事에 대한 先覺之所察(선각지소찰)은 萬人之師(만인지사)로서 無違(무위)의 지도적 중심인물의 운수.

42. 苦行, 失意運(行者逢難之象)

　特異(특이)한 內的傾向(내적경향)의 思想發達(사상발달)로 博學多藝(박학다예)의 소질은 다방면으로 世情(세정)에 통하나,萬藝多面(만예다면)은 專攻精通(전공정통)에 不及한 故로 忍耐(인내)로서 一意專心(일의전심)하여 一事專攻(일사전공)에 邁進(매진)하면 어느정도의 성공은 可期나 대체로 暗味底氣力(암미저기력)함과 偏見頑强(편견완강), 신전의 운기를 저해하여 자취곤란하며 형로에 분파하고,家族相別,寂寞悲哀(가족상별 적막비애)의 生涯(생애)를 보내게 되는 흉운으로,他格(타격)에 凶數(흉수)가 加强(가강)하게 되면 病難,不具,遭難等(병난 불구 조난 등)의 運으로 誘導(유도)됨.

43. 錯綜, 散財運(花開花落之象)

　進取的(진취적)인 동시에 禮智的(예지적)인 氣品이요. 어느정도 世事(세사)를 달관하고 遂志成功(수지

성공)을 期할 수로, **外見**(외견)은 幸福(행복)하나 내
실은 困苦(곤고)요.

因循姑息(인수고식)하고 정신이 박약 산만하여 **大概**
(대개)는 일생을 파란중에서 행고하게 되며, **失敗**(실
패)끝에 혹은 정신착난 등이 생기기 쉽고 따라서 不測
(불측)의 災禍(재화)를 초래하는 흉도운.

44. 魔障, 破滅運(百鬼晝出之象)

忘想(망상)이 誇大(과대)하니 **魔來作障**(마래작장)
하여 **好事傾敗**(호사경패)하고, 一時的(일시적) 成功도
不可勝數(불가승수)요, 百戰百敗(백전백패)는 여시여
시 敗軍(패군)한 將軍(장군)이 無面渡江(무면도강)
하는 格(격)이요. 迷路(미로)에 彷徨(방황)하며
病難, 遭難, 發狂, 不具, 橫夭彼殺等(병난, 조난, 발광, 불구,
행요피살 등)의 흉재가 속출하는 大凶運(대흉운) 諸事
(제사)에 剋己努力(극기노력)해도 수포요.
悲運慘憺(비운참담), 萬事不如(만사불여), 突發急變(
돌발급변) 家族離散(가족이산), 非業短命等(비업단명
등) 그 凶運(흉운)의 度가 不測不測(불측불측)이라.

단, 偉人, 烈士, 烈女, 孝子, 大發明家等(위인, 열사, 열녀
효자, 대발명가등)은 往往(왕왕)이 수에서 稀有(희유)
하게 배출됨.

45. 大覺, 順調運 (圓滿具備之象)

天下를 經倫 (경윤) 하는 深遠(심원)한 才謀 (재모) 와 德量 (덕량) 은 順風 (순풍) 에 거포한 格으로 能히 大志弘業 (대지홍업) 을 성취하고, 大事通達 (대사통달) 하여 一世 (일세) 에 冠絕 (관절) 한 名聲 (명성) 과 名譽 (명예) 가 無比 (무비) 하여 특히 達世 (달세) 의 先見之明 (선견지명) 은 萬民 (만민) 의 師表 (사표) 가 되며 指導的 (지도적) 高等地位 (고등지위) 에 處 (처) 함.

46. 潛修, 悲衰運 (玉在塵中之象)

有能 (유능) 한 抱才之士 (포재지사) 가 江河 (강하) 에 임하여 消日 (소일) 하는 格이다. 때를 얻지 못했으니 蓋世 (개세) 의 英俊이 塵中 (진중) 의 玉이요. 萬事 (만사) 가 不如意 (불여의) 하니, 浮蒙 (부몽) 이 요란하고 사업이 일시에 수포로 되고, 暗夜空堂 (암야공당) 에 독좌하여 愁然히 咏嘆하며 載寶破船 (재보파선) 하니, 運數 (운수) 는 可知 (가지) 라. 困難辛苦, 精力欿乏, 病弱短命等 (곤란신고, 정력결핍, 병약단명등) 의 凶運 (흉운) 이 來侵 (내침) 함.

단 一種의 變快運 (변쾌운) 인즉 大嘆難 (대탄난) 을

經過(경과)한 後(후) 大成功者(대성공자)가 稀有
(희유)하나 一面不幸(일면불행)은 不面(불면)이라.

47. 出世, 展開運 (丈夫得時之象)

英明俊達(영명준달)하야 萬事(만사)에 능숙하고
智略(지략)이 出衆하여, 才名(재명)과 權度(권도)를
四海(사해)에 傳播(전번)하는 吉運(길운)으로 매
사가 무난히 해결되며 財産(재산)이 豊富(풍부)하여
子孫에게 餘慶(여경)하는 吉數(길수)로 前進(전진)
하여 不損(불손)이요. 隱退 亦是 有益(은퇴 역시 유
익)이라, 與人同事(여인동사)함에 大志大業을 容易(용
이)하게 成就(성취)하며 天賦大幸(천부대행)이요.
花開之象(화개지상)의 大吉數.

48. 濟衆, 榮達運 (月印千江之象)

智謀(지모)와 才能(재능)이 深厚(심후)하여 有
德剛健(유덕강건)하고, 他의 顧問(타의고문) 或(혹)
은 相談役(상담력)의 威望(위망)을 具有(구유)한
四通八達(사통팔달)의 智覺者(지각자)로서, 天下之
事(천하지사)를 통요하고 만인을 선도하니 器局(기국)
이 違大(위대)하여 世俗(세속)의 번잡을 遠視(원시)

-215-

하며 白雲間（백운간）에 野鶴（야학）을 爲友（위우）하
니 항시 悠悠自適（유유자적）하는 明哲脫俗（병철탈속）
이라. 天資（천자）가 英邁（영만）하여 功利榮達（공리
영달）하는 吉祥運（길상운）, 萬若（만약） 其局（기국）
아니면 水中（수중）에 月影（월영）이요. 또는 鏡中（
경중）의 百合花（백합화）이라 然（연）이나 平生（평생）
을 安過泰平（안과태평）하는 大吉數（대길수）.

49. 明暗, 變化運（隨時隱現之象）

悲常（비상）한 才智（재지）와 수완으로 능히 자수성
가하여 有爲（유위）한 사업을 영묘하나, 成功（성공）에
陶醉（도취）하면 却而（각이） 失敗（실패）를 초래함.
前半生（전반생）을 신고하면 後半生（후반생）이 安樂（
안락）하고 不然（불연）이면 反比（반비）라. 運成（운성）
이 吉化（길화）한즉 大吉（대길）로 榮達（영달）하고,
凶變（흉변）한즉, 大凶（대흉）으로 화하여 損失災厄（
손실재액）이 속출하는 運（운）으로 大凶裏面（대흉이련）
에 大吉（대길）을 內包（내포）하되 吉凶（길흉）이 表
裏（표리） 一紙之間（일지지간）에 있으니 大運靈動（대
운영동）의 관계여하로 幸否（행부）가 분류되는 數로써
一但 成功後（일단 성공후） 은퇴하면 永在 安過泰平（영

재 안과태평)하는 數(수).

50. 解脫, 成敗運 (眞去假存之象)

運性(운성)이 混迷(혼미)하고 愚智(우지)하여 自立性(자립성)이 缺如(결여)되여 있으나, 前平生(전평생)은 必(필)히 一次大業(일차대업)에 성공하여 富榮發達(부영발달)을 기할 수 있으니 晚年(만년)에 이르러서는 失敗(실패)로 歸結(귀결)되는 運數(운수)로서, 萬難(만난)을 招來(초래)하여 空虛失意, 敗家亡身, 病難苦厄等(공허실의, 패가망신, 병난고액 등)을 若起(야기)하게 되는 運數(운수)

51. 春秋, 成敗運 (去凶相半之象)

進出의 氣象(기상)이 剛健(강건)하고 爲人(위인)이 正直(정직)하여 비록 시초는 곤란한 점이 있으나 不屈(불굴)의 노력으로 점차 본성의 장점이 발현됨에 一業(일업)을 성취하는 運으로, 後半生(후반생)을 安過(안과)하게 되는 運의 數. 그러나 途中(도중)에 自然的(자연적)으로 離散(이산)의 소흉을 내포한고로 부심 쇠운으로 유도되기 쉬운 점이 있음.

52 . 御龍, 躍進運 (萬事通達之象)

無形（무형）속에서 有形（유형）을 창조해내는 運으로서 그 세력이 강대하고 일약전진하며 時乘六龍（시승육룡）이 雲日雨時（운일우시）하는 格（격）으로, 高邁英俊（고매영준）함과 兼（겸）하여 卓越（탁월）한 선견지명의 능력은 능히 세사를 달관하고, 計圖（계도）가 不誤（불오）함에 大志大業（대지대업）을 창성하고 자수성가하며 子孫累代（자손누대）에 榮名（영명）을 전하는 大吉數로 堯舜日月（요순일월）이라. 大學者（대학자）혹은 大政經家（대정경가）를 배출하는 효운기로 유도함.

53 . 不測, 障害運 (吉凶混線之象)

外見（외견）은 吉祥幸福（길상행복）하나 內實（내실）은 障礙와 災厄屈曲（장애와 재액굴곡）이 허다하며, 진퇴부정에 그 운기를 측량하기 어렵고, 전반생이 吉運（길운）하면 後半生（후반생）은 必（필）히 不幸（불행）을 招來（초래）하여 惡運（악운）하고, 萬若（만약） 前半生（전반생）이 不運（불운）인즉 後半生（후반생）은 소생하야 幸福（행복）으로 向（향）하는 運（운）으로 一次凶運（일차흉운）이 내침하면 패가망신의 運이나, 多

幸（다행）이　他運數（타운수）의　보조가　있으면　僅僅（
근근)히　平運（평운）을　유지함.

54. 無爲, 破壞運（求珠深海之象）

勇進性（용진성）과　不退轉（불퇴전）의　頑剛（완강）
한 운성은 혹 전반생 행복을 가히 덕할 수 있으나,　이는
少數（소수）에　한한 것이고 대개는 운로가 辛修不絶,不
和損失,憂苦頻多,破家亡身（신수부절,불화손실,우고번다
패가망신）혹은 불구폐질,형액,고독,행사,단명 등으로　一
生은　無爲終結（무위종결）하는　凶運數（흉운수）.

55. 太極, 反盛運（龍動水中之象）

活動함에는 不備未達（불비미달）이요,靜守（정수）하
자니　不平不滿（불평불만）이라.有爲（유의）한　抱才（
포재）와　德望性（덕망성）도　時機尙早（시기상조）로
發願（발원）활기를 찾기 極難（극난）하여 내심우고하
는 運으로,　外見（외견）은　一見（일견）　隆盛幸福（융성
행복）한듯하나 타인이 모르는 재화와 갈등이　내재하여
諸事（제사）가　不安定（불안정）하며　辛苦厄難（신고액
난）,이별의 비극등　극성이 중복된　受難運（수난운）이
되,然이나　堅忍不拔（견인불발）하고 용약당사하면 성공

-219-

을 가기할 수 있는 吉凶相半(길흉상반)의 運으로서 意志(의지)가 박약하면 不能出世(불능출세)함.

|

56. 嗚呼, 破望運(齟齬屯難之象)

才質(재질)과 德望(덕망)을 內包(내포)하나 貴人을 만날 수 없으니, 諸事(제사)가 屯難不進(둔난부진)하고 용기가 쇠진하니 立身不能(입신불능)이요. 노력은 하나 매사가 무공하니 反爲虛費(반위허비)라. 萬事의 障礙(만사의 장애)와 齟齬遲之(저어지지)는 결국 인생 재운이 흉조 비탄하게 되는 數(수)

|

57. 時乘, 剛健運(寒鶯春啼之象)

資性(자성)이 강건하고 勇氣(용기)를 겸비하니 수시응물에 到處春風(도처춘풍)이라. 天賦(천부)의 행경은 시운과 세력을 얻어 豊萬(풍만)한 精力(정력)을 大事에 傾注(경주)하니, 雲龍風虎(운룡풍호)에 坐鎭大軍(좌진대군)하는 格으로 成功榮達(성공영달)이요. 吉祥幸運(길상행운)으로 發展誘導(발전유도)되는 運數.

그러나 一生中(일생중) 一回는 大難(대난)에 봉착하여 九死一生(구사일생)한 然後(연후)에 百事(백사)가 如意(여의)하여 財力과 권세를 兼得(겸득)할

運의 數.

58 . 普化, 後福運(橋上往來之象)보화 후복운(교상 왕
래지상)

부심파란이 심하니 運의 吉凶消長(길흉소장)이 無限
(무한)이라, 然이나 꾸준한 忍耐(인내)와 노력성은
結局 成功榮達(결국 성공영달)로 유도하는 운으로 되
어 있어 一次(일차)는 大失敗(대실패)와 大艱難(대
탄난)에 봉착하여 破家亡身(패가망신)한 연후에 一
家再興(일가재흥)하여 福祿(복록)이 發(발)하는
運의 數(수).

59 . 雲外, 逆難運(密運不雨之象)운외 역난운(밀운 불
우지상)

意氣(의기)가 쇠진하여 勇氣(용기)와 忍耐力(인내
력(인내력)이 不足(부족)하고, 兼(겸)하여 才能의
박약으로 말미암아 諸事(제사)가 계속해서 역경으로
경도하게 되니 失意逆難(실의역난), 家産亡夫(가산망부),
厄難辛慘(액난신참)이 부절하며, 一生(일생)을 비탄
속에서 경과하는 極凶(극흉)의 運數(운수).

60 . 眞空, 不安運(上下動搖之象)

嗨宴（회연）하며 暗黑（암흑）하고 中心（중심）이 確立되어 있지 못하여 無依無託（무의무탁）한 運으로 一生을 허무중에 계속 미망하는 凶兆（흉조）를 내포하고 人生針路（인생침로）를 풍낭에 길임하니, 一葉片舟（일엽편주）가 大海中（대해중）에서, 표류하는 格으로 당사에 있어 무기획적 企業（기업）은 一事不成（일사불성）이요 失敗困苦（실패곤고）로, 심한즉 刑厄（형액）, 被禍, 病弱, 短壽等（피화,병약,단수등）의 凶火（흉화）를 초래하는 運의 數.

61. 妙理, 名利運（丹桂可折之象）

其性（기성 이 甚妙（심묘）하고 才能이 出衆（출중）하여 名利（명리）를 兼得（겸득）하여 富貴繁榮（부귀번영）하는 數로서, 天賦（천부）의 大幸（대행）을 亨受（형수）하고 財寶（재보） 亦是（역시） 豊大하여 一平生吉祥（일평생 길상）을 누릴數. 그러나 一面自尊（일면자존）과 不避을 內包한 數로 內外不和, 家族反目等（내외불화 가족반목 등）으로 外見（외견）은 幸福（행복）하나, 內實（내실）은 不安空虛（불안공허）한 一面（일면）을 內包（내포）하고 있으며 항상 修德謹愼（수덕근신）하며 順和溫良（순화온양）에 힘써야 할 것이로되, 大運靈

動（대운영동）이 良好（양호）하면 無難（무난）하여 福祿（복록）이 長久（장구）한 數.

62. 何時, 寞寞運（桂花開落之象）

權威（권위）와 勇氣（용기）가 쇠진하여 제사가 쇠운으로 향하게 되니 內外不和（내외불화）가 發生（발생）하며, 社會的（사회적）으로도 信用（신용）이 不足（부족）하여 志望不成（지망불성）이요. 또는 不時（불시）의 災厄（재액）으로 一家一身（일가일신）이 점차로 경도되니 기여는 가지라. 萬若（만약） 陰德（음덕）을 쌓으면 陽報（양보）가 있어 僅僅平福（근근평복）을 유지하는 수

63. 現證, 發展運（曉光浮海之象 ）

萬物（만물）이 慈雨（자우）에 發神育成（발신육성）되는 격으로 제사가 여의하야 志向（지향）한바 용의하게 目的達成（목적달성）하고 더욱 後患（후환）없이 현저히 發展（발전）하여 名譽（명예）와 幸福（행복）을 亨受（형수）하여 子孫餘慶（자손여경）하는 幸運의 數.

64. 止乎, 逢霜運（千里滿雲之象）

그 性(성)이 陰鬱(음울)하여 파괴성이 강대하며 무모한 계획으로 결국 만사에 실패하고 부심파란 멸이의 흉조운으로 유도되어, 意外(의외)의 재난에 봉착하는등 一家離散(일가이산), 病難(병난), 단명의 불길한 운수라,然이나 大運靈動(대운영동)이 극히 양호하면 또는 亨格部(형격부)가 吉運(길운)이면 一轉 吉運(일전 길운)으로 전향하는 수가 있음.

65 . 滿地, 興家運 (順風擧帆之象)

太陽(태양)이 中天(중천)에 빛나는 격인 貴重(귀중)한 運數(운수)로 金玉(금옥)이 滿堂(만당)하며 社會的(사회적)으로 中心的地位(중심적지위)에서 衆人(중인)을 指導(지도)하고 萬事(만사)의 運行이 如意(여의)하며 家運隆昌(가운융창), 子孫繁榮(자손번영)하는 天地長久(천지장구)의 大吉祥運(대길상운)

66 . 茫茫, 艱難運 (兩人溺水之象)

前山後水(전산후수)요 또는 去去高山(거거고산)이라 進退維谷(진퇴유곡)에 전도가 암담하고 內外不平(내외불평)이 不絶(부절)이요,深夜(심야) 夫婦(부부)가 怒閨(노규)하는등 결국 재액이 중첩하여 一

身一家(일신일가)를 敗亡(패망)하는 凶導運의 數(흉도운의수)

67. 天惠, 通達運(海天一碧之象)

剛柔(강유)를 兼全(겸전)하여 능히 제난관을 돌파 선처하며 세정표리에 통요하니, 萬事(만사)를 運行營爲(운행영위)함에 順調通達(순조통달)하니 成功(성공)을 可期(가기)라. 天賦(천부)의 行運(행운)으로 또는 선배의 혜택이 풍부하며 家勢盛大(가세성대), 富貴幸慶(부귀행경)을 다분히 형수하는 吉祥幸運(길상행운)

68. 妙玄, 發明運(靜觀自得之象)

만물을 정관하면 皆自得(해자득)이라. 事物(사물)에 대한 궁리가 자세조밀하며 매사에 실수가 없고 一步一步(일보일보) 自己(자기)의 成功과 가정의 기초를 확고히 건립하며 착착 전진하는 운으로 특히 新案發明(신안발명)의 特質(특질)은 장래대성으로 유도하며 衆望(중망)에 올라 능히 名利(명리)를 겸득하는 吉祥運

69. 空谷, 窮迫運(鳳別梧桐之象)

人生喜悲(인생희비)의 종막을 告하는 뜻으로 제사가 停止(정지)하며, 心身(심신)이 不安(불안)하고 조난, 질병, 불구, 촉수, 비업단명 등으로 유도되는 운의 수. 혹은 사경과 진배없이 심한 빈궁 고통의 연속이 不絶(부절)한 凶運(흉운)

70. 四顧, 寂寞運(黑海暗夜之象)

險惡(험악)한 멸망지조로 一擧手(일거수)면 折腕(절완)이요, 一投足(일투족)에 失脚(실각)이라. 憂苦(우고)가 불절하며 제사가 쇠퇴하여 一生의 참담이라, 空虛無限(공허무한)하고 魔神(마신)이 발동하여 흉가가 중중하니 離愁(이수), 刑厄(형액), 不具(불구), 橫厄(횡액), 短命等(단명등)의 運으로 社會(사회)의 無用之廢人(무용지폐인)과 同一한 數.

71. 龍示, 堅實運(貴人隱山之象)

自然的(자연적)인 吉兆(길조)의 내포는 장래의 부귀와 권도를 겸한 행운으로 유도하는 건실한 발달운이요. 進取(진취)의 氣象(기상)을 대진하면 그 덕망과 능력의 본질이 發揮發顯(발휘발현)되어 명진사해 하며 大成功(대성공)으로 발전하는 大吉運(대길운)의 數(수)

우유부단하며 內心憂苦(내심우고), 家門不安(가문불안)
을 간혹 초래하는 수도 있음.

72. 吉凶, 相半運(陰雲覆月之象)

　外見(외견)은 幸福(행복)이나 內實(내실)은 흉화
운으로 快樂 窮迫(쾌락 궁박)이 상반한수로　전반생은
幸福(행복)이 되고, 後半生(후반생)은 비운화 하며 晚
年(만년)에는 破産(파산)과 離産(이산)에 봉책하게
되는 운이다.

73. 大凡, 不福運(登山平安之象)

　鵬志(붕지)를 抱負(포부)하나 실행관철력의 부족으
로 志向(지향)한바 그 目的達成(목적달성)의　지지함
이 하나의 결점이나, 本來의　自然(자연)의　福祉(복지)
를 亨受(형수)하고 生涯(생애)가 無難平安(무난평안)
하게 경과되는 운수

74. 暗昧, 不遇運(晝中火燭之象)

　天禀(천품)의　暗昧(암미)는 社會(사회)의　무용
지물이라. 無識(무식), 無智(무지), 無能(무능)이요.

無衣徒食(무의도식)이니 廢物(폐물)과 同一(동일)
하여 唾棄(수기)의 대상이요, 不時(불시)의 災厄(재
액)이 辛苦逆境(신고역경)에 沈倫(침륜)하여 탄식
으로 연속생애하는 運의 數.

75. 得之, 安吉運(山中植木之象)

名利를 겸전한 富貴吉祥(부귀길상)의 運으로 自然的
으로 成功發達(성공발달)하여 大成(대성)하는 數나
萬般計劃(만반계획)을 확립한 연후에 일약 진취함이 상
책이며, 時機(시기)가 미도한 때에 過進(과진)한즉 欲
速不達(욕속불달)이라 혹 災厄(재액), 失敗(실패)를
초래할 우려가 있으므로 조심을 要(요)하게 되는 一面
(일면)이 있음.

76. 先若, 後成運(平地難行之象)

初分(초분)은 艱難辛苦(간난신고)가 허다하여 事業
(사업)의 中途坐折(중도좌절), 가정운의 불길 등이
或有(혹유)하여 本性(본성)의 강전과 大陸的(대륙적)
인 意志力(의지력)으로 生活(생활)의 根本的 基礎(근
본적기초)를 견고히 건립하여 점차로 幸福(행복)을
회복하는 運의 數.

77. 吉凶, 相半運（隨綠果報之象）

大體（대체）로 선배와 장상의 원호혜택으로 中年（중년）까지는 성공 발달하여, 一家安定（일가안정）하고 社會的（사회적）기반도 平平安康（평평안강）이다. 中年後（중년후）부터 차차쇠운으로 경도되어 末分（말분）에 이르러서는 困苦辛慘（곤고신참）에 합입하는 數. 萬若前半生（만약전반생）이 흉운인 경우에는 후반생을 반드시 吉化（길화）하야 幸福（행복）을 亨受（향수）함.

78. 吉凶, 相半運（日傾西山之象）

元來（원래）가 智達能才（지달능지）하여 中年前（중년전）은 성공 발달하게 되나 다소의 흉조를 내포한 운으로 중년이후에 점차로 쇠퇴하되 晩年（만년）에 달하여서는 고생하게 됨. 연이나 大體（대체）로 平福（평복）을 유지하게 되는 運.

79. 窮極, 不神運（臨終遺言之象）

정신이 책란하여 절조가 난잡하고 實行力（실행력）의 不足（부족）으로 社會的信用（사회적신용）을 상실하고 비방 공격의 대상이 되며, 逆境不遇（역경불우）의 결과 사회의 무용지폐물로 되는 數. 무의도식 지배요. 육체는 건강함.

80 . 乎也, 陰遁運 (天地終末之象)

天地 諸運度數 (천지 제운도수) 의 종말이라, 혼돈암흑하여 개벽전야에 凶凶無味 (흉흉무미) 한 기류가 감돌고 있는 運으로 동한즉 합정이요, 靜 (정) 하나 쇠진불안이라 病魔, 囚陋, 盡壽 (병마, 수누, 진수) 로 유도되는 極凶 (극흉) 한 運數라 .

但, 早期 陰遁的生活 (조기 음둔적생활) 로 入山修道 (입산수도) 하면 安心立命 (안심입명) 하게 되며 免禍 (면화) 할 수 있는 運.

81 . 圻出, 還喜運 (雷門一開之象)

九九는 八十一의 최극수요. 천지개벽후 원수의 一로 환원하는 수로 一道光明 (일도광명) 이 도출되어 만물을 자생하기 시작하는 수의로 자연히 靈力 (영력) 은 운기력이 왕성하여 吉祥大幸 (길상대행), 貴重無比 (귀중무비) 한 운으로 발신유도되는 暗示 (암시) 가 있는 수.

◎ 八十一數는 基數 一數로 還元하는 數며, 八十二數는

單數 二數의 靈動과 같고, 八十三數는 單數 三數의 靈意와 同一한 것입니다. 故로 八十一數 以上의 數理는 零數八十을 除하고, 最初 一로 還元하여 順次로 上記의 數理靈動을 응용하게 됩니다.

以上의 數理靈動은 勿論 그 있는 部位에 따라서 暗示力의 강약이 구별되는 것도 당연한 것입니다. 즉 亨格에 有할시는 그 吉凶과 暗示誘導力이 十(십)의 힘으로 發揮되고, 利格은 七·八 十의 힘, 그리고 元格, 貞格에 有할 時는 五. 六의 힘으로 유도되는 것입니다. 그리고 이 各數의 설명은 一部格에서 단독적으로 發揮되는 경우를 論한 것으로써, 실제는 天地人 三才配合인 大運靈動 關係내지 亨格 對 貞格의 配合强弱 關係等을 充分 細細考慮 함으로써 正確한 鑑定을 期할 수 있는 것도 勿論입니다.

제 5 장 干 支 論 (간지론)

1 . 天干 解說 (천간 해설)

이 十干 (십간) 의 문자는 四季 (사계) 와 陽循 (양순) 에 비하여 만들어진 것이기 때문에 그것이 본래의 해(日) 에 배당된다는 것을 잊어서는 안된다. 그러므로 天干 (천 간) 이라 하며 그 氣 (기) 와 性 (성) 을 말한다. 그러 기 때문에 이것을 잘 분별하여야 하며 十干 (십간) 은 姓 名學 (성명학) 에 있어서도 三元法 (삼원법) 과 성능과 순환의 배당이외에는 별로 응용되지 않는다. 印度 (인도) 에서는 年月日時間 (년월일시간) 에 연락이 있다는 것을 말하고 있다. 그래서 그 活氣 (활기) 를 보축하여 人事 (인사) 에 사용하고 있다. 十干 (십간) 의 성질과 응용 을 여기에 설명하기로 한다.

① 甲 (갑) 은 陽木 (양목) 이나 그 중에 陰 (음) 이 아직도 存在 (존재) 하여 陽 (양) 을 쌓고 들어서 누르 고 쌓여있는 氣 (기) 가 있다. 이것을 草木 (초목) 에 비 하여 말하면 처음 낳았을 때에 머리에 껍질을 쓰고, 地 下 (지하) 에 뿌리만을 박고 申字 (신자) (申은 伸임) 와 같이 위로 펴 (伸) 올라 가려고 하는 상태이며 , 太子 (태자) 와 도 같이 一數 (일수) 와 동일하여 萌出 (맹출) 하는 형

상이며 사람에 비하면 甲衣(갑의)를 입은 상형이다.
(自重性)

② 乙(을)은 甲(갑)의 陽木(양목)이 자라서 싸고
있는 陰(음)의 집을 나왔으도 陰(음)이 아직 地面(
지면)을 뚫지 못하고 음 때문에 구부려져 버리고 그 形
(형)이 乙字形成(을자형상)으로 되어있고, 乙(을)은
음의 水(수)이며, 이것을 초목에 비하면 처음 나왔을 때
에는 核(핵)을 쓰고 나온 甲(갑)을 해탈하고 천천히
줄기를 내여놓은 모양과 같이 數意(수의) 二(이)와
동일하다.(꾸준성)

③ 丙(병)은 陽火('양화)로 그 문자위의 一(일)은
地面(지면)을 말하고 "人"(인)은 속에서 양기가 솟
구쳐 있는 형상이요. "冂"은 冂內(내)에 양기가 왕
성해 있다는 것을 뜻한 글자로서 이 문자는 양의 화가 炎
炎(염염)하게 위에서 빛나고 있어도 內(내)에는 아직
검은 陰氣(음기)가 있어 濁(탁)져서 있다. 이것을 비
해 말하면 灯火(등화)나 爐火(로화)(이글이글 타는
난로불)와 같은 것이다.

그러므로 성질은 급하고 강하며 數意(수의) 三(삼)
과 비슷하다.

④ 丁(정)은 陰火(음화)이다. 그리고 이 丁(정)은 맞는다는 의미가 있다. 그 이유는 양기가 이때가 되면 왕성히 진전하며 강하게 된다. 이 때문에 조금 남아있는 음기와 양기가 부딪쳐서 음기를 파괴하고 점점 양기의 방향으로 진행하게 되어가는 象(상)임으로 四月(사월) 또는 四數(사수)의 意義(의의)가 내포되어 있다. 그러므로 부딪쳐서 강렬한 힘을 발휘할 시기에 도달했다는 글자임으로 우리 동양에서 성장한 男子(남자)를 보고 壯丁(장정)이라 (다 컸다) 呼稱(호칭)하게 되어있는 例(예)라든가, 또는 出征軍人(출정군인)을 장정이라 부르는 理由(이유)도 여기에 있는 것이라 하겠다.

⑤ 戊(무)는 陽土(양토)이다. 萬物(만물)은 양토에서 생한다. 바꾸어 말하면 양토는 만물에 生氣(생기)를 발하여 열어주는 일을 하고 있는데, 이것을 草木(초목)에 비하면 戊(무)는 (茂)로, 丁字(정자)에서 發伸(발신)되어 枝(지)엽이 되며 지상에 나타나 있는 모양이다. 五月草木(오월초목)이라고도 하고 數意(수의)가 五(오)에 속한다. 만물이 생하고 번무하다는 뜻으로 가장 活氣(활기)가 왕성한 글자인 것이다.

⑥ 己(기)는 陰土(음토)이다. 己字(기자)의 자형이나 陰(음)의 土(토)는 만물이 음때문에 눌려서 끝

날것 같은 것이다. 이것은 일시적인 휴양이기 때문에 다시 일어나고져 하는 증조가 여기에 발생하고 있다고 생각하면 된다. 그러나 원칙으로 陰土(음토)는 陰德(음덕)이요, 활동력이 없다는 것을 잊어서는 안된다. 또한 草木(초목)에 비하면 六月(육월)이요, 六數(육수)의 의의가 내포되어 있는 것이다.

⑦ 庚(경)은 陽(양)의 金(금)이기는 하나 陰干(음간)인 것이다. 바꾸어 말하면 陰干中(음간중)에 (양)을 내포하고 있는 것이다.

그리고 庚(경)은 굳은 것이다. 그러므로 옛 것을 改革(개혁)하여 새롭게 한다는 氣(기)가 있어서 殺伐性(살벌성)이 있다. 七(칠)의 수의가 내포되어 있다.

⑧ 辛(신)은 陰金(음금)이다. 그리고 이 氣(기)가 나오면 양기는 쇠해져서 떨어지고 陰(음)이 왕성하여 위로 올라가서 나타나고, 庚(경)의 양이 辛(신)의 음의 위치에 오고, 辛(신)의 申(신)은 申(신)으로 바뀌면 庚(경)과 동일하므로, 辛(신)의 음이 庚의 양의 위치에 가서 위치가 相互轉倒(상호전도) 된다. 庚양은 음 신(新)의 새 맛을 보게 되고, 辛陰은 庚의 陽맛을 봄으로 혁신교류되니 만물의 맛은 음의 收斂(수검)을 받

아서 성축하기 때문에 季節(계절)에 비하면 八月(팔월)이요. 수의는 八(팔)수에 속한다.

⑨ 壬(임)은 역시 음간의 陽(양)에 水(수)로, 字義(자의)부터 말하면 壬(임)은 妊(임)이다. 一陽(일양)을 胎內(태내) 陰中(음중)에 받아서 受壬(수임) 妊(임)한 것으로, 妊娠(임신)했다함은 얼마후에 낳을 子息(자식)인 一陽(일양)을 胎內(태내) 卽(즉) 暗中(암중)에서 藏育(장육) 시기로 넘어가는 현상과 같이 季節(계절)에 比(비)하면 九月(구월)이요, 수의로는 九(구)수에 속한다.

⑩ 癸(계)는 陰水(음수)이다. 壬(임)이 一陽(일양)을 넘겨주면 癸(계)의 位置(위치)에 와서는 점점 그 양기의 揆然(규연)법칙으로 싹(芽)이 암육되는 象(상)이 있다. 그 由來(유래)를 보면 天(천)의 氣合(기합)은 이 癸時(계시), 亥時(해시)가 되면 만물이 모두 癸(계)의 음품에 갇히고 만다. 그러므로 癸(계)나 十數(십수)에는 만사의 종말이요. 多眼中(동민중)임으로 암흑의 뜻이 내포되어 있으며, 계절에 비하면 十月(시월), 卽(즉) 立多期(입동기)로 되고 數意(수의)는 십수에 속한다.(얍전하다 순진하다) 癸(계)의 음품에 갇힌 것들은 그 음밑에 一陽(일양)

이 胚胎(배태)되며 시기를 기다려서 발생한다. 이것이 卽(즉) 甲(갑)인 것이며 이로 부터 乙丙丁(을병정)으로 순환해서 끝이 없다. 十干(십간)의 해석은 五行十二支(오행십이지)의 原理(원리)와 더불어 天地萬物(천지만물)의 吉凶(길흉), 禍福判斷(화복판단)에 기여되는 원칙이기에 반드시 가볍게 취급해서는 안된다. 또한 의의는 一(일)에서 十(십)까지의 수의와 비슷하다는 것을 말하여 둔다.

十干陰陽三元五行區別(십간음양삼원오행구별도)

陽 양	甲 一 갑 일	丙 三 병 삼	戊 五 무 오	庚 七 경 칠	壬 九 임 구
五行 오행	木 목	火 화	土 토	金 금	水 수
陰 음	乙 二 을 이	丁 四 정 사	己 六 기 육	辛 八 신 팔	癸 十 계 십

2. 地支解說(지지해설)

子(자)는 鼠(쥐서), 丑(축)은 牛(소우), 寅(인)은 虎(범호), 卯(묘)는 兎(토끼면), 辰(진)은 龍(용용), 巳(사)는 蛇(뱀사), 午(오)는 馬(말마), 未

（미）는 羊（양양）, 申（신）은 猴（잔나비후）, 酉（유）는 鷄（닭계）,戌（술）은 犬（개견）, 亥（해）는 猪（돼지）이다.

그런데 사람들은 十二支（십이지）에 왜 짐승의 이름을 부쳤는가 하는 궁금증이 없지 않으리라고 보는 바이며, 人生（인생）운명학 연구에 또한 지나칠 수 없는 重要（중요）한 要素（요소）이기 때문에 그 概要（개요）를 說明（설명）한다.

원래 인생 운명판단상 가장 알기쉬운 판단을 하기 위하여 三十六種類（삼십육종류）의 짐승을 모아 活動（활동）상항과 사람의 日常生活（일상생활）에서 가장 가까웁고 그 機能,性格,强弱等（성능,성격,강약 등） 모든 질이 人生運命（인생운명）에 표현되기 쉬운 짐승 十二種（십이종）을 선택 하였다고 한다. 그리고 六十甲子（육십갑자）순환 운기에 맞는 짐승을 배열한 것이다. 十二支（십이지）에 各（각） 띠의 배속은 各支（각지）의 陰陽（음양）에 대하여 양지에는 양성적 동물을 배속 시켰고 음지에는 음성적 동물을 배속시켰다. 그런데 각 동물의 음양배속 구분은 주로 爪蹄（고제）, 발톱의 수를 나누어 奇偶（기우） 二, 四는 陰（음）, 三, 五는 陽（양）으로 定（정）하였다.

卽（즉） 발톱이 네개 있는 것은 陰（음）이요. 다섯개

있는 것은 陽(양)이다. 그래서 子寅辰午申戌(자인진오신술)은 陽(양)에 속하고 丑亥酉未巳卯(축해유미사묘)는 陰(음)에 속한다. 다시 말하면 강약은 음양으로 표시가 되며 十二種(십이종)에 짐승의 음양강약은 발톱으로서 表現(표현)된다는 것을 기본 상식으로 알아두기 바란다.

① 子(자)는 滋(자) 물부를자라고 한다. 子(자)는 만물의 밑에서 부터 시생한다. 冬至(동지)에 一陽(일양)이 始生(시생)하고 만물이 지하에서 滋生(자생)한다는 뜻으로서 씨가튼다는 意味(의미)도 갖고 있다.

즉 글자로 「了」음기가 도사리고 있는 곳에 「一」일 즉 一陽(일양)이 나타난 모양을 표시한 글자이다. 子(자)는 또한 干子(간자)가 靜(정)에서 바야흐로 動(동)으로 작용함을 의미함이다. 이 우주의 최초 물질은 子(자)이며 子는 즉 了(요)자에 一(일)자가 나타나 합쳐진 것과 같이 첫 아들이다.

天地初發聲(천지초발성) 「아」가 깃들은 「알」씨이며, 이 씨알(種子)은 모든 核(핵) 속에 머금어 있다. 그러므로 현대과학에서도 最大(최대)의 文句(문구)로서 이것을 核(핵)이니, 原子(원자)니, 電子(전자)니 하며 그 氣象(기상)과 力量(역량)을 표시하고 있는 것이다.

鼠(쥐)를 子(자)에 배속함은 쥐는 人跡(인적)이 끊어진 어둡고 침침한 곳에 암약하며, 물어들이고 물고 오는 동물이며, 또한 보통 짐승과는 달라 딴 짐승들은 어두운 곳을 보지 못하는데 反(반)하여 쥐는 어두운 곳을 잘 보는 짐승이며 활동도 잘 하므로 만사의 시초인 수리 一(일)과 같은 운기를 내포하며 秀麗(수려)하고 繁殖率(번식율)이 가장 많은 동물이란 것을 잊어서는 안된다.

따라서 쥐의 앞 발톱은 네개 陰(음)이고, 뒷발톱은 다섯개 陽(양)이다. 陰極(음극)에 一陽(일양)이 生(생)함으로 夜半子時(야반자시)에 쥐를 배속시켰으며 一陽이 始生(시생)하는 多至(동지)에 子月(자월)을 배속하는 것이며, 數(수)에 비하면 一數(일수)에 해당되며 또한 水(수)는 만사의 基源(기원)이요, 만물의 源泉(원천)이요, 原子(원자)이며 天干(천간)의 壬(임)과 동일한 것으로 陰陽上(음양상)으로 보아 陽水(양수)인 子水(자수) 卽(즉) 夫(부)가 처음 一(일)의 위치에서 자리잡고 있고, 亥水母(해수모)가 終(종) 極(극)의 위치에서 寅卯辰巳午未申酉戌(인묘진사오미신유술)을 보살펴서 육성함으로 만사가 이루어지고 消長盛衰(소장성쇠)의 복잡다단한 과정을 거쳐 마지

막에는 한정된 戌(술)을 지나 亥(해)의 終點(종점)
인 母體數(모체수)에서 終末(종말)을 걷게 된다. 그
러므로 우리 인생도 生覺(생각)해 보면 水(물)물에서
생겨 마지막에는 물(水)로 다시 돌아가고 만다.
(인체)가 죽으면(死) 부패되고 또한 분해되어 결국은
남는게 없으니 다시 물로 돌아간다는 것이다.

이상과 같이 十二支(십이지)는 始子(시자) 水(수)
終亥(종해) 水(수)의 生氣(생기)와 四季(사계)를
지키는 辰戌丑未(진술축미),. 土用(토용) 土(토)의 保
障(보장)으로 消長(소장)의 妙(묘)에 따라 千態萬
像(천태만상)의 변화가 이루어진다는 물리를 가지고 五
行易理研究(오행역리연구)에 착수해야 된다는 것을 말
해둔다. 여기는 姓名學(성명학) 연구에 필요한 범위에서
해설해 둔다.

② 丑(축)은 紐(유) 맺을유라고도 한다. 이 字(자)
는 맨다, 매운다는 뜻을 지니고 있다. 地中(지중)의 양
기가 아직도 성장하지 못하고 있는 상태에서이다. 즉 일
양이 겨우 陰(음)의 領域(영역)에 이르렀으나 아직
도 四陰(사음)이 抑押(억압)하고 있으므로서, 씨앗(
種子)는 싹트지 못하고 草木(초목)은 뻗어나지 못
한체 地中(지중)에 紐育(유육)으로 자유가 없다. 그

것은 어머니(母) 胎中(태중)에 胞胎(포태)된 胎兒(태아)가 태줄에 의해 유육됨과 같은 것이라 하겠다.

丑(축)에 牛(우)를 배속시킴은 易經(역경)에 보면 소가 업드려 있는 形狀(형상)으로 그려 놓았고, 伏(복)은 陰(음)이요, 업드린다는 動物(동물)을 말한 것으로 끈으로 매어서 사람에게 복종을 당하며 忍耐性(인내성) 있게 힘껏 일하면서도 칭찬받지 못하는 동물인 것이다.

이와 같이 점잖으면서도 인내적인 동물이 어떠 한 시기에는 앞발을 들고 일어서는 때도 있으며, 성질이 한번 나서 코를 부리기 시작하면 그 강렬함이란 동물중에 가장 강한 범(虎)도 물리치는 성격도 갖고 있는 것이다. 발굽은 둘로 쪼개져 있는 陰(음)이며 두개의 발톱형이 위에 붙어 있으며, 冬至(동지)인 子月(자월)에 일양이 시생되어 있는 十二月丑(십이월축)인 故(고)로 양기가 잠복되어 있는 양기시발의 陰土(음토)인 것이다.

③ 寅(인)은 螾(인) : 지렁이인이라고 한다. 螾(인)은 만물이 처음나서 꿈틀거림을 말한다. 冬期(동기)에 地中(지중)에서 厄紐(액유)하였던 초목의 종자가 이때에 뿌리를 生(생)하며 地面(지면)을 破(파)하고 꿈틀거리기 시작한다. 지렁이는 양기에 민감하고 屈身(굴신)에 능한 微生物(미생물)이다.

寅字(인자)는 그러한 음양의 상태를 形象(형상)한 글자이다. 모든 씨앗은 뿌리를 먼저 내리고 서서히 움트며 「집(門)」즉 갓을 뚫고 나온다.

寅(인)은 虎(호)이니 사나운 다섯개의 발톱을 가지고 있다. 寅(인)은 三陽(삼양)이 發現(발현)되는 位(위)에 있으므로 正月(정월)에 배속한 것이며, 그 성능은 四季(사계)를 先頭(선두)로 陽春(양춘)의 始初(시초)이다. 그리고 寅(인)의 성격은 自重(자중)지도 자존심과 沈着(침착)의 기질이 함유되어 있으므로 그 이면으로는 打算的(타산적)인 점도 내포하고 있다는 것을 말해둔다.

④ 卯(묘)는 冒(모)라고도 한다. 卯(묘)에서 부터 양기가 점점 進出(진출)하여 四陽(사양)까지 昇(승)함으로 종자는 활발히 싹을 터서 地表(지표)로 솟아 나온다. 즉 인간이 胎養期(태양기)를 끝마치고 바야흐로 탄생하는 것과 다름이 없다. 즉 卯(묘)는 卵(난) 알의 陰(음)이 「○○」사라지고 밖으로 솟는다는 뜻이며 또한 「宀」갓집을 破(파)한다는 뜻을 지닌 글자이다. 그러므로 이자에 天破(천파)의 뜻을 붙인 까닭도 이러한 이치(理致)에서 이며, 丑字(축자)에 天厄(천액)이라함도 모두 여기에 유인하는 생각에서 이름한 것이다.

卯(묘)는 兎(면)토끼이니 토끼는 입술이 째지고 네 개의 발톱을 가졌으므로 陰木(음목)인 것이다. 卯(묘) (토끼)에 배속한 것은 卯木(묘목), 苗木(묘목)은 잔 (小)소나무요, 寅木(인목)은 왕소나무이다. 그러므로 卯(묘)인 토끼는 잔 솔밭이나 잔 수풀에서 잘 살며, 二月(이월)을 토끼에 배속한 것은 봄「二月(이월)」이 되면 날씨가 풀리면서 따뜻해지므로 토끼의 다리에 힘이 세어져서 잘 뛰어다니는 것과 마찬가지로 우리인생도 힘이 소생함과 동시에 방안에 들어앉아 있기가 싫으며 나 돌아다니게 되는것도 우리 눈에 보이는 실정인 것이다. 또한 토끼는 입술이 없으며 입술은 水宮(수궁)에 속하는데 입술이 없는 토끼를 二月(이월)에 배속함은 입술이 없는 대신 물을 먹으면 죽으며(死) 역시 물이 묻어 있는 풀을 먹어도 죽는다.

그러기 때문에 晴明(청명)하며 풀도 많이 나 있지 않는 二月(이월)에 卯(토끼)를 배속시켰다. 토끼의 성품은 겁이 많고 놀래기 잘 하며 가장 조심한 동물인 것은 우리들의 주위 환경에서 볼 수 있다.

⑤ 辰(진)은 進(진)이라고도 한다. 萬物(만물)이 모두 舒進(서진)하며 進出(진출)한다는 뜻으로 陽氣(양기)는 五位(오위)까지 오르고, 地表(지표)에서

草木(초목)이 완전 독립하며 자라는 것이다. 하루에 비하면 아침 七(7)시에서 九(9)시까지 이며, 東方(동방)에 太陽(태양)이 솟아 서서히 하늘을 거니는 것과 같다. 그것은 사람의 **少年時節**(소년시절)이다. 그러므로 만물도 이때에 완전히 옷을 갖추지 못하였으므로「尸氏」완전히 성장한 依冠(의관)을 갖추지 못한 상태의 글字(자)인 것이다.

辰(진)에 龍(용)을 배속함은 다섯개의 발톱을 가졌으며, 五陽(오양)이 勝(승)하면 陽氣(양기)가 **飛昇**(비승)함을 龍(용)에 상징하였다. 용은 양성적 동물인 것이며 春(춘)의 陽氣(양기)가 旺(왕)하여 夏節(하절 여름)로 變化(변화)시키는 三月(삼월)이기 때문에 **變化無双**(변화무쌍)하다. 變化(변화)는 분기점인 三月(삼월)에 배속함도 여기에 이유가 있는 것이며, 인생도 그와 같아서 **家庭的**(가정적)으로도 變化(변화)가 많은 것이 通例(통례)이다.

⑥ 巳(사)는 己(기)(이미기, 며칠기)라고도 한다.
陽氣(양기)가 六陽(육양)의 極(극)까지 發伸(발신)하여 草木(초목)의 성장이 이미 끝나고 먼산에 아지랭이와 노을이 끼며 滿山(만산)에 꽃이 피는 四月(사월)에 이른 것이다.

이제 양기는 그 **用事**(용사)를 모두 마치고 찾자 그 자리에서 절 준비를 하며 조금 있다가 물러설 단계의 차비를 하고 있다. 巳(사)의 뜻은 이와 같은 것이다. 巳(사)에 **蛇**(사)를 배속함은 뱀은 두개의 혀(舌)를 가지고 있으며, 三月三日(삼월삼일)에 나와서 九月戌月(구월술월)에 땅속으로 들어간다. 그러므로 **陽氣**(양기)를 내포한 혀(舌)가 두개 있는 **陰氣**(음기)의 동물임으로 **火旺之節**(화왕지절)인 여름철 四月(사월)에 巳를 배속한다. 그러므로 **辰戌相冲, 巳戌元嗔**(진술상충 사술원진)이란 이유로 三月에 나와 四月에 배속된 뱀은 九月(戌月)에 땅속으로 들어가지 않으면 안되는 九月(戌)임으로 戌을 꺼리는데서 **冲**(충)과 **元嗔**(원진)이라 하는 것이며, 그 빛은 깨끗하고 화려함으로 巳(사)火(화)의 **氣品**(기품)은 사치 또는 화려함을 좋아한다.

⑦ 午(오)는 **忤**(오) 찔오라고도 한다. 음과 양이 **交化**(교화)하며 **相忤**(상오)한다는 뜻이다. 양극에서 一陰(일음)이 **始感**(시감)함은 五月夏至(오월하지)부터이다. 正午에 태양이 **南冲**(남충)하면 일음이 일양과 **相忤**(상오)하여 **交贅**(교체)한다. 즉 음이 양의 **領域**(영역)인 경계점으로 들어선 것으로, 인간으로 말하면 배우자를 얻어 자손 생식의 임무에든 연령기와 같다

는 뜻이다.

午(오)는 말이다. 午(오)는 正午(정오)시와 같이 태양열이 가장 강력한 때이며, 五月에 午(말)를 배속했음은 午(오), 火(화), 氣(기)를 받은 동물이며 사람과 같이 강렬하고 거센 태양열과도 같은 精氣(정기)를 받은 것이며, 또한 夏至(하지)를 지나면 陽氣(양기)가 차츰 식어가는 것과 마찬가지로 곧 풀려지기도 쉬운 성격이 있다.

특히 女子(여자)에게 말띠를 꺼리는 것은 本來(본래) 말은 사람이 올라타게 되여있는 짐승이며, 또한 보통말은 이사람 저사람이 올라타게 되어있는 짐승이라 여자의 경우로 미루어 생각할때 그래서 꺼리게 되는 것이다. 한편 말은 뛰는 짐승이라 해서 驛馬性(역마성)이라 했고, 天驛(천역)의 말로서도 부르게 되었다. 그러나 그 반면에 말은 옛날에는 사회적으로 지위가 높은 사람이나 탈수 있었으며 특히 仙人(선인)이나 君子(군자)가 타는 極貴(극귀)한 말은 대개가 白馬(백마)였다. 그와 같은 귀성(貴星)임으로 귀부인이 되지 못하면 剋天(극천)한다. 이와 같은 이유에서 백마라 하면 더욱 꺼려하는 것이며 잘되면 귀부인이요, 못되면 이사람 저사람이 같아 타는 경우를 생각하며, 女子일 경우 나쁘다는 理論(이론)이 나온 것이다. 그리고 말이라는 짐승은 장식과 사치로써 화려하게 꾸며서 타고 다니는 짐승임으로 午氣(오기)의 성품도 또한 이와 흡사하다. 사치와 호화유흥등에 접근되기 쉬운 氣(기)가 있는 것이다.

⑧ 末(미)는 味(미)라고도 한다. 正午(정오)의 태양이 西域(서역)으로 기울어 차차 向迷(향미)함으로 陰暗(음암)이요, 그것은 四陰(사음)과 二陰(이음), 三陽(삼양)과 三陽一(삼양일)과 五二三六(오이삼육)이 對決(대결)하는 六月(육월)이다. 이 글자 末(미)는 아니다, 못하다 하는 뜻을 지니고 있으며 味惑(미혹)되는 시간이다. 양이 음에 자리를 옮겨주나 아직 끝까지 옮겨주지 못하여 陰(음)에 迷惑(미혹)되고 있다. 完全(완전)히 옮겨준 글자가 못된다. 末(미)는 羊(양)이다. 羊(양)은 順(순)하고 소와 같이 젖을 갖고 있다. 양의 발톱은 쪼개져 있으며, 末는 十二支에 자리에서 볼때 丑(축)의 對沖(대충)이다. 양은 눈동자가 없다. 그러므로 十二個月(십이개월) 中間者(중간자)로 十二月과 맞서서 陽氣(양기)를 거두어 들이기 시작하는 六月(육월)에 배속하였다.

⑨ 申(신)은 身(신)이라고도 한다. 즉 만물이 모두 體骨(체골)을 갖추어 이룬다는 것이다. 이때는 三陽三陰(삼양삼음)으로 제각기 상응한 짝을 얻은 상태이다.

草木(초목)은 이때 결실을 한다. 申字(신자)의 의
의는 편다 伸(신),거듭 말한다, 밝힌다는 것으로 陰陽(
음양)이 한몸을 갖추고 허리를 쭉 펴고 기지개를 편다는,
즉 밭(田) 가운데에서 아래로(甲갑) 뿌리를 박고
위로(由유) 올라온 像(상)의 글자인 것이다. 甲(갑)
의 오름에 對(대)하여 結實(결실)의 제 2기이며,甲字
(갑자)를 거꾸로 한것이 由(유), 由字(유자)로 나
무(木)에 매달린 열매(實)모양이며 아래로 뒤집어
놓으면 甲字(갑자)이다. 申(신)은 잔나비이니 잔나비
는 다섯개의 발톱을 갖고 있다. 十二種(십이종)의 짐
승가운데 다섯개의 발톱을 갖고 있는 범(虎)과 對冲位
(대충위)에 있으며, 범은 一月에 배속하고 申(신)은
七月에 배속함도 이와같은 이유이다. 申(신)은 다섯개
의 발가락을 갖고 있으므로 해서 그 智能(지능)이 사
람과 흡사하여 영리하며 강경하고 지능적인 동물이다.

⑩ 酉(유)는 緧(수):앞발잡아맬수 라고도 한다.
酉(유)는 만물이 모두 수축되어 收歛(수검)한다는 뜻
이다. 陽은 쇠하고 만물이 老(노)하여 이제 정돈단
계에 들어 갔음으로 결실이 이루어진 것을 採取(체취)
하여 거두는 狀態(상태)이다. 때는 음력 八月에 해당
되며 즉 해가 서산(西山)으로 넘어 가는 광경이며, 一陽

日(일양일)에 해가 西方(서방)으로 들어가는 字요. 西字
(서자) 안에 一字(일자)가 들어 있는 글자임으로 酉時(
유시)에 해가 지기 시작하고 닭이 오른다. 또는 해가
저야 마신다는 것이 술이라 해서 酉(유)변에 물수(氵)
를 加(가)한 것이다. (酒주)

  酉字(유자)의 意義(의의)는 익는다, 나아간다, 서
쪽이란 뜻이 있으며 秋收期(추수기) 즉 거두어들이는
時는 베고, 때리고, 찍어 거두어 들이는 뜻이 있으므로 酉
(유)에 天刃(천인)을 붙인것은 그 이유가 여기에 있
을 것이다. 酉(유)는 닭이다. 酉(유)에 닭을 배속함
은 酉(유)는 陰支(음지)로써 닭은 저녁때 해에 오른
다. 닭의 발톱은 네개이며 싸움 잘 하는 장닭은 위에 발
톱이 하나 더 붙어 있어 그 성질은 강렬하다. 한편 그
닭은 입이 뽀족하여서 모든 것을 찍고 깨트리고 부수기를
잘 하는데 酉(유)는 상처와 수술을 상징하기도 한다.
그러므로 그 質(질)은 天刃(천인)이라, 一時的 分離 分
散之意(일시적 분리 분산지의)도 내포되어 있는 법이다.

  ⑪ 戌(술)은 滅(멸)이라고도 한다. 즉 戌(술)은
만물이 모두 衰滅(쇠멸)하였다는 뜻으로서 晩秋(만추)
에 옮기면 더욱 旺(왕)하고, 초목은 凋落(조락) (떨어
진다)하며, 蟄生(칩생)벌레는 冬眠(동면)에 들고, 或

-250-

(혹)은 死滅(사멸)한다. 戌(술)은 九月이며 九月에
는 뱀(蛇)이 땅속에 들어가 冬眠(동면)하는 시기로
(辰 巳), 三.四月에 나왔던 모든 동물들이 九月부터
활동을 못하게 됨으로 巳(사) 四月, 戌(술) 九月은 元
嗔(원진)이라고도 한다.

그러므로 이 字(자)는 때려부순다는 뜻을 가지고 있
다. 伐字(벌자)는 亻(사람인) 사람이 (戈 창과)를
들고 치는 字라 해서 (伐벌) 칠벌字요, 戌字(술자)는
亻(인)변을 (陽) 넘어트려 놓은 亻(인)변의 字다.
그러므로 亻(인)변(陽)과 창(戈)을 합쳐서 戌字
(술자)가 됨으로, (창戈)으로 亻(인)사람을 몰아낸
다. 즉 사람은 一陽(일양)이기에 양을 몰아내는 글자
이다. 그러기에 亻(인)변과 창과(戈)字를 合(합)쳐
보면 칠벌(伐)字가 되기도 하며, 이 칠벌 의 亻(인)
변을 옆으로 쓰면 戌(술), (亻), (戈)가 됨으로 陰
(음)이 一陽(일양)을 부수고 陰氣上昇(음기상승)하기
시작한다는 글자인 것이다. 戌(술)은 犬(견)개 이다.
개는 開(개)이다. 즉 陽閉(양폐)요 陰開(음개) 라는
뜻이 있다. 戌(술)은 개에다 배속함은 戌(개)는 다섯
개의 발톱을 가졌으며, 戌(술)시부터 개는(犬) 사나
워지며 그 임무를 시작한다. 또한 九月에 배속함도 단풍
드는 가을, 즉 음이 승하고 양이 잠복되어 가는 시기이기

때문인 것이며 그 성질은 지능적이며 영리한 반면에 은 근히 강렬하다.

⑫ 亥(해)는 閡(닫힐애)(닫힌다는 뜻)이라고 한다. 즉 양기가 갇히여 아래로 기우니 양기를 門(문)안에 가둠을 뜻한다. 이 亥(해)는 地支(지지)의 끝 字(자)로서 子는 이 亥中(해중)에 妊娠(임신)되고, 이 亥(해)는 다시 양의 시생함에 따라 고요한 分娩作用(분만작용)을 하며 子(자) 시동함을 살펴준다.

그러므로 亥子(해자)는 陰陽(음양)의 시종의 입장에 있으며, 亥子(해자)는 곧 우주의 어린아이인 만물(孩)을 낳아서 기르는 것이니,나머지 十支(십지)는 그 過程(과정)에 不過(불과)하다. 오늘날 核分裂(핵분열)의 무서운 파괴의 힘은 바로 이 亥(해)를 부수는 수단이다. 즉 강력한 巳火(사화)를 利用(이용)한 셈이다.

亥(해)는 猪(돼지)이다. 돼지의 발톱은 갈라져 있다. 그러므로 亥(해)는 음수이며 一年中(일년중) 음기가 활동하는 十月(시월)에 立冬(입동)을 배속시켰고,立冬(입동)에는 모든 사물이 잠복해가는 시기임으로 그 氣(기)는 음중의 음이며 모든것을 안으로 끌어들이는 抱容性(포용성)도 가지고 있는 것이다. 그리

고 그 포용성은 어머니와 같은 성격으로 쥐와 돼지가 새
끼를 많이 낳는것도 여기에 **緣由**(연유)한 근거이다. 한
편 모든 사물이 잠복한다는 논으로는 잠잘 잔다는 말도
포함되는데 먹고 자고 먹으면, 또 잠자는 동물이 돼지인
까닭으로 잠잘자는 사람보고 돼지같은 사람이라고 칭하
는 것도 여기에서 나온듯 하다. 이로써 대략 十干과 十
二支의 각기 배속된 음양 성질을 각종 동물과 구분하여
설명한 것이다.

제 五편 四柱와 姓名

제1장 四柱와 干支 (四柱定하는 法)

1˚. 四柱와 干支 (十干) (十二支)

四柱推命學 (사주추명학) 에서는 사람의 生年, 生月, 生日 및 生時의 干支 (간지) 가 상호 작용하여 그 운명을 좌우하는 것으로 본다. 각 생년, 월, 일, 시는 간지 두글字 (자) 로 되어 있으므로 총 八字 (팔자) 가 된다. 그래서 사람의 운명을 四柱八字 (사주팔자) 라고 하는 것도 여기에 기인한다.

◎ 사주추명학에 있어서는

   ○ 년의 간지를 년주 (年柱)

   ○ 월의 간지를 월주 (月柱)

   ○ 일의 간지를 일주 (日柱)

   ○ 시의 간지를 시주 (時柱) 라 한다.

◎ 十干

十干에는 甲乙丙丁戊庚辛壬癸 가 있고 十干에도 다시 陽干과 陰干 (양간과 음간) 으로 분류된다.

	木	火	土	金	水
양 간 =	甲	丙	戊	庚	壬
음 간 =	乙	丁	巳	辛	癸

◎ 十二支

十二支에는 子 丑 寅 卯 辰 巳 午 未 申 酉 戌 亥 가 있고 十二支에도 陰支와 陽支로 분류된다.

오 행 =	木	火	土	金	水
양 지 =	寅	午	辰戌	申	子
음 지 =	卯	巳	丑未	酉	亥

◎ 양간과 양지, 음간과 음지를 순차로 각각 종합하면 소위 육십갑자(六十甲子)가 된다.

간과 지의 결합에 있어서 양간과 음지, 음간과 양지는 결합되는 일이 없다. 예컨데 甲丑이나 乙寅의 결합은 될 수 없다. 간지의 결합은 위에 말한 六十종이다.

六十甲子表 (육십갑자표)

甲子	乙丑	丙寅	丁卯	戊辰	己巳	庚午	辛未	壬申	癸酉
甲戌	乙亥	丙子	丁丑	戊寅	己卯	庚辰	辛巳	壬午	癸未
甲申	乙酉	丙戌	丁亥	戊子	己丑	庚寅	辛卯	壬辰	癸巳
甲午	乙未	丙申	丁酉	戊戌	己亥	庚子	辛丑	壬寅	癸卯
甲辰	乙巳	丙午	丁未	戊申	己酉	庚戌	辛亥	壬子	癸丑
甲寅	乙卯	丙辰	丁巳	戊午	己未	庚申	辛酉	壬戌	癸亥

2. 생년의 干支 정하는 법

　각 간지의 의미가 무엇인가안 다음은 생의 년,월,일,시의 干支(간지)를 어떻게 정하는가를 알아야 한다.

　이것은 보통 만세력(萬歲歷)에 의하여 정하는데 사주학이나 기타 역할을 연구하는 사람은 항상 만세력과 년력을 준비하여 가지고 있어야 한다.

　사주의 간지를 정하는데 있어서 우선 年(년)의 간지부터 정하는 것이 순서이다.

　년의 간지는 정하기가 가장 용이한데 서기 1927 년 생의 간지는 금년의 간지로 부터 생년에 이르기까지 六十甲子(육십갑자)를 거꾸로 더듬어 가면 된다.

　예를 들면 西紀 1929 년생의 간지를 알려면 금년(서기 1987 년)부터 五十九년전에 해당하므로 금년의 간지 丁卯를 기준으로 하여 육십갑자의 순을 역으로 丙寅 乙丑 甲子 癸亥 壬戌 辛酉 庚申 己未 戊午 丁巳 丙辰 乙卯 甲寅 順으로 짚어가면 己巳가 서기 1929 년에 해당된다. 五十九년前의 干支(간지)를 알 수 있다.

　여기 주의할 점은 만세력의 생년(生年)은 陰歷(음력)을 표준으로 하여 정한 것이며, 구년(舊年)과 新年(신년)의 구별은 正月(정월) 초하루를 표준으로 하는 것이 아니라 입춘(立春)을 기준으로 하는 것이다.

　그러므로 다 같이 서기 1987 년에 출생한 사람이라

도 입춘(立春)전에 출생한 때는 년지는 丁卯가 아
니라 서기 1986년의 간지인 丙寅이 된다.

또 입춘(立春) 당일에 출생한 경우라도 그 해의
간지(干支)를 쓸 것인가, 그 전해의 간지를 쓸 것인가
는 입춘 질입의 시각(時刻)에 의하여 결정된다.

만약 오후 三에 절이 바뀐다면 3시전에 출생한 사
람은 입춘일에 출생하였다 하더라도 전년(前年)의 간
지(干支)를 쓰게 된다. 이점에 대하여 특히 주의요!

3. 생월(生月)의 간지 정하는 법

生月(생월)의 간지는 만세력에 있는 月建(월건)
에 의한다. 생월의 간지를 정함에 있어 주의해야할 것은
년(年)의 간지를 정할 때 立春(입춘)을 기준으로 하
듯이 각월의 간지를 정함에 있어서도 節入(절입) 시기
를 표준으로 한다.

고로 가령 서기 1987년 3월 5일생의 사람은 3월의
절입이 3월 8일 淸明(청명)시 부터이므로 생일의 간
지는 3월의 月建(월건) 甲辰에 의하나 3월 5일생의
사람은 비록 3월달에 출생하였더라도 淸明(청명)전이
므로 2月의 月建(월건)인 癸卯로 그 생월의 간지를
삼는다.

○ 각월의 절입시기

一月……입춘（立春）　　　二月……경칩（驚蟄）

三月……청명（清明）　　　四月……입하（立夏）

五月……망종（茫種）　　　六月……소서（小暑）

七月……입추（立秋）　　　八月……백로（白露）

九月……한로（寒露）　　　十月……입동（立多）

十一月……대설（大雪）　　十二月……소한（小寒）

각 절입 시는 만세력에 기입되어 있음.

月支（월지）는 어느 해를 막론하고 고정되어 있으므로 이를 암기해 두면 된다.

一月의 월지…… 寅　　　二月의 월지…… 卯

三月의 월지…… 辰　　　四月의 월지…… 巳

五月의 월지…… 午　　　六月의 월지…… 未

七月의 월지…… 申　　　八月의 월지…… 酉

九月의 월지…… 戌　　　十月의 월지…… 亥

十一月의 월지…… 子　　十二月의 월지…… 丑

이상이 매월의 고정 월지이다.

다음 월간도 일정한 법칙에 의하여 정해진다.

오행에 간합（干合）이 있는데 다음과 같다.

甲巳合（土）　　乙庚合（金）　　丙辛合（水）

戊癸合（火）　　丁壬合（木）

◎ 다음 月干支早見表（월간지 조견표）를 제시하니 참고하시오

◎ 매월의 간은 그 년간의 **五行**（오행）을 **生**하는 **五行中 陽干**（양간）부터 시작한다.

예컨데 **甲巳**가 **年干**（년간）인 해는 **土**를 **生**하는 것은 **火**이므로 **丙丁戊巳** …… 순으로 **月干**（월간）이 시작된다. 따라서 **甲**이나 **巳**의 간을 가진 해에 있어서 **正月**（정월）의 간지는 **丙寅**, 二月의 간지는 **丁卯**, 三月의 간지는 **戊辰**, 四月의 간지는 **己巳**, 五月의 간지는 **庚午**가 된다.

여러분의 이해를 돕기 위해 다른 예를 들어보면 **癸卯**년의 매달의 간지는 **戊癸**의 간합이 **火**（화）이므로 **火**를 **生**해주는 것은 **木**이므로 **木**의 **陽干**（양간）인 **甲**으로 부터 시작된다.

따라서 **正月**의 간지는 **甲寅**이요, 二月의 간지는 **乙卯** 三月의 간지는 **丙辰**이고, 四月의 간지는 **丁巳**, 五月의 간지는 **戊午**, 六月의 간지는 **己未**이며, 七月의 간지는 **庚申**이 된다. 이러한 순으로 정해지는 것이다.

일간지 조견표 (月干支 早見表)

月 \ 年間 · 節入日	1月 立春	2月 驚蟄	3月 淸明	4月 立夏	5月 芒種	6月 小暑	7月 立秋	8月 白露	9月 寒露	10月 立冬	11月 大雪	12月 小寒
甲己年	丙寅	丁卯	戊辰	己巳	庚午	辛未	壬申	癸酉	甲戌	乙亥	丙子	丁丑
乙庚年	戊寅	己卯	庚辰	辛巳	壬午	癸未	甲申	乙酉	丙戌	丁亥	戊子	己丑
丙辛年	庚寅	辛卯	壬辰	癸巳	甲午	乙未	丙申	丁酉	戊戌	己亥	庚子	辛丑
丁壬年	壬寅	癸卯	甲辰	乙巳	丙午	丁未	戊申	己酉	庚戌	辛亥	壬子	癸丑
戊癸年	甲寅	乙卯	丙辰	丁巳	戊午	己未	庚申	辛酉	壬戌	癸亥	甲子	乙丑

4. 生日의 支干 정하는 법

生年(생년) 및 生日(생일)의 干支(간지)를 구하기는 이상 설명한 것과 같이 用意(용이)하나, 생일의 干支는 生年時 달력없이 알기는 불가능하다. 그러나 현실에 있어서 생년의 달력을 후일에 구하기는 사실상 곤란하므로 생년의 간지는 萬歲歷(만세력)에 의하는 수 밖에 없다. 고로 독자 여러분은 만세력을 보는 법과 生日의 간지 정하는 법에 익숙해져야 된다.

5. 生時의 干支 定하는 法

生時(생시)의 干支는 월주(月柱)의 간지와 같이 時支(시지)는 항상 一定(일정)하고 時干(시간)은 일간(日干)에 의하여 결정된다.

四柱(사주)에 있어서의 時(시)는 오늘날 우리들이 쓰는 시간과 다르다. 즉

子時……전일오전 十一時…… 당일오전 一時
丑時…… 당일오전 一時 …… 오전 三時
寅時……오전 三時 …… 오전 五時
卯時……오전 五時 …… 오전 七時
辰時…… 오전 七時 ……… 오전 九時
巳時…… 오전 九時 ……… 오전 十一時
午時…… 오전 十一時 …… 오후 一時

未時‥‥‥ 오후一時 ‥‥‥ 오후三時
申時‥‥‥ 오후三時 ‥‥‥ 오후五時
酉時‥‥‥ 오후五時 ‥‥‥ 오후七時
戌時‥‥‥ 오후七時 ‥‥‥ 오후九時
亥時‥‥‥ 오후九時 ‥‥‥ 오후十一時
子時‥‥‥ 오후十一時 ‥ 오전一時순으로 진행된다.
（현재시간 定法에 三十分 短縮함을 알아야 한다.）

◎ 時干의 표시는 만세력에 쓰여져 있지 아니하므로 다
음의 시간조견표를 참조할 것.

이렇게 해서 여러분은 四柱의 年,月,日,時 의 干支를 구
하는 법을 다 알았는 것이다.

四柱의 干支는 사람의 운명을 판단함에 있어서 기준되
는 것이므로 만일 八字（팔자）중에 하나만 틀려도 전
혀 다른 운명이 판단되는 것입니다.

그러므로 여러분은 신속 정확하게 四柱의 간지（干支）
를 찾아내도록 수련을 쌓아야 합니다.

시간지 조견표 (時干支 早見表)

일지\시간	子	丑	寅	卯	辰	巳	午	未	申	酉	戌	亥
甲己日	甲子	乙丑	丙寅	丁卯	戊辰	己巳	庚午	辛未	壬申	癸酉	甲戌	乙亥
乙庚日	丙子	丁丑	戊寅	己卯	庚辰	辛巳	壬午	癸未	甲申	乙酉	丙戌	丁亥
丙辛日	戊子	己丑	庚寅	辛卯	壬辰	庚巳	甲午	乙未	丙申	丁酉	戊戌	己亥
丁壬日	庚子	辛丑	壬寅	癸卯	甲辰	乙巳	丙午	丁未	戊申	己酉	庚戌	辛亥
戊癸日	壬子	癸丑	甲寅	乙卯	丙辰	丁巳	戊午	己未	庚申	辛酉	壬戌	癸亥

干合과 支의 刑沖破害

○ 天干合

1. 甲己合　土　　　2. 乙庚合　金

3. 戊癸合　火　　　4. 丁壬合　木

5. 丙辛合　水

○ 地支　三合

1. 寅午戌合　化火局　　2. 申子辰合　化水局

3. 亥卯未合　化木局　　4. 巳酉丑合　化金局

○ 地支　六合

1. 子丑合　土　　　2. 寅亥合　木

3. 卯戌合　火　　　4. 辰酉合　金

5. 巳申合　水　　　6. 午未不變

○ 三合會局

申子辰	巳酉丑	寅午戌	亥卯未
三合水局	三合金局	三合火局	三合木局

○ 地支相沖

子午	丑未	寅申	卯酉	辰戌	巳亥
沖	沖	沖	沖	沖	沖

○ 地支相害

子未	丑午	寅巳	辰卯	申亥	酉戌
害	害	害	害	害	害

○ 地支相破

子酉	丑辰	寅亥	卯午	巳申	戌未
破	破	破	破	破	破

天干主星早見表

六神＼日干	甲	乙	丙	丁	戊	己	庚	辛	壬	癸
比肩	甲	乙	丙	丁	戊	己	庚	辛	壬	癸
劫財	乙	甲	丁	丙	己	戊	辛	庚	癸	壬
食神	丙	丁	戊	己	庚	辛	壬	癸	甲	乙
傷官	丁	丙	己	戊	辛	庚	癸	壬	乙	甲
偏財	戊	己	庚	辛	壬	癸	甲	乙	丙	丁
正財	己	戊	辛	庚	癸	壬	乙	甲	丁	丙
偏官	庚	辛	壬	癸	甲	乙	丙	丁	戊	己
正官	辛	庚	癸	壬	乙	甲	丁	丙	己	戊
偏印	壬	癸	甲	乙	丙	丁	戊	己	庚	辛
印綬	癸	壬	乙	甲	丁	丙	己	戊	辛	庚

地干主星早見表

六神＼日干	甲	乙	丙	丁	戊	己	庚	辛	壬	癸
比肩	寅	卯	巳	午	辰戌	丑未	申	酉	亥	子
劫財	卯	寅	午	巳	丑未	辰戌	酉	申	子	亥
食神	巳	午	辰戌	丑未	申	酉	亥	子	寅	卯
傷官	午	巳	丑未	辰戌	酉	申	子	亥	卯	寅
偏財	辰戌	丑未	申	酉	亥	子	寅	卯	巳	午
正財	丑未	辰戌	酉	申	子	亥	卯	寅	午	巳
偏官	申	酉	亥	子	寅	卯	巳	午	辰戌	丑未
正官	酉	申	子	亥	卯	寅	午	巳	丑未	辰戌
偏印	亥	子	寅	卯	巳	午	辰戌	丑未	申	酉
印綬	子	亥	卯	寅	午	巳	丑未	辰戌	酉	申

◎ 六神의 表出方法（육신의 표출방법）

육신（六神）은 비견, 겁재, 식신, 상관, 편재, 정재, 편관, 정관, 편인, 인수의 십종이 있는데 일간（日干）과 他柱（타주）의 천간（天干）을 대조한 때에는 천성（天星）이라 하고, 일간（日干）과 지지（地支）를 대조한 때에는 지성（地星）이라고 한다.

따라서 육신（六神）에는 천성（天星）과 지성（地星）두 가지가 있다.

○ 천성（天星）인 육신 찾는법

○ **비견**은 일간과 오행이 동일하고 음양이 또한 같은것

○ **겁재**는 일간과 오행이 동일하나 음양이 다른 것

○ **식신**은 오행상 일간이 생하는 것으로 음양이 같은 것

○ **상관**은 일간이 생하는 것으로 음양이 다른 것

○ **편재**는 오행상 일간이 극하는 것으로 음양이 같은 것

○ **정재**는 일간이 극하는 것으로 음양이 다른 것

○ **편관**은 오행상 일간을 극하는 것으로 음양이 동일한 것

○ **정관**은 일간을 극하는 것으로 음양이 다른 것

○ **편인**은 오행상 일간을 생하는 것으로 음양이 동일한 것

○ **인수**는 일간을 생하는 것으로 음양이 다른 것

위의 열개 항목을 암기해 두면 즉각 육신을 알 수 있다.

○ **지장간（地藏干） 지성（地星） 표출법**

지장간은 계절（季節）에 따라 여기, 중기, 정기의 간（干）을 교대로 취하여야 한다는 主張（주장）도 있으나 계절의 하시를 막론하고 地支（지지）의 오행을 표시하는 정기（正氣）의 干（간）으로써 지지가 干化（간화）된 것으로 함이 타당하다. 이것이 간결하면서도 오행（五行）의 원리에 부합하며 또 널리 쓰여지고 있다.

○ 지장간 정기의 표출방법

○ 子의 正氣는 癸

○ 丑의 正氣는 己

○ 寅의 正氣는 甲

○ 卯의 正氣는 乙

○ 辰의 正氣는 戊

○ 巳의 正氣는 丙

○ 午의 正氣는 丁

○ 未의 正氣는 己

○ 申의   正氣는   庚

○ 酉의   正氣는   辛

○ 戌의   正氣는   戊

○ 亥의   正氣는   壬이다.

" 例 "   己巳년   八月 二十一日   戊時生   六神表出方式

四柱	간지	장간	천성	지성
년	己巳	（丙）	정관	편재
월	癸酉	（辛）	겁재	인수
일	壬申	（庚）		편인
시	庚戌	（戊）	상관	편관

장간분야표(藏干分野表)

氣 \ 支	子	丑	寅	卯	辰	巳	午	未	申	酉	戌	亥
여 기	壬 一〇·三五	癸 九·三〇	戊 七·一二三	甲 一〇·三五	乙 九·三〇	戊 五·一七	丙 一〇·三五	丁 九·三〇	己 七·一〇	庚 一〇·三五	辛 九·三〇	戊 七·一二三
중 기		辛 三·一〇	丙 七·一二三		癸 三·一〇	庚 九·三〇	己 九·三〇	乙 三·一〇	壬 三·一〇 戊 三·一〇		丁 三·一〇	甲 五·一〇
정 기	癸 二〇·六五	己 一六·六〇	甲 一六·五四	乙 二〇·六五	戊 一八·六〇	丙 一六·五二	丁 一一·二五	己 一八·六〇	庚 一七·六〇	辛 二〇·六五	戊 一八·六〇	壬 一八·六〇

十二運星 早見表

運星 / 生日	장생	목욕	관대	건록	제왕	쇠	병	사	묘	절	태	양
甲 日	亥	子	丑	寅	卯	辰	巳	午	未	申	酉	戌
乙 日	午	巳	辰	卯	寅	丑	子	亥	戌	酉	申	未
丙戊日	寅	卯	辰	巳	午	未	申	酉	戌	亥	子	丑
丁巳日	酉	申	未	午	巳	辰	卯	寅	丑	子	亥	戌
庚 日	巳	午	未	申	酉	戌	亥	子	丑	寅	卯	辰
辛 日	子	亥	戌	酉	申	未	午	巳	辰	卯	寅	丑
壬 日	申	酉	戌	亥	子	丑	寅	卯	辰	巳	午	未
癸 日	卯	寅	丑	子	亥	戌	酉	申	未	午	巳	辰

地支의　刑沖破害（형충파해）

1. 형（刑）

干合（간합）　및　三合　육합은　十二地支가　서로　**親和牽引**（친화견인）하는　것을　표시한데　반하여

앞으로　설명할　刑（형）, 沖（충）, 破（파）, 害（해）는　地支（지지）가　서로　**相剋排斥**（상극　배척）하는　것을　표시하는　것이다.

그러나　五行의　상극과　이, 형, 충, 파, 해가　다른　점은　전자는　五行의　성질이　서로　배반한다는　것은　단적으로　표시한데　대하여, 후자는　이를　보다　세부적으로　분석　복잡화한　것인　관계상　지지　상호간의. 상극을　그　극해（**剋害**）정도에　따라　刑（형）, 沖（충）, 破（파）, 害（해）로　분류한　것이다.

① 지세지형（**持勢之刑**）

　　寅－巳　巳－申　申－寅

② 무은지형（**無恩之刑**）

　　丑－戌　戌－未　未－丑

③ 무예지형（**無禮之刑**）

　　子－卯　卯－子

④ 자형（自刑）

　　辰－辰　午－午　酉－酉　亥－亥

-275-

이와 같은 刑(형)이 四柱(사주)속에 있으면 예컨데 生日(생일)의 日支(일지), 즉 지지가 寅이고 生月(생월)의 지지가 巳이면 일지가 월지를 刑(형)하는것이 된다.

2. 沖(충)

형,충,파,해는 결국 오행상극의 세분화요. 서로 배반되는 오행의 극해 정도의 표시인데 그 극해의 정도가 가장 심한 것이 이 충이다. 충에는 다음의 여섯 가지가 있다.

子－午 丑－未 寅－申 卯－酉 辰－戌 巳－亥

3. 破(파)

파(破)는 다음과 같다.

子－酉 午－卯 申－巳 寅－亥 辰－丑 戌－未

4. 害(해)

害(해)는 다음과 같다.(또는 穿이라고 한다.)

子－未 丑－午 寅－巳 卯－辰 申－亥 酉－戌

제 2 장   四柱論의 一部

○ 사주의 日柱가 너무 旺盛(왕성)하면 破財(파재) 損妻(손처)한다.

○ 사주의 日柱가 너무 衰弱(쇠약)하면 病弱(병약)

貧賤(빈천) 한다.

○ 身旺四柱에 食傷有면 食傷用神

○ 身旺四柱에 財官有면 財官用神

○ 身弱四柱에 官殺(살)이 旺하면 印星用神, 財星이
旺하면 比肩 및 양인

○ 日柱나 月時에 庚午 庚申이 있으면 (강도 잘 만나고
큰 도둑 맞는다)

○ 日柱看이 甲申, 辛卯, 甲午, 辛丑이면 (外科醫師, 도
살자, 칼질)

○ 日柱에 壬戌, 癸亥 日生은 손버릇 나쁜자가 있고, 집안
에 矯導所(교도소)에 자주 들어가는 자가 있다.

○ 日柱 근처에 己亥, 庚戌, 辰巳가 있으면 法官 아니면
형옥

○ 年柱에 比肩이 有하면 六親과 인연이 박하다. 早失父
하지 않으면 아버지와 일찍 헤어진다.

※ 또는 유산 상속분배에 문제가 일어나기 쉽다. 단
비견과 편재가 相剋했을 때를 말한다.

○ 身强四柱는 兄弟德이 없다. 혼자서 독립할 수 있
다.

○ 身弱四柱는 兄弟德이 있다. 비견이 협력자로서 큰
도움을 받는다.

※ 또 친구들도 유익하고 힘이 된다.

○ 月支에 比肩이 있으면 公務員이나 회사원은 부적
  당하고 자유업이 적합하다.

○ 身弱者는 同業이 有利하다.

○ 身强者는 同業이 不適當하다.

○ 時柱에 比肩이 用神이면 不孝者가 있다.

○ 比肩, 劫財가 同柱면 夫婦間에 이별수가 따르고 損
  財도 생긴다.

○ 比肩이 空亡이나 刑, 沖, 破, 害되면 父母, 妻子 德이
  없다.

○ 比肩이 墓, 死, 絶, 沐浴등과 同柱하면 兄弟와 일찍
  死別한다.

○ 四柱가 比肩一色이고 財星이 하나만 있으면 거지
  가 된다.

○ 比肩, 劫財가 四柱에 많으면 항상 내 힘에 지나친
  괴로운 일이 많이 생긴다.

○ 生日地支에 比肩이 있으면 緣談에 말썽이 생기고
  또는 夫婦간 苦惡이 발생하고 불화등 풍파가 연발
  한다.

○ 比劫이 겹쳐있고 偏印을 보면 妻를 剋한다.

○ 地支에 偏財, 天干에 比肩은 父身上 또는 金錢融通
  上 沮害가 생기고, 生月이 이와 같으면 商人의 자
  격이 없다.

○ 比肩 劫財運이 오면 兄弟姉妹가 貧치 않으면 無力
하다. (辰, 戌, 丑, 未에 比肩이 나타나는 것
을 말한다)

○ 比肩이 많고 食神格이 되면 나의 食緣을 兄弟가 다
시 빼았아 먹기 때문에 福力이 흩어진다.
女命에 比肩이 많으면 兄弟, 男便德이 없고 平生 苦
生이 많다. 또 男便을 섬기지 못하고 항상 논쟁이
不絶하고 福力도 적고 貧命(빈명)이라 하겠다.
※ 色情(색정)도 많고 자존심이 강하고 비사교(
非社交)적인 성품이다.

제 3 장   十二宮에 依한 運氣 및 職業判別
(십이궁에 의한 운기 및 직업판별)

○ 子生의 性格 (자생의 성격)

事物(사물)에 대하여 比較的(비교적) 예리하며 사
람을 잘 포섭하는 성질로써, 의리심에는 약하고 약간의 허
영심이 있고 기지가 있으며 惡氣(악기)는 없는 성질로
서 人品(인품)에 침착성이 부족하여 대수롭지 못한 일
로서 위신을 손상케되니 항시 신중한 태도를 가지면 有利
(유리)함.

그러나 혹시 부인에게 발언상 언질을 잡혀 실수하는 수

가 있다.(차질로)

직업은 공업가, 조형가, 미술가, 선원등, 병은 복부 화류병

○ 丑生의 성격

苦生(고생)이 많은 사람으로서 무슨 일이나 사양하는 성격, 곡한 사리에도 타인에게 의사표시치 않고 인내성은 강하고 완강한 기질이나 입밖에 토로치 않고 自身만 고민하기 쉽다. 그러므로 한층 쾌활한 기분으로 체면차리지 말고 대대적으로 활동하는 것이 필요하다.

직업은 학자, 공업가, 화가, 여성은 조산원, 간호부

병은 복부, 흉부에 많고 암에 주의

○ 寅生의 성격

운기가 강한 사람으로써 용맹을 겸비한 사람이라 비교적 담백하고 手上(수상)을 존경하고 手下(수하)에 대하여 자비심을 가진 頭領(두령)이 될 성질이나 남의 자존심을 상하면 원성을 듣기 쉽다.

직업은 학자, 미술가는 적합치 않고 그 외는 무엇이든지 좋다.

병은 흉부로서 상으로 열병, 화류병등을 주의할것.

○ 卯生의 성격

성질이 온화하고 思料(사료) 결단이 약하기 때문에 他
人에게 무시당하기 쉽기는 하나 愛嬌(애교)가 있어서
타인에게 사랑을 받는다. 그러나 몸을 아끼는 성질은 고
쳐야 하고 酒色(주색)을 주의하고 침착한 태도로 대하
면 성공한다.

직업은 상업, 사무관, 교사, 의사, 농업, 병은 腰(허리) 下
로 많고 특히 뇌병, 중풍 등에 주의

○ 辰生의 성격

강만한 성질로서 대수롭지 않는데도 억지로 克服(극복)
하려면 주의도 돌 볼 사이도 없이 실패한다. 혹은 中心에
도 없는 불쾌한 口舌(구설)을 들음. 원래 이 사람은
大器(대기)인 故(고)로 조금 화기(和氣)로 전후를
관찰하여 사리에 당하면 必然的(필연적)으로 성공한다.

직업은 군인, 두령, 개척가, 정치가, 병은 뇌병, 각기 배
수염 등

○ 巳生의 성격

성질은 용모와 같이 유화하고 미려하여 외면은 약간 겸
손하고, 내심은 확고하고 가린한 人情(인정)과 관대한 성

질로서 별로 怒氣(노기)는 없어, 他人(타인)에게 애호를 받고 하사(何事)나 心定之事(심정지사)는 좀처럼 놓치지 않는만큼 질투심이 강한 것이 결점임.

직업은 무슨 일이든 적합하다.

병은 복부, 흉부, 신경쇠약에 주의

○ 午生의 성격

일견 인내력이 약하고 고집이 강한 사람으로써 겸손한 덕이 약하고 피차간에 냉정한 태도를 취하는 수가 있으니, 타인의 의사를 존중하여야 하고 多辯(다변)을 신중하라.

직업은 종교가, 여관, 음식점, 의사, 변호사

병은 각기 위장병, 뇌병, 호흡기병등에 주의 할것.

○ 未生의 성격

思料(사료)가 심하고 품행을 구비하였으나 미리 겁을 내어 걱정을 하는 고로 지장이 많고, 성질이 너그러운 것 같으나 실지로는 단기로서 너무 의심이 많고, 未婚者(미혼자)는 배우자와 住所(주소)를 좀처럼 정하지 못하고 화려한 것을 좋아하고, 인정이 깊은 것은 이 사람의 후덕이나 담백한 성질로써 외면은 항시 우울한 표정을 하

고 있음

여성은 후원과 혜택을 잘 받는다.

직업은 의사, 종교가, 농업, 목축가

병은 두부, 역상병등을 주의할사

○ 申生의 성격

조급 강정하나 타인의 애호를 받는 성질로써 일면선각자(一面先覺者)로써 심중, 담백, 명랑하고 쾌활한 성질로 도량은 조금 작은 편, 약한 사람에게 도움을 잘하나 장구치 못하니 무슨 일이든지 강단있게 인내성을 기르면 吉하다.

직업은 군인, 법률가, 음식점, 잡화상, 철물점등

병은 수상(首上)으로 많다. 주로 눈, 코, 귀등.

○ 酉生의 성격

他人에게 협력을 잘 하는 고로 자기 일보다 타인의 사리에 고생하여 세밀한데까지 관심을 가지고 자기 입장은 망각하고 명예를 동경하는 성벽이 있고, 항시 심정치 못하고 이것저것 변심 하는 고로 金錢等(금전등)이 입수하면 즉시로 지출되는, 他人後援(타인후원)은 좋으나 한층더 관대하고 중후부동한 행동을 취하지 않으면 명예를 떨치기 어렵다.

직업은 미술가, 변호사, 의사, 교사, 사회사업 등이다.

병은 역상병이 많다.

○ 戌生의 성격

항시 심중에 불만이 많고 쾌활치 못하고 이외의 재앙을 초래하거나 망신을 당하는 수가 있고, 사료방식을 솔직히 해명치 않고 주의주장(主義主張)과 행동이 일치하지 않은고로 他人에게서 신망이 없으니, 한층 개성을 떠나서 자타를 잘 이해하여 사리에 당하면 성공함.

○ 亥生의 성격

물질적으로 담백하나 자존심이 강하여 자기 중심으로 사리를 행하므로 독립독행하는 점은 어느 정도 좋으나 타인과 상의치 않은 고로 실패하기 쉽다.

의협심이 강하여 한번 분격하면은 용이(容易)하게 풀리지 않는다. 원래 두령(頭領)이나 장(長)이 될 성격이다.

직업은 정치가, 군인, 사업가, 범인(凡人)을 사용하는 업

병은 요부 각지등에 주의할것

◎ 職業과 關聯性 (직업과 관련성)

◎ 建祿(一名天祿)이라 한다. 四柱中에 어느 것이나 들었으면 吉하다.

甲-寅 乙-卯 丙戊-巳 丁巳-午 庚-申

辛-酉 壬-亥 癸-子

四柱中 간접보다 天干 地支가 바로 들었으면 財福(재복)도 좋고 공무원도 고급 공무원이나, 하급 공무원이라 해도 建祿이 없는 사람은 공무원 한 사람도 없다. 또 고등고시도 建祿이 안든 사람은 잘 안된다. 간접적으로 들었다면 회사원밖에 안된다. 大略(대략)「甲寅」이든 사람이면 大體(대체)로 會社長(회사장)이 많고, 「乙卯」는 상업이 많고,「庚申」은 판·검사 장성(將星)에 많다. 辛酉는 학교, 교장, 교감, 공무원은 국장, 과장이 가장 많다.

以下의 建祿은 사업방면이 많다.

국회의원, 장차관, 대통령이 될 四柱에는 建祿이 二·三個로 이색적 건록이 여러개씩 들어있는 분이 많다. 그리고 文昌星(문창성)이 부수적으로 들어 있어야 한다. 고시 합격자는 文昌星이 안든 사람은 드물다.

會社長(회사장)이나 사업가는 金與(금여) 또는 天乙貴人(천을귀인)도 들어 있다.

但 文昌星(문창성)이 없는 사람은 學當이 들어도 총명하다. 또 六神에 「印綬」(인수)도 才操(재조)가 있다. 學當 印綬쯤은 中堅幹部(중견간부)까지다.

◎ 文昌星(문창성)은 굉장이 예리하다.
　　日干이　甲－巳　乙－午　丁巳－酉　庚－亥
　　　　　　丙戊－申　辛－子　壬－寅　癸－卯

◎ 學當(학당)은 文昌星 다음으로 예리하다.
　　甲－亥　丙－寅　戊－寅　壬－申

◎ 暗祿(암록) 돈이 항상 안떨어지고 어디서나 돈을 써도 들어오기에 큰 덕이 된다.
　四柱에 將星(장성)이 든 사람은 자존심이 강하고
　四柱에 華蓋(화개)가 든 사람은 애교가 좋다.
　四柱에 天乙貴人(천을귀인)이 든 사람은 高尙(고상)하다.

◎ 羊刃殺(양인살) 순간적으로 불과 같이 급하다.
　　日干이　甲－卯　乙－辰　丙－午　丁－未　戊－午
　　　　　　巳－未　庚－酉　辛－戌　壬－子　癸－丑
但 羊刃殺(양인살)이 있는 사람은 急(급)하기는 하나 大旣(대개)는 그때뿐이고 뒤는 없다 한다.

◎ 劫財 (겁재) 他人에게 절대로 굴복치 않는다.

劫財가 든 사람의 좋은 점은 判檢事 (판검사), 軍人將星 (군인장성), 의사, 기술자, 약사 등은 겁재 (劫財) 가 없으면 쓸모가 없다. 또 기분파로서 모든 일을 처리하기에 料亭 (요정), 飮食店 (음식점), 食堂 (식당)등에 종사하는 사람이 있다.

그리고 자기 주장을 관철하기에 무례한 짓을 많이 한다.

그러기에 劫財가 든 사람과 의견타협이 좀처럼 안된다. 思考方式 (사고방식) 이 일방적임.

◎ 鬼罡 (괴강)도 劫財 (겁재)와 유사하다.

　　庚辰　　壬辰　　戊戌　　庚戌

但 女子가 위의 사주에 들어 있다면 孤獨 (고독)하기 쉽고 절대로 양보성이 없고 財福 (재복)은 극단적으로 빈곤치 않으면 부유하게 지내는 운이 많다. 대계 太歲 (태세)에 든 것이 가장 좋은 便 (편)은 아니다.

◎ 桃花殺 (도화살) 여자는 매력적이다.

◎ 日支가 寅午戌－卯　巳酉丑－午
　　　　　 申子辰－酉　亥卯未－子

◎ 金輿 (금여)는 半官, 半民業體 (반관 반민업체)에
　 많다.

◎ 將星 및 華蓋 (장성 및 화개)

　　寅午戌生은　將星이　午　華蓋는　戌

　　申子辰生은　將星이　子　華蓋는　辰

　　巳酉丑生은　將星이　酉　華蓋는　丑

　　亥卯未生은　將星이　卯　華蓋는　未

제 4 장　作名上 四柱와 調和要領

　四柱 (사주) 는 천차만별로서 상세히는 너무나 광범하여 대체로 간단하게 생략하여 말한다. 즉 五行別 (오행별) 로 보면 다섯 (5) 가지인데 同一五行이 많으면 洩 (설) 하고 不足하면 補完 (보완) 하는 식으로 한다.

　　동일은 다음과 같다.

　○　木-甲乙　寅卯

　○　火-丙丁　巳午

　○　土-戊巳　辰戌　丑未

　○　金-庚辛　申酉

　○　水-壬癸　亥子

木이 四柱에 二個以上이면 木生火로 名字, 二字이기에　火土를 補完하는데, 火土가 알맞은 字가 없을 時는　土金을 쓰는 수가 있음.

◎ 補完한 順序는 다음과 같다.

　　○ 木이 2개 이상일 時는 火土 또는 金으로

○ 火가 2개이상일 時는 土金 또는 金水로

○ 土가 2개이상일 時는 金水 또는 水木으로

○ 金이 2개이상일 時는 水木 또는 木火로

○ 水가 2개이상일 時는 木火 또는 火土로 補完 (보

완) 한다.

但 十月 十一月 十二月은 무조건 사주에 火가 없을 경
우, 특별히 火土, 火木을 補完 (보완) 한다. 이유는 추운
절기 (節季) 이기에 凍結 (동결) 되면 森羅萬象 (삼라만
상) 은 生氣 (생기) 를 못얻기 때문이다. 文字五行은 姓名
學附錄 (성명학부록) 字源部에 五行을 發音 (발음) 별
로 기술하여 쉽게 알 수 있으니 참조하시기 바랍니다.

音靈五行 (음영오행) 은 中國의 音考 (음고) 에 四聲 (
사성), 五音 (오음) 에 준하여 宮, 商, 角, 徵, 羽 (궁, 상, 각,
치, 우) 의 五行 (오행) 으로 한다.

○ 木 가갸 카캬

○ 火 나냐 다댜 라랴 타탸

○ 土 아야 하햐

○ 金 자쟈 사샤 차챠

○ 水 마먀 바뱌 파퍄

◎ 宮, 商, 角, 徵, 羽의 說明

○ 木 (가카) 音감이 고명하고 끝이 조급해 진다.

  (角音 木) 에

○ 火（나다라） 음감이 증열하여 음의 余韻（여운）
이 없다.（徵音 火）에

○ 土（아하） 음감이 침후하고 끝에 가서 준장 함으
로（宮音으로 土）에

○ 金（사자차） 음감이 화윤하고 끝에서 音響（음영）
이 남으로 （商音으로 金）에

○ 水（마바파） 음감이 원급 끝이 유창하다. 이는（
羽音으로 水）에 배속한 것이다.

제 5 장   作名上 用神關係（작명상 용신관계）

姓名 作名上 四柱（성명 작명상 사주）의 用神（용신）
을 절대로 보완해야 하는데 여기에 用神을 정하는데 상당
한 고심（苦心）이 있다.

원리를 간단하게 설명하는 것은 四柱專門家（사주전문
가）면 필요도 없지만, 성명 전문가이면 아마도 用神（용
신）을 정하는데는 무척 연구를 하여 姓名으로서 四柱의
결함을 보완함으로써, 건강상 대단히 好影響力（호영향력）
을 가져다 주는 것은 긴요한 일이라 본다. 例（예）로서
말하면 生月이 十月, 十一月, 十二月에 출생한 사람은 多節
（동절）이기에 大槪（대개） 「火」用神（화, 용신）으로
택함이 가장 유효하다.

이유인즉 동한기에는 난온함을 만나야 萬物(만물)이 生氣(생기)를 유지할 수 있기 때문이다. 그러면 대체로 木(목)이 旺則(왕측), 火用神(화용신)하는 式이기에 다음과 같다.

○ 木旺則 火用神으로 用하고
○ 火旺則 土用神으로 用하고
○ 土旺則 金用神으로 用하고
○ 金旺則 水用神으로 用하고
○ 水旺則 木用神으로 用하고

그런데 五行上으로 무엇이 大過(대과)하고 무엇이 不足(부족)하다고 단정하기가 무척 애매한 것이 많다. 그러나 지극히 정확하게 본다는 것은 실로 난사중에 난사이기는 하나 100% 꼭 맞추기는 곤란하니 점차 연구하면서 비교적 무난하게 만들면 된다.

그런데 四柱上 日干이 대개 己身(기신) 즉 자기 몸으로 삼는데, 日干이 甲木이나 乙木이라 하여도 四柱內에 인수(印綬), 印水가 무한즉 水를 보완해야 하고 또 甲木이 四柱上으로 아무리 많아도 火나 金이나 土가 있고 水가 無한즉 약(弱)하다고 보아야 한다.

(대체적으로 예를 들면)

○ 木多 ~ 無水 일지라도 金이 있으면 火用神
○ 火多 ~ 無木 이라도 間接的 有木이면 土用神

○ 土多 ～ 無木라도 間接的 有火이면 金用神

○ 金多 ～ 無火라도 間接的 有土이면 水用神

○ 水多 ～ 無金이라도 間接的 有土이면 木用神

※ 但 五行이 동일한 비견（比肩）이 있으면 必히 비견을 보강해서는 안된다.

四柱（사주）에 比肩（비견）이 많으면 洩（설）하는 수도 있고 주는 수도 있으니 거듭 硏究（연구）를 하여서 처리할 것이며, 외에 參考（참고）로 참작해야하는 것은 地支合（지지합）으로나 변하는 것이 있는데 그 점도 참작을 해야 한다.

원칙적으로는 이론적으로 해야만 하는 것이나 사정에 따라서 안되는 數가 있다. 어찌해서 그러냐 하면 文字가 五行에 맞은 字（자）가 없어서 100 % 맞추지 못할때는 부득이 五行上 보완이 未合（미합）하여도 기타 法數（법수）에는 맞도록 해야 한다.

※ 文字 五行音에 대한 주의사항！

作名上 文字는 五行별 소속을 분명히 하지 않으면 안된다. 用神（용신）을 정확히 적중하였다 해도 文字音（문자음） 五行에 착오가 있다 할 시는 곤란한 문제가 아닐 수 없다.

그러므로 作名上 文字를 가장 많이 사용되는 字를 字典
에다 五行과 (音五行) 후천, 曲劃 (곡획)을 정확히 기재
하니 참고하여 주기 바란다.

제 6 장 運命學上으로 본 姓名學

종래의 運命學 (운명학)은 사주, 관상, 육효점, 서양의
점성술, 고령술 등으로 각종의 인간 문제를 중점으로 사
물의 推移 (추이)에 대하여 과거, 현재, 미래를 推數 (추
수)하여 앞날에 대한 양도 (良導)를 목적으로 한것은
물론입니다.

이는 人生 (인생)을 幸福 (행복)하게 또는 가치있게
영위코져 하는데 그 근본목적을 둔 것도 물론입니다.

왜 미리알고 싶으냐?

知能 (지능)이 발달되고 靈性 (영성)이 감퇴된 高等動物
(고등동물)인 인간은, 자칭 小宇宙 (소우주)로 만물의
영장이니 하면서도 자연법칙의 추이의 예칙에 있어서는
下等動物 (하등동물)을 따르지 못하는 靈感力 (영감력)
의 감퇴로 말미암아 궁금한 앞길을 좀더 속히 알고져 하
는 心理 (심리)의 지적요구며 동시에 앞길을 어떻게 운
전해 나가면 좋을까? 하는 平和, 安全, 自由, 幸福, 觀相,
骨相, 手相 (평화, 안전, 자유, 행복, 관상, 골상, 수상)은 사

람 생긴 **形態,容貌,擧動,氣色等** (형태, 용모, 거동, 기색 등)을 기점으로 해서 본인의 과거, 현재, 미래를 관찰해 나아가는 법으로서, 본인을 보지 않고서는 吉凶(길흉) 여부를 예지 판단할 수 없으며, 또는 미래의 凶兆(흉조) 를 피할 수 있는 방법이 없다고 해도 과언이 아니라 합니다.

六効占(육효점), 巫術(무술) 그리고 西洋의 별을 보고 占을 치는 점성술 또는 기계화된 交靈術等(교영술등) 의 논술은 다음 기회에 미루고 姓名學術(성명학술)과 직접적 관련성이 있는 四柱推命學(사주추명학)의 골자를 약술하면 이는 본인의 生 年 月 日 時에 기점을 두고 一生에 한한 先天的 受氣命理(선천적 수기명리)를 추리할 수 있는 陰陽五行(음양오행)의 학술로서 대단히 복잡다단한 학술적인 심오한 학리로 되어있는 학술입니다.

그러나 선천수기만으로서 일생운명의 진도여하를 전부 추리할 수 없다는 이유로는 本人에게 후천적으로 형유되어 외적으로 命運(명운)의 운화작용을 강력하게 하는 성명의 길흉 파장영동력이 있기 때문인 것입니다. 사주 추명학만으로 일생의 운명을 전부 알 수 있다 하게되면 同年 同月 同日 同時(동년, 동월, 동일, 동시)에 탄생한 자는 동일한 운명으로 말해야 할 것이거늘, 그러나 그렇지 않으니 이점은 이론이 성립될 수 없는바며 다음으로 오는 중대한 문제는 선천사주 命(명)에 대한 후천성명 運(운)의 유도력인 성명의 운화영동이 人間의 命運에 어떠한 役割(역활)을 하게 되는 것인가?

알기 쉽게 한가지의 비교를 하면 마치 자동차의 자체가 四柱命이라면 그 운전수의 역할을 하는 것이 후천운 姓名 誘導力(성명유도력)이라 하겠읍니다.

관상학이나 사주추명학으로서는 인간운명의 과거, 현재 미래를 어느한도 추리할 수는 있으되 양도할 수는 없는 것도 사실입니다. 성명 학술은 선천사주명리에 조절시켜 선천명리 범위내에서 개재한 흉폭을 억제하고, 양운은 조장하여 운화하는 것이니 마치 운전수를 그 차 차체에 합당한 人物(인물)로 선택 채용하듯이 良名(양명)을 선택 활용하면 本人(본인)의 전도 운로를 기김 양도할 수 있다는 점.

이 점이 관상, 사주 기타 제운명학보다 근본적인 우월한 특징이며, 따라서 모든 運命學의 선구자로 시대가 요구하는 신운명학술인 동시에 전 민족의 一大收穫(일대수확)이라 하겠읍니다.

제 7 장 結婚과 姓名 (결혼과 성명)

男(남) 女(여)의 결혼관을 말하면 異性之合 (이성 지합)에 있어 소위 중매결혼은 인위적 연결로 결합되는 인연이라 하게될 것이며, 自由(자유) 연애결혼은 당사자끼리 음양 견인력으로 결합되는 것이니 이를 천연이라 하게됩니다.

이를 음양학적 입장에서 엄격히 본다면 人爲的 (인위적)으로 결혼된 인연에 있어서는 이혼할 수도 있는 문제라 하겠으나, 本人끼리의 자유의사에 의하여 결합된 자유연애 결혼은 天緣 (천연)인지라 즉 천연적 결합인 고로 이혼은 不可하다는 논리입니다.

그런데 천연이고 인연이고간에 이혼율의 선이 높은 현재의 묘한 세태를 연출하게 되는 이유는 나변에 있는가 ?

앞에서 말한바와 같이 시대적 過度現象 (과도현상)이라 할 것입니다. 그런데 現時代 (현시대)에 있어서 어떠한 結婚觀 (결혼관)을 陰陽 (음양)의 正道 (정도)라고 할 것이며, 어떠한 理念下 (이념하)에 전진해야 할 것인가 ? 勿論 (물론) 一夫一妻制 (일부일처제)가 남여 평등이다. 남성으로서 여성에 대한 본질의 이해와 중매 결혼이다, 자유연애결혼이다, 有期結婚 (유기결혼)이다, 가족중심 결혼관에서 전진하여 夫婦中心 (부부중심)의 결혼관이다 등등의 여러가지 이상론을 들 수 있으나 요즈음 이혼율이 점점 높아가는 不幸(불행)을 해결치 못하고 있는 현실은 무엇을 말하고 있는가? 이것은 한마디로 이상적 이론의 테두리를 벗어나지 못했다 아니할수 없읍니다.

저…… 有名한 엘렌, 케이 女史의 결혼의 이상론의 한 장에 보면……

1. 연애적 일것
2. 정신적으로 또는 육체적으로 건전한 남, 여라야 할 것
3. 지적(智的) 직업에 종사하는 부인(例 : 학자, 문인 등)은 결혼을 피할것
4. 생탄(生誕)한 자녀에 중점을 둘것
5. 자유이혼도 긍정한다.

그러나 이혼에 있어서 자녀(子女)는 자기의 희생을 거부할 十分의 권리가 있으며 양친을 탄핵할 수 있는 재판관이다…… 라는 등등인데 이는 물론 상호가 건전한 정신의 소유자이며, 육체적으로도 건강하며, 생활능력과 性生活(성생활)에 불만이 없어야 할 것이고, 결혼 조건을 든것인데 이렇게 결합되면 상식적으로도 자연 우량한 子女(자녀)가 출산될 것이고, 百年偕老(백년회로)와 平和安康(평화안강)할 것은 틀림없는 이론입니다만 自由離婚

（자유이혼）을 긍정한데 대해서는 이는 만약에 불행이도 부조화된 결합 이였을때는 子女에게 불행이 되지않도록 이혼해야 한다는 것으로 되어 있읍니다.

그러면 연애적이며 영육양면이 완전히 조화된 결합을 기하려면 어떻게 해야 되는가? 우선 자기의 전부를 알아야 할것인 동시에 상대의 心身（심신）의 전부를 잘 알아야 할 것이며, 또는 상호의 長短（장단）이 조화되느냐 안되느냐를 정확히 판단할 수 있어야 할 문제인데, 문제는 간단하나 해답은 지극히 어렵다 아니할 수 없는 것입니다.

또한 지적 직업여성은 결혼을 피해야 한다는 것인데 이는 음양학적 견지에서 볼때 역시 찬사를 저주하게 되는 말입니다.

그리고 여타의 여러 哲人, 文人, 醫學者, 人類學者, 史學者들의 卓論名句（탁론명구）도 많고 연구도 장구 했거니와 현실은 반대의 樣相（양상）을 연출하게 된 것은 人間生活（인간생활）에서 가장 중요한 남녀 결혼문제에 있어서 아직 어둠속에서 헤매고 있는 현상이며, 그 이론은 장하나 실질적으로는 해명하기 어려운 문제로 되어 있는 것이 사실입니다. 이와 같은 것은 물론 이상적으로 상식적으로 일부분을 연구했을 뿐이고 특징을 발견하여 조화시키는 근본방법과 방술을 연구하지 않았기 때문이라 할 것입니다.

人間性理(인간성리)에 그 器局(기국)이 있고 잠재적 특징이 있고 특유개성이 있읍니다. 피는 물보다 진하다. 물과 혼합될 수 있는 문제이고, 물과 기름은 영원히 혼합이 될수 없으나 물이 熱(열)하면 기름을 分化(분화)시킬 수 있읍니다. 水火는 相剋(상극)이요, 청색과 적색은 색깔이 조화되며, 흑색과 적색은 부조화 됨이다.

운명학의 선천운 추명법은 인간의 선천적 수기력의 質(질) 量(량)을 분석할 수 있음으로 本人(본인)의 器局(기국) 또는 잠재적 특징과 개성을 판별할 수 있으며, 후천운 성명은 선천숙성을 유도 발현해 나가는 운전력을 보유하고 있는고로 그 운파를 고등영수학적으로 分析할 수 있으며 또는 조정 조화할 수 있읍니다.

科學的으로 연구되는 優生學(우생학) 또는 후천적 조절을 무시하는 것이 아니고, 동양 역리철학의 특질은 人間性(인간성)을 여전히 성리 영수학의 묘리를 분석, 해명 내지 조정할 수 있는 근본방술이 있다는 것입니다. 인간 운명 문제중에서 가장 중요한 부문이 부부운의 조절이라 하겠읍니다.

우선 부부가 원만한 가정을 이룸으로서 유전되는 子孫(자손)에게 우량한 영향을 후계하게 될 것으로 무엇보다도 중요한 것은 양성의 원만한 조절로 가족전쟁의 단절, 이어서 인류사회의 평화를 갈구할 수 있는 문제라 하겠읍니다.

앞에서 말한바와 같이 남성의 상대인 여성을 남성들은 재인식 해야할 때가 왔다는 말은 재론할 필요가 없는 현실현상인 것입니다. 영육이 병진하는 시대, 음양의 조화로 발전해 가는 과도기에 있어 오랜 과거부터 눌러 있었고 제약만 당해왔던 여성의 지성과 학문이 발달하여 여성은 여성으로서의 제지리에서 제임무를 다하고 따라서 해당한 금패은상을 받을수 있는 시대의 도래 즉 발전시대인 것입니다.

그러면 어떻게 **夫婦**문제를 조절해야 할 것인가 과학이 말하는바 남성의 원자세포는 一陽一電子(일양일전자)에 四十七개의 음전자가 회전하고 있으며, **女性**은 一個의 陽電子(양전자)를 중심하여 四十八個의 음전자가 회전하고 있다는 것입니다.

水는 一陽에 二陰, 우라늄은 一陽에 九十二의 음전자가 급속도로 회전한다 합니다. 이 사실은 확실히 남성보다 여성이 령능과 생리가 복잡하며 정신상태가 격정적이라는 것을 과학적으로 증명한 것입니다. 생리가 복잡하고 정신상태가 격정적이며 운명율등도 역시 비례하여 그만큼 복잡세밀 다단한 것은 물론입니다.

흔히 「**女性**은 **姓名**을 사용하지 않으니까 운명길흉에도 무관하지 아니한가」 하는 말을 가끔 듣게 되는데, 이것 역시 좀더 깊이 생각해 볼 필요가 있는 것입니다.

女性은 유 소아시대와 학생시대에 성명을 사용하고 또는 사회적으로 활동하는 여성이 사용하고 그리고 결혼해서 가정생활하는 부인은 별로 성명을 사용하지 않으니까 하는 생각인데 이는 결국 가정생활하는 부인에 국한해서 하는 말이 되고 맙니다. 그러면 가정부인에 한해서라는 여성의 처지에 대한 人間性 차별의 모순이 있게 됩니다.

그러나 심리적으로도 남성보다 그 구조와 성능이 복잡한 여성의 운명학으로 본 관점은 어디에 있는가? 하면 피지배자 이면서도 지배력이 있는 거대한 지력을 보유하고 있는 女性의 운로를 운명학에서는 더욱 중요시 하게 됩니다.

「계집애니까 아무렇게나 이름 짓는다.」라는 등의 말은 확실히 人格차별이요, 시대적 착각이요, 또는 人格의 不足을 토로하는 말로 밖에 취급당하지 아니할 수 없는 것입니다.

제 8 장   夫婦의 相性宮合과 姓名學

人間운로중 가장 중요하며 시급한 것은 우선 남여결혼에 있어 相性宮合 (상성궁합) 즉 夫婦관계의 영육의 결합으로 波生 (파생) 되는 미묘한 작용에 대하여 원만해결을 기해야 할 것입니다.

그러나 현실은 그와 반대로 남여문제의 갈등, 마찰, 이혼 정사, 자살 등이 日刊신문지상에 三面기사로 연일게재되는 현상은 어찌 된 일인가?

이는 한마디로 말하면 그 원인중에 가장 중요한 한가지 조건은 人生운명과 직접 관계가 있는 복잡미묘한 후천유 도력인 (성명의 위력)을 무시했던 까닭이라 하겠읍니다. 相性관계, 소위 四柱宮合을 철두철미한 良緣 (양연)으로 선택하여 결합했지만 그의 夫婦운로가 후일에 파경 혹은 기타의 비극으로 유도됨은 어찌된 까닭인가? 그러면 남 여의 상성궁합대조의 근본이 되는 四柱八字라고 하는 先 天宿星命力 (선천숙성명력)을 연구하지 않으면 안될것입 니다. 그 골자만을 추려서 말해보면 이에 대하여 덮어놓 고 迷信 (미신)만 하지 않는다는 아량으로 대해 볼때 전 연 무근거, 무체계한 것이 아니란 것입니다. 즉 사주추명 학의 근간이 되어 있는 원리는 天十干 (천십간), 地十二支 (지십이지), 즉 甲乙丙丁戊巳庚辛壬癸의 천시의 시간적 법칙과 子丑寅卯辰巳午未申酉戌亥의 지운의 공간적 현상으 로 구성되어 있되, 天干地支 (천간지지)가 교차 변화하여 운화되는 것을 말하는 것으로서, 本人의 生年 月 日 時를 基點 (기점)으로 하여 운화원리에 비추어 운의 길흉을 판단하며 상성궁합을 대조하는 것입니다. 이 四柱推命學

(사주추명학)이란 성명학보다 더욱 복잡성을 띠고 있는 음양 오행 이치의 학술로서 그 체계가 생물기구학적으로 되어 있으며 人間에게 품부된 生命進化力(생명진화력)과 관련이 있다는 것을 알게 됩니다.

天地(천지)간의 만사만물은 시간과 공간의 법칙현상으로 생멸 성쇠의 길을 걷고있는 것이 사실입니다. 人間 역시 天地間의 한 生物로 도저히 일대법칙의 규율의 어느 범위를 벗어나서는 一時도 生을 정상적으로 유지할 수 없다는 엄연한 사리를 깨닫게 되는 동시에, 人間自身이 이 법칙의 一部分現象(일부분현상)의 生의 영육이란 것을 인식하게 됩니다.

易學的으로 말하면 天.地.人(三才)法則(천지인 삼재 법칙)에서 인생이 탄생하고, 분화하고, 수장하고, 또 멸하고, 또 생하고 자꾸 자꾸 도는 것이 즉 음양의 이합, 집산 견인 배척 충화 호흡에 의한 生死(생사) 법리라 하겠읍니다.

電氣(전기)도 음전 양전이 合합으로서 光(빛)과 힘이 발휘하는 물질법칙이듯이, 人間은 異性(이성) 즉 남여 음양의 결합으로 비로소 완전한 생이 운전되어 나가게 되며, 혹은 良緣(양연)으로 혹은 凶緣(흉연)으로 離合集散(이합집산)하게 되는 것이다. 음양학중에 일종인 사주추명학은 生年月日時(생년월일시)의 八個文字(팔

개문자)로서 구성되는데 우선 日辰(일진)의 天干(천간) 自己(자기)를 中心으로 하고, 自己를 생해주는자 즉 형제와의 관계인데 이성관계 즉 남여결혼상성(男女結婚相性)의 기점으로 되는 것은 自己가 능동적으로 抑揚(억양)에 피동되는 自己(자기) …… 이것이 夫婦관계의 四柱觀法(사주관법)인데 능동적으로 억양하고 그 억양을 受動的(수동적)으로 받고 하는 즉 서로가 주고 받고 하는 연관작용이 夫婦陰陽(부부음양)의 結合運(결합운)으로 되는 것입니다.

이 以上에도 각종 관법이 있으나 略하고 인간 운명에 가장 중요한 부부관계를 말하면 과거에는 선천사주추명학법만으로 남여상성 궁합여부를 검토해 왔으나, 그 以上 더욱 중요하며 인간운로에 至大(지대)하게 파급되는 후천운력인 姓名靈動力(성명영동력)을 발견하지 못했기때문에 四柱學的(사주학적)으로 본(見) 良緣(양연)도 其中(그중) 파경되는 수가 부지기수(不知其數)였다 할 것입니다.

그러나 후천운 유도력인 姓名이 지닌바 그 운력의 위대함을 발견한 오늘날 四柱는 물론 姓名을 엄정 세밀히 학술적으로 조사 검토해본 연후, 선천, 후천 운명이 다 같이 조화 되었으면 또는 조화 시켜서(四柱는 변동시킬 수 없으나 姓名은 良名으로 변경하여 운기파장을 양도조정 할

수 있으니) 兩面(양면)적으로 상성궁합을 철저히 조화
하여 부부생활에 원만을 기할 수 있는 것입니다.

食과 色은 人間(인간)의 본능이요, 이 本能中(본능중)
의 하나인 양성결합의 본능은 물론 子孫殖産(자손식산)
의 大任(대임)을 수행하기 위하여 적당한 시기에 二姓
之合(이성지합)으로 소위 夫婦生活(부부생활)을 영위
하게 되는 본연의 의무를 가지게 되니, 부부생활은 문자
그대로 夫婦一體(부부일체) 즉 一心同體(일심동체)로
전신전령의 밀접한 결합인고로, 姓名上(성명상)에도 個
人(개인)인 독신시대와는 달리 그 이성의 구심력과 원
심력(遠心力)의 상호작용하는 靈能(영능)의 결합관
계가 생기게 되는 것은 당연한 도리입니다.

異性(이성)이 결혼하게 되면 성격적으로나 육체적으
로나 어느 변화를 초래하게 되듯이, 姓名상에도 미묘한 靈
的變化(영적변화)가 생기게 되는 것입니다. 즉 상호간
의 姓名數理(성명수리)와 音靈(음령)의 결합에 의하
여 부부지간에만 약동하는 일종 특수한 파조의 율동이 발
생하되, 개인적으로는 안전무결한 성명이라 하더라도 만약
그 부부의 성명결합의 연관작용 관계가 凶化(흉화)되는
경우에는 영적암투 혹은 子女運(자녀운)의 불혜택, 이
별, 사별, 파경 등의 비극을 초래하게 되는 것입니다. 고로
배우자를 선택하는 경우에는 물론 특히 旣婚女性(기혼여

성)의 改名(개명)에 있어서는 신중을 기해야 할 것이로되 夫婦의 성명을 대조 참작하여 충분히 그 상성을 고려해서 誤選(오선)이 없도록 해야 할 것이며 一大(일대) 중요한 選名(선명) 조건입니다.

그리고 별 이유없이 夫婦生活에서 갈등 혹은 반발, 반목이 연속되는 夫婦는 夫婦姓名의 상호연관 관계에서 파급되는 어느 부분에 不調和(불조화)가 반드시 있는 것이니 세밀히 검토하고 학술적으로 양호하게 개명하여 조화 결합시키게 되면 성명 영동의 상호화합으로 점차 좋게 나가게 되는 것입니다.

社會的(사회적)으로 나날이 반영되는 夫婦之間(부부지간)의 갈등, 투기, 시기, 투쟁, 자살, 연애, 비극 등등의 그 원인은 물론 世運(세운) 즉 시대적 사회운과 個個人(개개인)과의 불가피한 관계인 일면도 있읍니다만 실상 凶名(흉명)의 소유자가 이 비극의 주인공이 되는 통계적 실증을 볼때 이는 실로 계계 승승한 장구한 시일의 유전관계와 인간운명의 후천운파를 유도하는 「성명의 힘」에서 오는 결과가 많다는 것을 망각해서는 안될 것입니다.

여기에 대두한 현증철학이요 신운명학인 姓名哲學術上(성명철학술상)으로 볼때 女性(여성)의 성명 구성에 二十三數 三十三數등의 孤寡運(고과운)이 있으며, 이 수가 맹위를 발휘하는 조직으로 되어 있으면 고과운 그대로

의 운명선상을 운행하게 되는 것으로 몇차례 再嫁（재가）
해도 그 결과는 부부운에 불운을 초래하게 되며　따라서
상대된 남성운에 파정 내지 身名（신명）에 유관한　靈動
力（영동력）이 파급하게 됨은 매거할　수 없을　정도의
實證統計數字（실증통계수자）를 나타내고 있는 것입니다.

　이러한 姓名（성명）을 소유한 女性（여성）에게는　徵
罪도 勸善（징죄도 권선）도 결과적으로 큰 도움을 줄 수
없게 됩니다. 그래서 운명에 흐느껴 울며 몸부림 칩니다.

　요는 자기 성명속에 맥맥히 흐르며　파동치고 있는　수
리의 약속은 어길수 없으며 그대로의 성명으로서는 그 운
명의 凶線（흉선）을 단멸할·수 없는 것입니다.

　여기서 本人의 영인 생명선에 중대한 역할을 하고 있는
姓名을 해부하여 「姓名이 지닌」 凶線（흉선）의 인연파
장을 단멸한다.　오직 그 姓名의 선양변경（善良變更）만
이　無明（무명）속에 헤매고 있는 本人의 靈의 운행방향
을 변경시킬 수 있으며, 一道光明（일도광명）을 도출시킬
수 있는 오로지 한가지의 方法（방법）입니다.

　「數理（수리）에 약속된 사실은 數理（수리）의　변경
만이 약속을 변경할 수 있다.」

　해결은 가장 自己自身（자기자신）의　靈（영）과　개성
과　人格（인격）전체를 대표하고 支配（지배）하는 姓名
良轉（성명양전）에 있는 것입니다.

제六편 附　　　錄

제1장 姓字의 劃數(성자의 획수)

【二劃】

丁정 卜복 乃내

【三劃】

千천 于우 大대 干간 弓궁

【四劃】

孔공 公공 今금 卞변 文문 毛모 王왕
元원 尹윤 夫부 允윤 片편 太태 天천

【五劃】

丘구 白백 史사 石석 申신 玉옥 田전
皮피 玄현 甘감 占점 乙支을지

【六劃】

吉길 朴박 安안 百백 印인 任임 伊이
全전 朱주 牟모 西서 向향

【七劃】

呂려　李리　成성　宋송　延연　江강　辛행

吳오　余여　車차　池지　汝여　杜두

【八劃】

京경　具구　金김　林림　孟맹　明명　奇기

奉봉　昔석　承승　沈심　周주　房방　卓탁

昇승　舍사　昌창

【九劃】

姜강　南남　柳류　宣선　禹우　兪유　秋추

咸함　河하　表표　星성　奏주

【十劃】

高고　骨골　馬마　俱구　桂계　徐서　孫손

芮예　剛강　殷은　夏하　洪홍　晋진　花화

秦진

【十一劃】

康강　梁양　魚어　張장　將장　曹조　崔최

許허　章장　扈호　邦방　國국　彬빈　麻마

班반 髙설 梅매

【十二劃】

邱구 景경 閔민 邵소 荀순 黃황 彭팽
堯요 舜순 智지 庾유 馮빙 程정 異이
「東方」동방

【十三劃】

琴금 廉염 楊양 賈가 莊장 虞우 楚초
湯탕 陸육 「司空」사공

【十四劃】

菊국 箕기 裴배 趙조 愼신 連련 溫온
齊제 「公孫」공손 「西門」서문

【十五劃】

葛갈 慶경 郭곽 魯노 董동 劉류 萬만
歐구 葉엽 漢한 滿만

【十六劃】

陶도 潭람 都도 盧로 陸육 陳진 潘번

錢 전　龍 룡　諸 제　「皇甫」 황보

【十七劃】
鞠 국　陽 양　蓮 련　遜 손　謝 사　蔣 장　蔡 채　韓 한

【十八劃】
魏 위　顔 안

【十九劃】
龐 총　薀 온　鄭 정　薛 설　「南宮」 남궁

【二十劃】
羅 라　嚴 엄　釋 석　「鮮于」 선우

【二十一劃】
藤 등

【二十二劃】
權 권　蘇 소　隱 은　邊 변

【二十五劃】
「獨孤」 독고

【三十劃】
「諸葛」 제갈

제 2 장 姓名 및 雅號, 商號等에 使用되는 漢字

　다음에 收錄하는 漢字는 姓名및 雅號, 商號 等에
많이 쓰이는 글자로서 漢字를 劃數別, 音五行別로
區分하여 기록하였으니 作名및 日常生活等에 많은
活用있기를 바라면서 收錄한다.

【 一劃 】
(아音土)乙 새을　　　　　一 하나일

【 二劃 】
(가音木)几 상궤　　　　(나音火)乃 이에내

(다音火)刀 칼도　　　　(라音火)力 힘력　了 마칠료

(바音水)卜 점복　匕 비수비

(아音土)乂 어질예　　又 또우　　二 두이　　人 사람인

入 들입

(자音金)丁 고무래정

-315-

【三劃】

(가音木) 干 방패간　巾 수건건　乞 빌걸　工 장인공

口 입구　久 오랠구　弓 활궁　己 몸기

(나音火) 女 계집녀

(다音火) 大 큰대

(마音水) 万 일만만　亡 망할망　兦 망할망

(바音水) 凡 무릇범

(사音金) 士 선비사　巳 뱀사　山 뫼산　三 셋삼

上 윗상　夕 저녁석　小 작을소　尸 주검시

(아音土) 也 잇기야　于 어조사우　已 이미이　刃 칼날인

(자音金) 子 아들자　勺 잔작　丈 장인장

(차音金) 千 일천천　川 내천　寸 마디촌

(타音火) 土 흙토

(하音土) 下 아래하　孑 고독할혈　丸 둥글환

【四劃】

(가音木) 介 클개　犬 개견　公 귀공　孔 구멍공

戈 창과　仇 원수구　勻 고를균　斤 달근　今 이제금

及 미칠급

-316-

（나音火）內 안내

（다音火）丹 붉을단　　斗 말두　　屯 모일둔

（마音水）毛 터럭모　　母 어미모　　木 나무목　　文 글월문

勿 말물

（바音水）反 돌아올반　　方 모방　　卞 법변　　夫 지아비부

父 아비부　　分 나눌분　　不 아니불　　比 견줄비

（사音金）四 넷사　　少 젊을소　　水 물수　　手 손수

升 되승　　氏 성씨　　心 마음심

（아音土）牙 어금니아　　厄 액액　　予 나여　　午 나오

曰 가로왈　　王 임금왕　　夭 예쁠요　　友 벗우　　尤 더욱우

牛 소우　　云 이를운　　元 으뜸원　　月 달월　　尹 미를윤

允 진실로윤　　仁 어질인　　引 이끌인　　日 날일　　壬 북방임

廿 스물입　　仍 인할잉

（자音金）切 끊을절　　井 우물정　　吊 조상조　　爪 손톱조

中 가운데중　　止 그칠지　　之 갈지　　支 지탱할지

（차音金）叉 까지낄차　　尺 자척　　天 하늘천　　丑 소축

（카音木）夬 쾌이름쾌

（타音火）太 클태

（파音水）巴 땅이름파　　片 쪼각편　　匹 짝필

（하音土）亢 높을항　　互 서로호　　戶 지개호　　火 불화

化 될화　　幻 변화할환　　爻 쾌효　　凶 흉할흉

【五劃】

（가音木）加 더할가　　可 옳음가　　刊 세길간　　甘 달감

甲 갑옷갑　　巨 클거　　去 갈거　　古 예고　　叩 두드릴고

功 공공　　瓜 외과　　巧 교할교　　句 글귀구　　丘 언덕구

叫 부를규

（나音火）奴 종노　　尼 여승니

（다音火）旦 아침단　　代 대신대　　冬 겨울동　　仝 한가지동

（라音火）立 설립

（마音水）末 끝말　　皿 그릇명　　矛 창모　　目 눈목

卯 동방묘　　戊 별무　　未 아닐미　　民 백성민

（바音水）半 절반반　　白 흰백　　弁 고깔변　　丙 남녀병

本 근본본　　付 줄부　　北 북녁북　　弗 말분　　氷 얼음빙

（사音金）仕 벼슬사　　司 맡을사　　史 사기사　　生 날생

石 돌석　　仙 신선선　　世 인간세　　召 부를소　　囚 가둘수

矢 살시　　示 보일시　　市 지자시　　申 납신　　失 잃을실

（아音土）央 가운데앙　永 길영　五 다섯오　玉 구슬옥

外 바깥외　瓦 기와와　凹 오목할요　用 쓸용　右 오른우

幼 어릴유　由 말미암을유　以 써이　孕 아이밸잉

（자音金）仔 질자　田 밭전　占 점칠점　正 바를정

左 왼좌　主 주인주　叱 꾸짖을질　只 다만지

（차音金）且 또차　札 편지찰　册 책책　斥 내칠척

仟 천사람천　凸 뽀족할철　出 날출

（타音火）他 다를타　台 삼태성태

（파音水）平 평할평　布 배포　包 쌀포　皮 가죽피

必 반드시필　疋 필필　乏 다할핍

（하音土）玄 검을현　穴 구멍혈　兄 맏형　号 이름호

乎 어조사우　弘 클홍　禾 벼화

【六劃】

（가音木）各 각각각　艮 간방간　奸 간사할간　价 클개

件 물건건　考 상고할고　共 한가지공　光 빛광　匡 도울광

交 사귈교　求 구할구　机 책상궤　圭 홀규　亘 뻗칠긍

企 바랄기　吉 길할길

-319-

（나音火）年 해년

（다音火）多 많을다　　旲 돌돌　　同 한가지동　　灯 등불등

（라音火）劣 용렬할열　　列 별릴렬　　老 늙을로　　六 여섯륙
吏 아전리

（마音水）妄 망영될망　　名 이름명　　牟 클모　　米 쌀미

（바音水）朴 성박　　仿 비슷할방　　百 일백백　　伐 칠벌
氾 뜰범　　犯 범할범　　帆 돛대범　　伏 엎드릴복　　妃 왕비비
份 빛날빈

（사音金）糸 가는실사　　寺 절사　　死 죽음사　　色 빛색
西 서녁서　　先 먼저선　　舌 혀설　　守 지킬수　　收 거둘수
戌 개술　　旬 여흘순　　戍 수무자리수　　式 법식　　臣 신하신

（아音土）安 편안안　　仰 우러를앙　　羊 양양　　如 같을여
亦 또역　　伍 다섯사람오　　字 집우　　羽 깃우　　旭 빛날욱
危 위태할위　　有 있을유　　肉 고기육　　戎 오랑캐융　　衣 옷의
耳 귀이　　而 말이을이　　夷 평평할이　　伊 저이　　印 도장인
因 인할인　　任 맡길임

（자音金）字 글자자　　自 스스로자　　庄 전장장　　全 인왕전

汀 물가정　　兆 억조조　　早 이를조　　存 있을존　　州 고을주

朱 붉을주　　竹 대죽　　仲 버금중　　汁 진액즙　　至 이를지

地 땅지　　旨 맛지

（차音金）此 이차　　次 버금차　　吋 인치촌　　冲 파할충

充 채울충　　虫 벌레충

（타音火）打 칠타　　朶 꿀송이타　　吒 꾸짖을타　　宅 집택

吐 토할토

（하音土）合 합할합　　亥 돈해　　行 다닐행　　向 향할향

血 피혈　　刑 형벌형　　好 좋을효　　灰 재회　　回 돌아올회

后 황후후　　休 쉴휴　　屹 산우득할흘

【 七劃 】

（가音木）伽 절가　　却 물리칠각　　角 뿔각　　杆 방패간

坎 구덩이감　　匣 궤갑　　江 물강　　改 고칠개　　更 다시갱

車 수래차　　刼 겁박할겁　　刦 겁박할겁　　見 볼견　　戒 경계할개

系 맬계　　告 고할고　　谷 골곡　　困 고할곤　　攻 칠공

宏 클굉　　串 꿸관　　劬 수고로울구　　灸 찌질구　　局 판국

君 임금군　　宮 집궁　　均 고를균　　克 이길근　　杞 구기 자기

忌 꺼릴기　　妓 기생기　　岐 높을기　　圻 서울지경기

（나音火）男 사내남　　尿 오줌뇨

（다音火）但 다만단　　禿 털빠질독　　杜 막을두　　豆 콩두

（라音火）卵 알란　　冷 찰냉　　良 어질낭　　呂 성려

伶 영리할령　　牢 우뢰뢰　　弄 희롱할롱　　里 마을리　　利 이로울리

李 오얏리　　吝 애낄린

（마音水）忙 바쁠망　　每 매양매　　免 면할면　　妙 묘할묘

巫 무당무　　吻 입시울문　　尾 꼬리미

（바音水）伴 짝반　　彷 방황할반　　妨 해로울방　　坊 막을방

尨 삽살개방　　伯 맏백　　汎 띠울범　　別 다를별　　兵 군사병

步 걸음보　　甫 클보　　孚 미쁠부　　否 아닐비　　佛 부처불

庇 덮을비　　妣 죽은어미비

（사音金）似 같을사　　些 적을사　　私 사사사　　刪 깍을산

杉 스기목삼　　床 평상상　　序 차례서　　成 이를성　　邵 높을소

束 묶을속　　宋 나라송　　秀 빼낼수　　伸 펼신　　辛 쓸신

身 몸신

（아音土）我 나아　　冶 불무야　　言 말씀언　　汝 너여

余 나여　　役 부일역　　延 맞을연　　吾 나오　　吳 오나라오

汚 더러울오　　完 완전할완　　妖 고울요　　佑 도울우　　位 벼슬위

酉 닭유　　攸 바유　　圻 언덕은　　吟 읊을음　　邑 고을읍

-322-

矣 어조사이　忍 참을인

（자音金）灼 구을작　作 지을작　壯 장할장　玎 옥소리정

赤 붉을적　佃 밭갈전　町 지경정　呈 드러낼정　廷 조정정

弟 아우제　助 도울조　足 발족　佐 도울좌　坐 앉을좌

住 머무를주　走 달아날주　舟 배주　址 터지　志 뜻지

池 못지　辰 별진　佚 바람질

（차音金）車 수레차　扦 꽂을천　肖 같을초　初 처음초

村 마을촌　吹 불취　七 일곱칠

（타音火）妥 편안할타　托 밀타　吞 삼킬탄　兌 서방태

兎 토끼면

（파音水）判 판단할판　貝 자개패　孛 혜성패　吠 개짖을폐

杓 자루표

（하音土）何 어찌하　汗 땀한　旱 가물한　含 먹을함

杏 은행행　夾 가질협　亨 형통할형　形 형상형　況 하물며항

孝 효도효　吸 마실흡　希 바랄희

【 八劃 】

（가音木）呵 꾸짖을가　佳 아름다울가　刻 새길각　玕 예쁜돌간

岡 뫼강　羌 오랑캐강　居 살거　杰 호걸걸　決 결단할결

-323-

庚 별경　京 서울경　炅 빛날경　坰 들경　季 말재게

屆 이을게　姑 시어미고　固 굳을고　孤 외로울고　昆 맏곤

坤 땅곤　供 이바지공　空 빌공　乖 헝그러질파　果 과실과

官 벼슬관　侊 클광　狂 미칠광　卦 점괘괘　咎 허물구

具 갖출구　玖 검은돌구　卷 책권　券 문서권　杏 받을근

金 성김, 쇄금　昑 밝을금　汲 물기를급　技 재주기　奇 기이할기

其 그기　汽 물김기　佶 바를길

(나音火) 奈 어지나(내)　念 생각념　孥 자식노　弩 소늬노

(다音火) 坮 집터대　岱 태산대　到 이를도　匋 질그릇도

東 동녁동

(라音火) 來 올래　兩 두량　戾 어그러질려　姈 계집영리할령

例 견줄례　侖 뭉치륜　肋 갈비뼈륵　林 수풀림　岦 산우뚝할립

(마音水) 罔 없을망　妹 아래누이매　枚 줄기매　孟 맏맹

氓 백성맹　盲 어를맹　泖 흘러가득할면　明 밝을명　命 목숨명

沐 목욕할목　牧 기를목　沒 죽을몰　歿 죽을몰　杳 아득할묘

武 호반무　汶 더럽힐문　門 문문　物 물건물　味 맛미

岷 산이름민　旻 하늘민

(바音水) 扮 구밀반　放 놓을방　房 방방　杯 술잔배

帛 비단백　佰 백사람백　秉 잡을병　并 아오릴병　服 옷복

奉 받들봉　扶 붙을부　府 마을부　阜 언덕부　斧 도끼부

汾 물흐를분　扮 잡을분　忿 분할분　奔 분주할분　彿 흡사할불

朋 벗붕　非 아닐비　卑 낮을비

(사音金) 社 모일사　祀 제사사　事 일사　使 하여금사

沙 모래사　舍 집사　疝 산증산　扱 거둘삽　尙 오히려상

狀 평상상　昔 옛석　析 나눌석　姓 성성　所 바소

松 솔송　受 받을수　垂 드릴수　承 이을승　昇 오를승

侍 모실시　呻 읊을신　兆 물심　沈 성심

(아音土) 亞 버금아　兒 아이아　岳 뫼악　岸 언덕안

軋 이슬알　岩 바위암　昂 밝을앙　厓 언덕애　艾 쑥애

夜 밤야　佯 거짓양　於 놀어　抑 누를억　奄 문득엄

易 바꿀역　炎 불꽃염　咏 읊을영　昨 밝을오　沃 기름질옥

臥 쉴와　枉 굽을왕　玨 왕성할왕　往 갈왕　汪 못왕

雨 비우　沅 물이름원　委 버릴위　乳 젖유　侑 짝유

臾 잠깐유　依 의지할의　宜 마땅의

(자音金) 刺 찌를자　姉 누이자　長 어른장　爭 다툴쟁

姐 교만할저　咀 씨울저　底 밑저　抒 북저　的 밝을적

炙 고기구울적　佺 이름전　典 법전　店 가개점　政 정사정

征 칠정　定 정할정　制 법제제　卒 군사졸　宗 마루종

周 두루주　呪 저주할주　宙 집주　枝 가지지　知 알지

直 곧을직　帙 책갑질

（차音金）刹 절찰　昌 창성할창　采 일채　妻 아내처

妾 첩첩　帖 문서첩　青 푸를청　招 부를초　忠 충성충

取 가질취　炊 불땔취　侈 사치할치　枕 벼개침

（카音水）快 쾌할쾌

（타音火）卓 높을탁　坦 평탄할탄　汰 새길태　投 던질투

妬 투기할투

（파音水）把 잡을파　杷 비파파　坡 언덕파　板 널판

版 쪼각판　八 여덟팔　佩 찰패　坪 들평　彼 저피

（하音土）函 함함　沆 물항　抗 항거할항　巷 거리항

幸 다행행　享 드릴향　弦 활시위현　協 화할협　呼 부를호

虎 범호　昊 하늘호　或 혹혹　昏 어두울혼　和 화목화

況 하물며황　効 공효효　扱 거두어가질흡

【九劃】

（가音木）架 시렁가　柯 가시가　却 물리칠각　肝 간간

竿 대줄기간　看 볼간　姦 간사할간　曷 어찌갈　柑 굴감

押 도울감　姜 성강　皆 다개　客 손객　拒 막을거

炬 횃불거　建 세울건　怯 겁낼겁　畎 이랑견　係 이을계

契 계약할계　癸 북방계　界 지경계　計 셀계　枯 마를고

故 연고고　珙 옥이름공　恐 두려울공　怪 괴이할괴　科 과거과

冠 갓관　枸 구기자구　拘 잡을구　姤 만날구　九 아홉구

軍 군사군　奎 별규　尅 제할극　急 급할급　矜 자랑할긍

紀 벼리기　祈 빌기

（나音火）南 남녁남　奈 벗내　耐 견딜내　怒 성낼노

泥 진흙니

（라音火）段 계단단　畓 논답　待 기다릴대　度 법도도

突 우득할독

（라音火）拉 잡을랍　亮 밝을량　侶 짝려　怜 영리할영

晽 영롱할영　囹 옥령　柳 버들류　律 법률　俐 영리할리

（마音水）抹 바른말　昧 어두울매　勉 힘쓸면　面 낯면

冒 무룝쓸묘　某 아무모　侮 업신여길모　昴 별모　紗 현묘할묘

拇 엄지손가락모　眉 눈섭미　美 아름다울미　玟 옥돌민

（바音水）拍 칠박　泊 쉴박　叛 배반할반　拔 뺄발

厖 클방　盃 술잔배　拜 절배　柏 잣백　泛 뜰범

法 법법	便 오줌변	炳 빛날병	昞 빛날병	柄 자루병
並 아오릴병	保 보전할보	備 도울보	封 봉할봉	砆 부부부
負 짐질부	訃 부음부	赴 다다를부	玢 옥무늬분	盆 동이분
拂 떨칠불	飛 날비	泌 흐를비	玭 진주빈	
(사音金)	俟 기다릴사	泗 물사	柶 윷사	砂 모래사
思 생각사	査 사찰할사	削 깍을삭	衫 적삼삼	相 서로상
庠 학교상	牲 희생생	徐 천천히서	叙 펼서	姺 간들거릴선
宣 베풀선	泄 샐설	契 이름설(계약할계)	星 별성	性 성품성
省 살필성	沼 못소	俗 풍속속	帥 장수수	首 머리수
盾 방패순	循 조리돌릴순	是 이시	柿 감시	施 베풀시
柴 나무시	食 밥식	信 믿을신	室 집실	甚 심할심
(아音土)	噩 깜짝놀랄악	殃 재앙앙	哀 슬플애	約 언약약
疫 염병역	彦 클언	沿 좇을연	衍 넓을연	姸 고을연
染 물들일염	泳 헤엄칠영	暎 비칠영	盈 찰영	屋 집옥
畏 두려울외	歪 비뚤왜	娃 아름다운계집와	玩 구경할완	要 종용요
姚 예쁠요	勇 날날용	禹 임금우	昱 날빛욱	爰 이에원
怨 원망할원	垣 담원	威 위험위	兪 대답할유	幽 그윽할유
油 기름유	柔 부드러울유	柚 유자유	垠 언덕은	音 소리음
泣 울읍	姨 이모이	怡 화할이	咽 목구멍인	姻 혼인인

(자音金) 泚물맑을자　姿맵시자　者놈자　芍작약작
炸터질작　昨어제작　狀형상상　抵밀저　前앞전
訂평론할정　亭정자정　貞곧을정　窄함성징　狙죽을조
拙옹졸할졸　柱기둥주　炷심지주　姝분바를주　胄투구주
紂말뒷거리주　奏아릴주　俊준걸준　重무거울중　卽곧즉
則곧즉측　祉복지　咫지척지　姪조카질

(차音金) 昶밝을창　柵목책책　料키로미터척　泉샘천
穿뚫을천　俏아리따울초　招부를초　秒초심초　促재촉할촉
抽뺄추　秋가을추　酋괴수추　袖북축　春봄춘
衷속충　峙재시　治다스릴치　勅신칙할칙　侵침노할침

(타音火) 炭숯탄　眈볼탐　怠개어일태　殆위태할태
泰클태

(파音水) 怕두려울파　波물결파　便편할편　扁작을편
泙물소리평　怖두려울포　泡물거품포　抱안을포　拋던질포
表겉표　品품수품　風바람풍　坡해칠피　泌물흐릴필
泛물소리핍

(아音土) 河물하　虐사나울허　咸다함　肛분문항
缸항아리항　況하물며항　孩어린아이해　咳기침해　香향기향
奕클혁　革가죽혁　泣깊을현　炫밝을현　胘햇빛현

俠협기협　型모양형　泂찰영　炯빛날형　狐여우호

泓물깊을홍　紅붉을홍　虹무지개홍　奐클환　宦내관환

皇임금황　徊배회할회　廻돌아올회　侯제후후　厚두터울후

後뒤후　俙방불할희　姬계집희

【十劃】

（가音水）痂흠집가　袈가시가　哥형가　家집가

珏쌍옥각　剛굳셀강　芥저자개　豈어찌개　個낱개

桀사나울걸　格이를격　肩어깨견　缺어그러질결　兼겸할겸

徑지름질경　耕갈경　耿빛날경　桂계수나무계　烓밝을계

筓비녀계　高높을고　羔염소고　脚다리고　庫곳집고

哭울곡　骨뼈골　拱꼬을공　恭공손공　蚣지내공

貢바칠공　怪괴이할괴　括헤아릴괴　洸물소리광　桄버들광

狡교활할교　校학교교　俱함께구　矩법구　鬼귀신귀

倦게으를권　根뿌리근　衿옷깃금　衾이불금　級등급급

肯즐길긍　記기록할기　起일어날기　氣기운기　耆늙을기

豈어찌기

（나音火）拏잡을나　娜아름다울나　娚오래비남　納들일납

娘아씨낭　紐맬뉴

-330-

（다音火）疸 항달단　唐 당나라당　倒 거꾸러질도　桃 복숭아도
徒 무리도　　島 섬도　　挑 돈을도　　洞 고울동　　桐 오동동
炯 더울동　　凍 얼동

（라音火）烙 지질락　洛 낙수락　　涼 서늘량　　旅 나그네려
烈 매울렬　　玲 옥소리령　料 헤아릴료　留 머무를류　栗 밤률
凌 업신여길릉

（마音水）馬 말마　　娩 순산할만　邙 북망산망　梅 매화매
埋 묻을매　　眠 졸민　　冥 어두울명　紋 무늬문　　紊 얼킬문
珉 옥돌민

（바音水）珀 호박박　般 일반반　　紡 길삼방　　芳 꽃다울방
肪 자을방　　倣 본받을방　俳 광의배　　配 짝배　　　倍 갑절배
栢 잣백　　　病 병들병　　竝 아우릴병　峯 봉오리병　峰 봉오리봉
俸 녹봉　　　芙 부용부　　俯 구부릴부　剖 쪼갤배　　釜 가마부
芬 향기분　　粉 가루분　　紛 시끄러울분　匪 아닐비　秘 비밀할비
肥 살찔비

（사音金）祠 사당사　紗 집사　　　射 쏠사　　　師 스승사
朔 초하루삭　殺 죽일살　　桑 뽕나무상　索 찾을색　　恕 용서할서
書 글서　　　徐 천천히서　席 자리석　　扇 부채선　　洩 셀설
城 재성　　　娍 헌걸찰성　洗 씻을세　　素 힐소　　　笑 웃음소

-331-

孫 손자손	衰 쇠할쇠	修 닦을수	洙 물가수	殊 다를수
狩 사냥할수	洵 믿을순	殉 구할순	純 순전할순	拾 주을습
乘 탈승	時 때시	息 쉴식	神 귀신신	娠 아이밸신
迅 빠를신	訊 무릎신	十 열십		
(아音土)	娥 예쁠아	芽 싹아	按 누를안	晏 늦을안
案 책상안	秧 모양	弱 약할약	洋 바다양	圄 옥어
娟 예쁠연	宴 잔치연	烟 연기연	芮 풀예	烏 가마귀오
娛 기쁠오	邕 막힐옹	翁 늙은이옹	倭 나라왜	窈 고요할요
辱 욕욕	容 얼굴용	祐 도울우	或 빛날욱	芸 향풀운
耘 김맬운	原 언덕원	遠 성원	員 관원원	洧 물이름유
育 기를육	殷 나라은	恩 은혜은	倚 의지할의	益 더할익
(자音金)	玆 이자	疵 흠집자	恣 방자할자	酌 술잔잔
栓 나무못정	展 펼전	庭 뜰정	娣 제수제	祖 조상조
租 부세조	挑 돋을조	曹 무리조	祚 복조조	蚤 벼룩조
座 자리좌	洲 물가주	株 줄기주	酒 술주	峻 높을준
埈 높을준	准 법준	烝 찔증	症 병증	持 가질지
指 손가락지	肢 사지지	紙 종이지	祗 공경지	芝 지초지
晋 나라진	津 나루진	珍 보배진	眞 참진	奏 진나라진
珍 보배진	疾 병질	秩 차례질	朕 나짐	

（차音金）差 어긋날차　借 빌릴차　倉 창고창　哲 밝을철
畜 기를축　祝 빌축　臭 냄새취　値 만날치　恥 부끄러울치
針 바늘침　秤 저울칭

（타音火）託 부탁할탁　眈 흘겨볼탐　特 특별할특

（파音水）芭 파초파　派 갈래파　圃 체전포　砲 개포포
豹 표범표　疲 피곤할피

（하音土）夏 여름하　恨 한할한　狠 사나울한　航 배항
恒 항상항　奚 어지해　害 해할해　核 씨핵　倖 요행행
軒 마루헌　峴 고개현　眩 현황할현　玹 옥돌현　峽 산골협
笏 홀홀　核 씨해　洪 넓을홍　花 꽃화　桓 나무환
括 모을활　活 살활　晃 밝을황　洸 물넓을황　肴 안주효
候 기후후　效 본받을효　訓 가르칠훈　恤 근심할휼　訖 이를흘
恰 마침흡　洽 화할흡　唏 탄식할희

【 十一劃 】

（가音木）苛 까다로울가　假 거짓가　琅 옥간　苷 감초감
勘 마감할감　減 감할감　崗 산등성이강　康 평안강　健 건강할건
虔 공경할건　乾 하늘건　涓 물견　堅 굳을견　牽 이끌견
訣 비결결　竟 마침경　頃 이랑경　卿 벼슬경　械 지계계

-333-

啓 열개 苦 쓸고 崑 산이름곤 苟 굴대골 貫 꿰일관

硄 돌빛광 皎 힐교 教 가르칠교 區 구역구 救 구원할구

國 나라국 圈 우리권 珪 서옥규 規 법규 近 가까울근

崎 산길험할기 寄 부탁할기 基 터기 飢 주릴기 旣 이미기

(나音火)那 어쩌나 訥 말더듬거릴눌

(다音火)蛋 새알단 堂 집당 帶 띠대 袋 자루대

豚 돼지돈 動 움직일동 得 얻을득

(라音火)浪 물결랑 郞 밝을랑 狼 이리랑 略 간략할략

蛉 고추잠자리령 聆 들을령 鹿 사슴록 累 얽킬류 流 흐를류

崙 산이름륜 倫 인륜륜 率 헤아릴률 勒 자갈록 梨 벼리

俐 영리할리 裏 밝을리 笠 갓립 粒 쌀낱립

(마音水)麻 삼마 晩 늦을만 挽 끌만 望 바랠망

脉 맥맥 麥 보리맥 覓 자을멱 冕 면류관면 茅 띠묘

苗 삭모 務 힘쓸무 茂 무성할무 問 물을문 敏 민첩할민

密 빽빽할밀

(바音水)舶 큰배박 返 돌아올반 班 반열반 邦 나라방

訪 찾을방 徘 배회할배 培 북돋을배 背 등배 梵 불경법

屛 병풍병 烽 봉화봉 符 병부부 浮 뜰부 婦 며느리부

副 버금부 埠 선창부 崩 무너질붕 婢 여종비 彬 빛날빈

貧 간난할빈.

（사音金）徙 옮길사　蛇 뱀사　赦 죄사할사　邪 간사할사

斜 빗길사　產 나을산　參 셋삼　商 장사상　常 항상상

爽 틀릴상　祥 상서상　笙 저생　胥 서로서　庶 뭇서

旋 돌선　船 배선　雪 눈설　卨 이름설　設 베풀설

涉 거늘섭　晟 밝을성　細 가늘세　紹 이을소　消 살아질소

疎 성길소　巢 세집소　率 거느릴소　訟 송사할송　悚 두려울송

袖 소매수　羞 부끄러울수　珣 옥그릇순　術 꾀술　崇 높을숭

習 익힐습　匙 소가락시　埴 진흙식　紳 큰띠신　晨 새벽신

悉 알실

（아音土）啞 벙어리아　堊 백토아　眼 눈안　庵 암자암

崖 낭떨어질에　野 들야　若 같을약　魚 고기어　御 모실어

焉 어조사언　域 지경역　涓 가릴연　硏 갈연　軟 부드러울연

悅 기뻐할열　英 꽃부리영　迎 맞을영　梧 오동오　悞 그릇오

敖 자만할오　訛 거짓말와　浣 옷빨완　婉 예쁠완　欲 하고자할욕

浴 목욕할목　庸 떳떳용　湧 날뛸용　偶 우연우　尉 벼슬위

苑 동산원　胃 밥통위　偉 클위　唯 오직유　悠 멀유

胤 씨윤　移 옮길위　翌 명일익　匿 숨물익　寅 동방인

（자音金）紫 붉을자　雀 참새작　帳 장막장　張 베풀장

-335-

章 글장　　將 장수장　　笛 피리저　　專 오로지전　　頂 이마정

停 머무를정　　偵 탐문할정　　挺 뺄정　　旌 기정　　悌 공경제

第 차례사　　祭 제사제　　粗 거칠조　　組 인끈조　　曹 무리조

彫 새길조　　釣 낚시조　　條 가질조　　鳥 새조　　族 일가족

從 좇을종　　終 마침종　　挫 꺾을좌　　珠 구슬주　　硃 주사주

胄 맏아들주　　晝 낮주　　做 지을주　　悛 고칠준　　趾 발지

振 떨칠진　　窒 막힐질　　執 잡을집

（자음金）　　捉 잡을착　　參 참여할참　　斬 베일참　　唱 부들창

娼 창녀창　　窓 창창　　釵 비녀채　　責 꾸짖을책　　處 곳처

戚 친척척　　脊 등마루척　　淸 맑을청　　晴 개일청　　崔 높을최

娶 장가들취　　側 곁측　　痔 치질치

（타음火）　　唾 침타　　貪 탐할탐　　苔 이끼태　　胎 애밸태

桶 통통　　偸 구차할투

（파음水）　　婆 할미파　　販 팔판　　狽 낭패할패　　浿 물가패

敗 패할패　　悖 거스릴패　　偏 치우칠편　　肺 허파폐　　閉 닫을폐

浦 물가포　　捕 잡을포　　胞 애밸포　　票 표표　　被 입을피

畢 마칠필　　偪 핍박할핍

（하음土）　　啣 명함함　　盒 합합　　港 항구항　　偕 함께해

海 바다해　　珦 옥이름향　　許 허락할허　　絃 줄현　　挾 낄협

邢 나라이름형　　彗 비혜　　晧 해돋을호　　浩 넓을호　　胡 어찌호

毫 터럭호　　婚 혼인할혼　　貨 재물화　　患 근심환　　鳳 봉황새봉

悔 뉘우칠회　　晦 그믐회　　淆 물가효　　焄 향내훈　　痕 흔치흔

-336-

【 十二劃 】

(**가音木**)訶 꾸짖을가　軻 바퀴구래가　傢 시험가　街 거리가

殼 껍질가　間 사이간　喝 구짖을간　酣 흥날감　堪 견딜감

敢 구태감　控 칠강　强 강할강　絳 짙게붉을강　凱 하활개

咯 기침객　距 상거거　鉅 클거　傑 호걸걸　結 맺을결

景 별경　詰 주낼고　皋 언덕고　胯 다리고　雇 품팔고

控 고을공　傀 엄전할괴　掛 걸괘　蛟 교통교　絞 금할교

球 옥경쇠구　邱 언덕구　掘 팔굴　貴 귀할귀　捲 거둘권

厥 그궐　鈞 근균　戟 장극　筋 힘줄근　給 줄급

淇 물이름기　棋 뿌리기　朞 돌기　欺 속일기　期 기약할기

幾 거의기　棄 버릴기　喫 먹을기

(**나音火**)捺 손으로누를날　能 능할능

(**다音火**)茶 차다　單 홑단　短 짧을단　淡 맑을담

覃 미칠담　答 대답답　棠 아가위당　貸 빌릴대　德 큰덕

屠 백정도　盜 도적도　敦 도타울돈　童 아이동　棟 들보동

痘 역질두　鈍 둔할둔　得 물모양득　登 오를등　等 무리등

(**라音火**)絡 연락할락　掠 노략할략　涼 서늘할량　量 헤아릴량

裂 찢을열　勞 수고로울로　淚 눈물루　琉 우리류　硫 유황류

淪 빠질륜　理 다스릴리　痢 이질리　淋 물댈림

-337-

(마音水) 茫 망할망 買 살매 寐 잘매매 媒 중매매

脈 맥맥 猛 날랠맹 棉 솜면 帽 모자모 賦 아름다울무

無 없을무 貿 무역할무 媚 마울고 嵋 산이름고 閔 성민

悶 민망할민

(바音水) 博 넓을박 迫 핍박할박 斑 아롱질반 發 필발

防 막을방 傍 의지할방 幇 도울방 排 밀배 輩 무리배

番 차례번 柄 자루병 堡 막을보 普 넓을보 復 다시부

茯 풍랑이복 棒 칠봉 傅 스승부 富 부자부 焚 불사를분

備 갖출비 費 비용비 馮 달빙

(사音金) 詞 말씀사 詐 거짓사 捨 놓을사 奢 사치할사

斯 이사 絲 실사 散 흩일산 傘 일산산 森 산엄한삼

象 코끼리상 喪 초상상 翔 날을상 甥 생질생 壻 사위서

棲 쉴서 揲 깃들일서 惜 아낄석 晳 분석할석 善 착할선

旋 돌이킬선 盛 성할성 貰 세낼세 稅 부세세 邵 땅이름소

掃 쓸소 粟 조속 巽 손방손 淞 강이름송 授 줄수

須 잠깐수 琇 옥돌수 荀 풀순 筍 대순순 順 순할순

循 돌순 淳 순박할순 舜 순임금순 述 지을술 勝 이길승

媤 시집시 視 볼시 弒 죽일시 猜 의심할시 殖 번식식

寔 이식 尋 찾을심 深 깊을심

-338-

(아音土) 雅 맑을아	惡 악할악	涯 물가애	液 진액액
掩 거둘엄	硯 벼류연	淵 못연	然 그럴연 焰 불꽃염
詠 읊을영	蛙 개구리와	堯 요임금요	寓 부칠우 雲 구름운
雄 수컷웅	阮 성원	媛 예쁠원	圍 에울위 爲 할위
越 넘을월	喩 호유할유	庾 노적유	惟 생각할유 閏 윤달윤
淫 음난할음	貳 두이	異 다를이	壹 한일 剩 남을잉
(자音金) 酢 수작할작	殘 쇠잔할잔	場 마당장	粧 화장할장
掌 손바닥장	貯 쌓을저	邸 집저	迪 나아갈적 荃 향풀전
奠 올릴전	絕 끊을절	楪 나무접	證 진할정 情 뜻정
淨 맑을정	程 법정	晶 맑을정	霽 울제 提 막을제
朝 아침조	措 둘조	詔 조서초	棗 대초조 尊 높을존
淙 물소리종	註 주낼주	蛛 거미주	竣 마칠준 衆 무리중
曾 일찍증	痣 사마귀지	智 지혜지	脂 기름지 診 볼진
迭 침노할질	跌 어긋날질	集 모을집	
(차音金) 着 입을착	參 참여할참	敞 넓을창	創 다칠창
採 캘채	策 꾀책	悽 슬플처	淺 얕을천 喘 숨쉴천
喆 밝을철	捷 이길첩	貼 부칠첩	替 대신할체 硝 망초초
稍 점점초	焦 델초	超 멸초	超 넘을초 草 풀초
最 가장최	推 밀추	軸 굴대축	就 나갈취 寢 잘침

(**타音火**) 探 정탐할탐　統 거느릴통　痛 아플통　筒 대통통

(**파音水**) 阪 언덕판　牌 패패　彭 성팽　貶 덜될폄

評 평론할평　敝 헤어질패　幅 폭폭　筆 붓필　弼 도울필

(**하音土**) 賀 하례할하　閑 한가할한　閒 겨를한　寒 찰한

割 벨할　沼 진흙물함　蛤 조개합　項 목항　解 풀해

虛 빌허　現 보일현　脅 갈빗대협　荊 가지형　逈 멀형

惠 은혜혜　皓 힐호　壺 병호　惑 의혹할혹　混 섞일혼

惛 혼비할혼　畵 그림화　黃 누를황　徨 방황할황　荒 거칠황

蛔 회충회　淮 물이름회　喉 목구멍후　胸 가슴흉　黑 검을흑

欽 공경흠　稀 탄식회　喜 기쁠회

【 十三劃 】

(**가音木**) 暇 겨를가　嫁 시집갈가　賈 값가　脚 다리각

幹 줄기간　揭 높이들간·계　感 느낄감　鉀 갑옷갑　渠 개천거

絹 비단견　鉗 재갈겸　粳 멥쌀경　脛 종아리경　經 글경

敬 공경경　傾 기우러질경　痼 고질고　鼓 북고　賈 살고

琨 옥곤　塊 땅덩이괴　窠 둥우리과　誇 자랑할과　琯 옥저관

莞 왕골완(관)　郊 들교　較 비교할교　鉤 끌구　鳩 비둘기구

舅 시아비구　窟 굴굴　跪 끌어안을궤　詭 속일궤　睽 해칠규

極 극락극　　　僅 겨우근　　　禁 금할금　　　琴 거문고금　　　禽 새금
琦 옥기　　　　祺 상서기　　　碁 바둑기　　　嗜 즐길기

（나音火）煖 더울난　　　暖 따뜻할난　　　湳 물이름남　　　農 농사농
惱 번뇌할뇌

（다音火）亶 믿을단　　　湍 여울단　　　煅 단련할단　　　痰 담담
塘 못당　　　　當 마땅당　　　碓 방아대　　　塗 진흙도　　　逃 도망할도
渡 건널도　　　悼 슬플도　　　督 독촉할독　　　頓 쪼아릴돈　　　働 노동할동

（라音火）亂 어지러울란　廊 월랑랑　　　粮 곡식량　　　煉 쇠붙일련
廉 청렴할렴　　鈴 종령　　　　零 떨어질령　　虜 사로잡을로　路 길로
祿 녹록　　　　琭 푸른돌록　　雷 우뢰뢰　　　稜 질모능　　　裡 옷속리
裏 속리

（마音水）痲 홍역마　　　莫 말막　　　　媒 거림매　　　盟 맹세맹
募 부릇모　　　睦 화목목　　　猫 고양이묘　　湄 물가미　　　迷 미혹할미
微 작을미

（바音水）頒 나눌반　　　飯 밥반　　　　煩 번민할번　　補 기울보
蜂 벌봉　　　　附 붙일부　　　琵 비파비　　　碑 비석비　　　聘 장가들빙

（사音金）嗣 이름사　　　揷 꽂을삽　　　湘 물상　　　　想 생각상
傷 상할상　　　詳 자세할상　　塞 막을세　　　嗇 인색할색　　暑 더워서
鼠 쥐서　　　　筮 시초점서　　羨 부러일선　　聖 성인성　　　勢 형세세

歲 햇세	頌 칭송할송	送 보낼송	碎 부술쇄	嫂 형수수
愁 근심할수	脩 길수	酬 갚을수	竪 세울수	嵩 산이름숭
詩 글시	試 시험할시	湜 맑을시	軾 수레식	新 새신
(아音土) 阿 언덕아	阿 언덕아	衙 마을아	握 잡을악	暗 어둘암
愛 사랑애	碍 막을애	惹 이끌야	耶 어조사야	爺 아비야
楊 버들양	揚 들날릴양	業 업업	逆 거스릴역	鉛 납연
椽 서가래연	湮 연기연	塋 무덤영	暎 비칠영	漢 물맑을영
裔 옷깃예	預 미리예	奧 깊을오	蜈 지내오	頊 사람이름욱
猥 망령될외	莞 왕골완	頑 완고할완	傭 고용살이할용	湧 날뛸용
愚 어리석을우	虞 염려할우	煜 빛날욱	郁 문채날욱	暈 해무리운
嫄 계집이름원	圓 둥글원	園 동산원	湲 물소리원	援 구원할원
渭 위수위	猶 같을유	愈 나을유	裕 넉넉할유	飮 마실음
揖 읍할읍	義 옳을의	意 뜻의	翊 도울익	靭 가슴걸이인
賃 세넬임				
(자音金) 雌 암컷자	資 재물자	盞 술잔잔	莊 석썩할장	
裝 꾸밀장	猪 돼지저	迹 자취적	跡 발자국적	賊 도적적
煎 조릴전	傳 전달전	殿 대궐전	電 번개전	詮 갖출전
靖 편안정	艇 눈망울정	鼎 솥정	艆 적은배적	跳 뛸조
照 비칠조	阻 막힐조	琮 옥종	誅 뺄주	稙 벼직

嗔 성낼진　　斟 짐작할짐

（차音金）嗟 슬플차　　粲 선명할찬　　債 빗질채　　牒 편지첩

楚 나라초　　蜀 나라촉　　塚 무덤총　　催 재촉할최　　追 쫓을추

椿 춘추나무춘　　測 측량할측　　雉 꿩치　　馳 달릴치　　痴 어리석을치

（타音火）陀 비알타　　頉 탈날탈　　脫 벗을탈　　塔 탑탑

湯 끄을탕　　退 물러갈퇴

（파音水）琶 비파파　　陂 언덕파　　楓 단풍나무풍

（하音土）荷 연하　　鉉 속기현　　嫌 혐의혐　　頰 뺨협

號 이름호　　湖 물호　　渾 흐를혼　　靴 양화화　　話 이야기화

煥 빛날환　　換 바꿀환　　渙 물부를환　　煌 빛날황　　會 모을회

賄 뇌물회　　逅 만날후　　嗅 냄새날후　　輝 빛날휘　　毀 헐훼

熙 빛날희　　詰 물을힐

【十四劃】

（가音木）嘉 아름다울가　　歌 노래가　　閣 집각　　斡 구슬간

碣 비석간　　監 볼감　　綱 벼리강　　降 내릴강　　箇 낱개

甄 질그릇견　　輕 가벼울경　　境 지경경　　誡 경계할계　　溪 시내계

誥 깨우쳐고할고　　鼓 북고　　槐 느티나무괴　　菓 실과과　　寡 적을과

廓 클곽　　管 왕굴관　　管 대통관　　僑 의지할교　　溝 개천구

菊 국화국　　郡 고을군　　劊 궤궤　　閨 계집규　　菌 버섯균

棘 가시나무국　旗 기기　　箕 치기　　緊 긴할긴

（나音火）寧 편안녕　　嫩 어릴눈

（다音火）端 끝단　　團 둥글단　　臺 집대　　對 대답대

途 길도　　搗 찧을도　　葡 포도도　　銅 구리동　　僮 아이종동

（라音火）裸 벗을나　　辣 몹시매울랄　郎 사내랑　　萊 쑥래

連 련할련　　領 거느릴령　　僚 동관료　　榴 석류류　　綸 벼리륜

慄 떨률　　綾 비단릉

（마音水）寞 적막할막　　幕 장막막　　輓 수레끌만　　網 그물망

綿 솜면　　滅 멸할멸　　溟 바다명　　鳴 울명　　貌 모양모

夢 꿈몽　　墓 무덤묘　　舞 춤출무　　聞 물을문　　蜜 꿀밀

（바音水）搏 없을박　　駁 얼룩말박　　搬 운반할반　　榜 방목방

裵 성배　　閥 문벌벌　　碧 푸른구슬벽　輔 도울보　　菩 보살보

僕 종복　　福 복복　　逢 만날봉　　鳳 새봉　　腑 장부부

腐 썩을부　　賦 부세부　　鼻 코비　　賓 손빈

（사音金）飼 칠사　　獅 사자사　　算 수놓을산　酸 실산

像 형상상　　嫦 계집아이이름상　裳 처마상　　嘗 맛볼상　　誓 명세세

逝 갈서　　瑞 서상서　　碩 클석　　瑄 구슬선　　說 말씀설

誠 정성성　　粹 순전할수　壽 목숨수　　瑟 비파슬　　僧 중승

-344-

飾 꾸밀식	愼 삼갈신	腎 콩팥신	實 열매실	
(아音土)	幹 돌 알 (두를간)	語 말씀어	與 더불여	鳶 솔개연
厭 싫을염	髥 수염염	瑛 옥빛영	榮 영화영	睿 성인예
寤 잠깰오	獄 옥옥	溫 따슬온	窩 움와	僥 요행요
搖 흔들요	溶 녹을용	踊 뛸용	殞 죽을운	熊 곰웅
源 근원원	猿 원숭이원	瑗 옥원	僞 거짓위	維 벼리유
銀 은은	爾 너이	認 알인	溢 넘칠익	
(자音金) 慈 사랑자	滋 부를자	獎 권면할장	嫡 정실적	
翟 꿩적	詮 갖출전	銓 저울질할전	箋 쪽지전	截 끊을절
禎 상서정	精 가릴정	堤 옥이름제	齊 모두제	製 지을제
造 지을조	趙 나라조	綜 모을종	種 심을종	綢 얼굴주
準 법준	罪 허물죄	誌 기록할지	蜘 지내지	塵 비록진
潛 물이름진	盡 다할진			
(차音金) 察 살필찰	愴 슬플창	槍 창창	滄 서늘할창	
暢 창달할창	彰 빛날창	菜 나물채	綴 맺을철	銃 총총
逐 쫓을축	翠 비취취	置 둘치	寢 잘침	稱 일컬을칭
(타音水) 誕 날탄	綻 터질탄	嘆 탄식할탄	奪 빼앗을탈	
態 태도태	通 통할통	透 통할투		
(파音水) 頗 자못파	飽 배부를포			

（하音土）限 한정한　閤 도장합　降 항복할항　該 그해

赫 빛날혁　熒 의혹할형　瑚 산호호　豪 호걸호　酷 혹독할혹

魂 혼혼　鉷 공동홍　禍 재화화　華 빛날화　瑗 옥환

滑 미끄러울활　猾 교활할활　瑝 옥소리황　滉 물넓고깊을황　酵 수괴일효

熏 불사를훈　携 끌휴　僖 즐거울희

【十五劃】

（가音木）駕 멍에가　稼 심을가　價 값가　葛 칡갈

緘 봉할감　慷 슬플강　慨 슬플개　槪 대개개　羹 국갱

儉 검소할검　劍 칼검　憩 쉴계　熲 빛날경　慶 경사경

磎 시내계　稿 볏집고　穀 곡식곡　課 부세매길과　郭 성곽

慣 익숙할관　寬 너그러울관　廣 넓을광　駒 망아지구　歐 성구

窮 궁진할궁　劇 연극극　槿 무궁화근　畿 경기기

（나音火）腦 머리골뇌

（다音火）談 말씀담　踏 밟을답　德 큰덕　稻 벼도

董 동독할동

（라音火）落 떨어질락　樂 즐거울락　摺 꺾을랍　樑 들보량

輛 수레량　諒 믿을량　慮 생각려　黎 검을려　閭 아문려

練 익힐련　魯 나라로　論 의논할론　磊 돌첩첩할뢰　漏 셀류

-346-

樓 다락루　劉 모금도루　戮 죽일류　輪 바퀴륜　履 밟불리

（ 마音水 ）摩 만질마　碼 아루마　漠 아득할막　滿 가득할만

慢 거만할만　萬 일만만　賣 팔매　魅 도깨비매　勵 힘쓸매

緬 멸면　慕 사모할모　模 법모　摸 본뜰모　暮 저물모

廟 사당묘　墨 먹묵　憫 총명할민

（ 바音水 ）盤 소반반　髮 터럭발　輩 무리배　賠 배상할배

魄 혼백　罰 벌줄벌　範 법범　鉼 정병　褓 포대기보

腹 배복　複 겹칠복　鋒 창봉　駙 부마부　部 나눌부

敷 펄부　墳 무덤분　噴 뿜을분　誹 흉볼비

（ 사音金 ）駟 사마사　寫 쓸사　賜 줄사　箱 상자상

賞 상줄상　署 쓸서　緖 실마리서　奭 클석　線 줄선

數 셈수　瘦 파리할수　誰 누구수　諄 도움순　陞 오를승

䚡 볼시　蝕 일식식　審 살필심

（ 아音土 ）鞍 안장안　樂 풍류악　磑 맷돌애　樣 양양

養 기를양　漁 고기잡을어　億 억억　緣 인연연　演 넓을연

閱 볼렬　熱 더울열　葉 잎엽　瑩 밝을영　影 그림자영

潁 물이름영　銳 날카로울예　瘟 온역온　緩 늦을완　腰 허리요

窯 질그릇요　慾 욕심낼욕　瑢 옥소리용　憂 넉넉할우　郵 우편우

院 집원　慰 위로위　衛 모실위　緯 씨위　誘 꾀일유

儀 거동의　誼 옳을의　疑 의심할의　毅 굳셀의　頤 턱이

逸 편안일

(자音金)磁 자석자　暫 잠깐잠　漳 물장　獐 노루장

腸 창자장　漿 초장　葬 장사지낼장　著 나타날저　滴 물방울적

敵 대적할적　摘 딸적　箭 화살전　篆 전자전　漸 점점점

蝶 나비접　除 제한제　阻 막힐조　調 고루조　嘲 조롱할조

腫 종기종　駐 말머무를주　週 주일주　廚 부엌주　儁 준걸준

緝 길삼주　增 더할증　摯 잡을지　稷 피직　陣 진칠진

進 나아갈진　震 진동할진　瑨 옥돌진　質 바탕질　徵 부를징

(차音金)慘 슬플참　慚 부끄러울참　廠 허깐창　陟 올릴척

踐 밟을천　賤 천할천　輟 그칠철　締 맺을체　滯 막힐체

逮 미칠체　摧 꺾을최　墜 떨어질추　樞 사두리추　皺 주름질추

築 쌓을축　衝 찌를충　趣 뜻취　醉 취할취　層 층층대층

齒 이치　徵 화음치　漆 칠할칠

(타音火)馳 약대타　墮 떨어질타　彈 탄환탄　歎 탄식탄

慟 애통할통

(파音水)編 엮을편　幣 헤칠폐　廢 폐할폐　葡 포도포

舖 펼포　暴 사나울폭 (포)

(하音土)蝦 두꺼비하　漢 한수한　緘 봉할함　賢 어질현

-348-

陜 좁을협　　瑩 옥빛형　　慧 지혜혜　　滸 물가호　　嬅 고울화

萱 원추리원　　輝 빛날휘　　興 일흥　　嬉 희롱할희

【 十六劃 】

（가音木） 慤 정성각　　艱 어려울간　　澗 개울물간　　諫 간할간

墾 개간할간　　鋼 강철강　　彊 굳셀강　　穅 겨강　　鋸 톱거

潔 맑을결　　頸 목경　　膏 기름고　　錕 붉은금곤　　過 지낼과

霍 빠를곽　　舘 객사관　　橋 다리교　　龜 거북귀　　窺 엿볼규

橘 귤귤　　瑾 옥근　　錦 비단금　　錡 가마귀　　機 베틀기

冀 바랄기　　器 그릇기

（나音火） 諾 허락낙

（다音火） 達 통달할달　　潭 연못담　　曇 흐를담　　糖 엿당

撞 칠당　　陶 질그릇도　　都 도읍도　　賭 내기도　　道 길도

導 인도할도　　篤 도타울독　　燉 불성할돈　　遁 달아날돈　　潼 물결높을동

橦 동나무동　　頭 머리두　　燈 등불등

（라音火） 駱 약대락　　歷 지날력　　曆 책역력　　璉 호릴련

憐 가련할련　　盧 성로　　錄 기록록　　賴 힘입을뢰　　瞭 밝을료

燎 비칠료　　龍 용룡　　陸 뭍륙　　廩 곳간름　　陵 능릉

璃 유리리　　燐 불꽃린　　霖 장마림

-349-

(마音水) 磨 갈마　　瞞 숙일만　　穆 화할목　　蒙 무릅쓸몽

默 잠잠묵　　憫 불쌍할민

(바音水) 撲 부딪칠복　　潘 성반　　壁 벽벽　　辨 분별할변

潽 넓을보　　憤 분할분　　奮 떨칠분　　頻 자주할빈

(사音金) 錫 주석석　　醒 술깰성　　燒 불사를소　　飱 밥손

遂 드릴수　　輸 보낼수　　樹 나무수

(아音土) 餓 굶을아　　謁 보일알　　鴦 원앙새앙　　諺 속담언

餘 나물여　　燃 불탄연　　燕 연나라연　　閻 아문염　　燁 빛날엽

豫 미리예　　隸 종예　　叡 밝을예　　甕 용벽옹　　蓉 연꽃용

遇 만날우　　運 운수운　　鴛 원앙새원　　謂 이를위　　違 어길위

儒 선비유　　諭 비유할유　　踰 넘을유　　遊 놀유　　潤 부를윤

融 화할융　　陰 그늘음　　凝 엉킬응

(자音金) 潛 잠길잠　　璋 서옥장　　墻 담장　　積 쌓을적

錢 돈전　　整 정제할정　　戰 싸울전　　靜 고요정　　錠 촛대정

蹄 굽제　　諸 모될제　　潮 밀물조　　儁 술통준　　輯 모일집

憎 미워할증　　蒸 찔증　　陣 배 풀진　　縉 분홍빛진　　臻 이를진

澄 맑을징

(차音金) 錯 섞일착　　餐 밥찬　　撰 갖출찬　　纂 모을찬

蒼 푸를창　　撤 거둘철　　諜 이간첩　　諦 살필제　　撮 비칠촬

-350-

錘 저울눈수　錐 송곳추　　蓄 쌓을축　　緻 톱톱할치　熾 불땔치

（카音木）噲 목구멍쾌

（타音火）憚 꺼릴탄　　撑 버틸탱　　頹 쇠할퇴

（파音水）罷 파할파　　播 펴질파　　澎 물소리팽　遍 두루평

瓢 표주박표　逼 가까울핍

（하音土）遐 멀하　　學 배울학　　謔 기롱학　　翰 깃한

陷 빠질함　　頷 턱함　　鹹 짤함　　骸 뼈해　　諧 해로할해

憲 법헌　　縣 고을현　　螢 반듸불형　衡 저울대형　澔 빛날호

圜 돌릴환　　潢 은하수황　熿 빛날황　　璜 반쪽둥근패황　曉 새벽효

勳 공훈　　諱 꺼릴휘　　熹 밝은희　　羲 기운희　　噫 슬플희

【十七劃】

（가音木）懇 정성간　憾 슬플감　　講 외울강　　據 웅거할거

鍵 자물쇠건　蹇 절건　　撿 살필검　　檢 교정할검　擊 칠격

激 경동할격　遣 보낼견　　謙 겸손할검　璟 옥빛경　　擎 들경

階 섭돌계　　舘 객사관　　矯 바로잡을교　鞠 굽을필국　擒 사로잡을금

禨 상서기　　璣 구슬기

（나音火）濃 걸쭉할농

（다音火）檀 박달나무단　鍛 단련할단　撻 종아리칠달　擔 짐담

-351-

澹 맑을담　隊 때대　蹈 밟을도　鍍 도금할도　獨 홀로독

瞳 눈동자동　膽 담담

(라音火) 勵 힘쓸려　鍊 단련할련　聯 연합할련　蓮 연꽃련

斂 거둘렴　濂 경박할렴　嶺 재령　撈 노획할로　儡 꼭두각시뢰

暸 눈밝을로　隆 높을륭　罹 걸릴리　璘 옥무니린

(마音水) 蔑 업신여길멸　彌 많을미

(바音水) 璞 옥덩어리박　磻 시내반　謗 나무란방　磻 옥반

繁 성할번　餠 떡병　縫 꿰멜봉　蓬 쑥봉　賻 부이부

膚 피부피　糞 똥분　嬪 계집이름빈

(사音金) 謝 사례할사　蔘 인삼삼　霜 서리상　償 갚을상

嶼 섬서　鮮 생선선　禪 전위할선　燮 불꽃섭　聲 소리성

蔬 풋나물소　遜 겸손할손　隋 나라수　雖 비로소수　穗 이삭수

瞬 잠깐순　膝 무릎슬　諡 시호시

(아音土) 嶽 뫼뿌리악　癌 암병암　襄 도울양　陽 볕양

憶 생각할억　轝 상여여　嬰 어릴영　擁 안을옹　謠 노래요

隅 모퉁이우　優 광대우　蔚 고을이름울　遠 멀원　應 응할응

翼 날개익

(자音金) 蔣 풀장　齋 집제　績 길삼적　點 점점

隄 막을제　操 잡을조　縱 길이종　鐘 쇠북종　駿 준마준

-352-

甑 시루증　　 璡 옥돌진

(차音金)燦 빛날찬　　 蔡 성채　　　擅 천단할천　　 請 청할청

遞 갈아드릴체　 燭 촛불촉　　 總 거느릴총　　 聰 귀밝을총　　 趨 달아날추

醜 더러울추　 縮 쭈그러질축　 鍼 침침

(타音火)濁 흐릴탁　　 擇 가릴택

(하音土)霞 노을하　　 韓 나라한　　 澣 빨한　　　 轄 다스릴할

鄕 시골향　　 鴻 기러기홍　 璜 반달옥황　 澮 도장회　　 虧 이즈러질휴

戱 복희

【 十八劃 】

(가音木)簡 편지간　 襁 포대기강　 蓋 덮을개　　 隔 막힐격

鵑 두견견　　 鎌 낫겸　　 壙 광중광　　 驕 교만할교　 舊 옛구

歸 돌아갈귀　 闕 대궐궐　　 櫃 궤궤　　　 竅 구멍규　　 隙 틈극

謹 삼갈근　　 覲 보일근　　 騎 말발기　　 騏 준마기

(다音火)斷 끊을단　　 擡 들대　　　 戴 이을대

燾 덮을도　　 禱 기도할도　 遯 달아날돈　 董 자오락동

(라音火)濫 넘칠람　　 糧 양식량　　 禮 예도례　　 壘 쌓을루

鯉 잉어리

(마音水)謾 속일만　　 謨 꾀모　　　 濛 이슬비몽　 鵡 앵무새무

-353-

飜 날번　　壁 구슬벽　　癖 질병벽　　覆 덮을복　　馥 향기복

鄙 더러울비　　殯 염할빈

（사音金） 雙 쌍쌍　　曙 새벽서　　繕 기울선　　膳 반찬선

簫 퉁소소　　繡 수놓을수　　濕 젖을습

（아音土） 鵝 거위아　　顔 얼굴안　　隘 막을애　　額 이마액

穢 더러울예　　曜 빛날요　　鎔 녹일용　　魏 위나라위　　醫 의원의

鎰 낭중일

（자音金） 爵 벼슬작　　雜 섞일잡　　醬 간장장　　謫 귀양갈적

適 편할적　　蹟 사적적　　轉 구를전　　題 글제　　濟 건널제

遭 만날조　　濬 깊을준　　織 짤직　　職 벼슬직　　鎭 진남할진

（차音金） 璨 옥찬　　擦 문지를찰　　蕉 파초초　　礎 주춧돌초

叢 떨기총

（타音火） 濯 씻을탁　　蕩 클탕

（파音水） 膨 배부를팽　　鞭 채찍편　　蔽 가릴폐　　豐 풍년풍

（하音土） 闔 문짝합　　蟹 게해　　濠 물호　　鎬 호경호

環 돌릴환　　繪 그림회　　獲 얻을획　　梟 올배미호　　燻 불기운훈

【 十九劃 】

（가音木） 彊 지경강　　薑 생강강　　繭 고치견　　鯨 고래경

鏡 거울경　　繫 맬계　　壞 무너뜨릴괴　關 집관　　麒 기린기

（나音火）難 어려울난　膿 고름농

（다音火）譚 말씀담　　膽 담담　　犢 송아지독

（라音火）麗 고울려　　簾 발렴　　獵 사냥할렵　麓 산기슭록

遼 멀료　　離 떠날리

（마音火）霧 안개무

（바音水）薄 엷을박　　簿 누에발박　龐 어수선할방　譜 족보보

簿 문서부　　鵬 새붕

（사音水）瀉 쏟을사　　辭 말씀사　　選 가릴선　　譔 지을선

璿 고운옥선　薛 쑥설　　獸 짐승수　　識 알식　　薪 섶신

（아音土）艶 탐스러울염　穩 편안할은　擾 요잔할우　韻 운운

願 원할원　　遺 끼칠유

（자音金）鵲 까치작　　障 막힐장　　薔 장미꽃장　顚 거꾸러질전

鄭 나라정　　際 지음제　　遵 쫓을준　　贈 줄증　　證 증거증

遲 더딜지　　懲 징개할징

（차音金）贊 도울찬　　擲 던질척　　遷 옮길천　　薦 천거할천

寵 고일총　　蹴 찰축

（파音水）瀑 폭포폭　　爆 불터질폭

（하音土）鹹 짤함　　邂 만날해　　瀅 물맑을영　穫 거둘확

擴 넓힐확　膾 회회　繪 그림회　薨 죽을훙

【二十劃】

（가音木）覺 깨달을각　遽 역마수레거　競 다툴경　警 일깰경

瓊 옥경　繼 이을계　鑛 쇳돌광　勸 권할권　饉 주릴근

（다音火）黨 무리당　騰 오를등　藤 능쿨등

（라音火）羅 벌릴라　懶 게으를라　藍 쪽람　瀝 스밀력

露 이슬로　爐 화로로　隣 이웃린

（마音水）饅 만두만

（바音水）寶 보배보　譬 비유할비

（사音金）薩 보살살　孀 과부상　薯 마서　釋 놓을석

騷 소동할소

（아音土）壤 흙덩이양　譯 번역할역　耀 빛날요　邀 맞을요

議 의논의

（자音金）藏 감출장　藉 깔자　籍 호적적　臍 배꼽제

鐘 쇠북종

（차音金）纂 모을찬　觸 밟을촉

（타音火）鬪 싸움투

（파音水）飄 나부낄표　避 피할피

（하音土）艦 싸움배함　懸 달현　　馨 향기향　　還 돌아올환

懷 품을회　　薰 향풀훈　　犧 희생할희　曦 햇빛희

【 二十一劃 】

（가音木）鷄 닭계　　顧 돌아볼고　饑 주릴기　　夔 외발짐승기

（라音火）癩 문둥병라　爛 찬란할란　覽 볼람　　臘 섣달랍

蠟 밀랍

（마音水）魔 마귀마

（바音水）翻 되칠번　　闢 열벽　　　霹 벼락벽　　辯 말씀변

（사音金）續 이을속　　屬 붙일속　　隨 쫓을수

（아音土）櫻 앵두앵　　鶯 꾀꼬리앵　藥 약약　　　躍 뛸약

藝 재주예　　譽 기릴예　　邇 가가을이

（자音金）竈 부엌조　　躊 머뭇거릴주

（차音金）饌 반찬찬　　懺 뉘우칠참　鐵 쇠철

（타音火）鐸 방울탁

（하音土）鶴 학학　　　險 험할험　　護 호위호　　鰥 홀아비환

劃 그을획

【 二十二劃 】

（가音木）鑑 거울감　　灌 관물관　　懼 두려울구　權 권세권

-357-

競 다툴경

（나音火）囊 주머니낭

（다音火）讀 읽을독

（라音火）轢 수레바퀴에 칠력　饗 갈대로

（마音水）巒 산봉우리만　彎 활당길만

（바音水）邊 갓변　　變 변할변

（사音金）攝 잡을섭　蘇 들깨소　蘇 들깨소　贖 살속

鬚 수염수　襲 입을습

（아音土）隱 숨을은

（자音金）霽 겔제　鑄 부을주

（차音金）疊 거듭첩　聽 들을청

（하音土）響 소리향　聾 귀먹을롱　歡 기쁠환

【 二十三劃 】

（가音木）驚 놀랠경　鑛 쇳덩이광

（라音火）蘭 난초난　鑞 백철납　戀 생각련　麟 기린린

鱗 비늘린

（바音水）鱉 자라별

（사音金）纖 가늘섬　髓 골수　讐 원수수

-358-

（아音土）巖 바위암　　驛 역말역　　燕 제비연

（차音金）體 몸체

（타音火）灘 어려울탄

（하音土）驗 준험할험　　顯 나타날현

【 二十四劃 】

（라音火）靈 신령령　　鑪 화로로　　鷺 백로로

（아音土）讓 사양할양　　釀 술빚을양　　鹽 소금염　　鷹 매응

（자音金）蠶 누에잠　　臟 창자장

（차音金）瓚 옥찬　　讒 참소할참　　囑 부탁할촉　　矗 오뚝할촉

【 二十五劃 】

（가音木）觀 볼관

（라音火）蘿 무라

（마音水）蠻 오랑케만

（차音金）韆 그내천　　廳 들을청

【 二十六劃 】

（가音木）罐 두루박관　　驥 준마기

（라音火）驢 나귀려

（ 마音水 ）灣 물대일만

（ 아音土 ）欝 답답할울

（ 차音金 ）讃 도울찬

【 二十七劃 】

（ 가音木 ）顴 광대뼈관

（ 라音火 ）蠻 방울만

（ 차音金 ）鑚 뚫을찬

【 二十八劃 】

（ 아音土 ）鸚 앵무새앵

【 二十九劃 】

（ 라音火 ）驪 검은말려

（ 아音土 ）鬱 답답할울

【 三十劃 】

（ 라音火 ）鸞 난세란

제 3 장　姓名文字의　順逆論
（이 論說은 參考로 알아 둘것）

　人生（인생）은 自然이 創造（창조）한 지구상에서
自然이 만든 空氣（공기）가 存在（존재）한다는 것은
우리들의 生活（생활）에 根本的인 중대사란 것은 國民學
校 아동들도 알고 있는 것이다. 공기가 충만되어 있는 공
간에도 우리들의 頭上（두상）머리위에 展開（전개）되는
것을 天（천） 하늘이라고 稱（칭）하고 있는 것이다. 가
상적으로 天（천）과 地（지）의 넓이를 想像（상상） 해
보면 勿論（물론） 周圍（주위）를 휘두르고 있는 天（천
） 하늘이 地（지）땅에 比（비）하여 광대하다는 것은
周知（주지）의 사실이다. 또는 우리가 地上（지상）에
발（足）을 부치고 있는 限（한） 天 하늘은 우리의
頭上（두상） 머리에 있는 것이다. 즉 우리들은 天（천
）을 頭上（두상）으로 하고 地（지）를 足下（족하） 발
밑으로 하고 人間（인간）은 天（천）과 地（지）의 中間（
중간）에 存在（존재）하는 것이 된다. 東洋（동양）에서
는 여러가지 技術（기술） 또는 藝術等（예술등）의 구성
을 天・人・地（천 인 지）의 三才（삼재）에 象（상）을
딴 것이다. 그리하여 그것을 어떻게 組立（조립）하는가의 예
가 問題의 비법으로 나온 것이다. 여기서 姓名学（
성명학）에다 天地人格（천지인격）을 적용하면은 姓

字（성자）가 天格（천격）이고 名上字（명상자）가 地格（지격）이 되는 것이며, 人（인）은 姓名全體（성명전체）를 말하는 것이다. 文字（문자）의 劃數（획수）를 계산하여 생각하여 보면 主人公（주인공）의 운명이 잘 適中（적중）되는 것이다.

劃數計算法（획수계산법）은 十數（십수） 또는 二十數（이십수）는 除外（제외）하고, 九數未滿（구수미만）의 단위로 天은 地보다 廣大（광대）함을 원칙으로 하여, 역시 天格（천격）인 姓字（성자）의 九數未滿（구수미만）의 單數（단수）가 名上字（명상자）의 地格（지격）보다 多劃（다획）으로 하는 것이 必然的（필연적）인 原則（원칙）이며 이것을 姓名學上（성명학상） 天地（천지）의 順（순）이라하고,反對（반대）로 地格（지격）의 劃數（획수）가 天格（천격）의 劃數（획수）보다 多數（다수）인 경우에는 天地의 逆（역）이라 하고,順（순）은 大吉（대길）하나 逆（역）은 大凶（대흉）할 것이다. 例컨데 金南德（김남덕）이란 姓名이 있다면 金（김）은 八劃이고,南（남）은 九劃（구획）이니, 天보다 地가 多數（다수）인지라 逆（역）이 되는 것이다. 天地의 順逆（순역）上 大凶（대흉）이 되는 것이다. 反對（반대）로 李大秀（이대수）란,主人公（주인공）이 있다면,李（이）는 七劃（칠획）이요. 大（대）는 三劃（삼획）이니 天七（천칠)은 다획이고, 地 (지) 三 (삼)은 小劃 (소획)이니 順逆上 (순역상) 順 (순)에 속하니 大吉 (대길)할 것이다. 이것은 單字姓 (단자성)인 경우나 二字姓 (두자성) 경우나 姓上字 (성상자)가 天格 (천격)이며, 名上字(명상자)가 地格 (지격)이고, 全體 (전체)가 人格 (인격)이 되는 것이다. 單字姓 (단자성)에 單字名 (단자명)은 그대로 上은 天, 下는 地가 되는 것이다.

二字姓 (두자성)에 單字名 (단자명)을 가진 사람은 姓上字 (성상자)가 天格 (천격)이고 名字가 地格이 되는 것이다. 天地 (천지)의 順逆 (순역)에 대하여서 더욱 상세한 설명은 다음에 기술하기로 한다. 姓字 (성자)는 特別 (특별)한 경우가 아니면 出生 (출생)과 同時 (동시)에 其家門 (그가문)의 姓字 (성자)가 自律的 (자율적)으로 계승되는 것이며, 出生後 (출생후)에 각기 개체의 符號)로서 名(명)을 定 (정)하게 되는 것이다. 이 社會 (사회) 모든 現狀 (현상)이 各各 (각각) 頭字 (두자)는 특별한 인상을 우리에게 주고 있는 것이 사실이다. 우리들이 어떤 姓名하나를 보더라도 반드시 姓字 (성자)와 名一字 (명일자)에 격별한 주의심이 가는것이 天地格 (천지격)이 있는 관계인 것이다. 上은 天이고 名上은, 地 (지)가 되고, 人間 (인간)은 中間 (중간)에 있다고 보는 者 (자)가 있을지 모르나 人間 (인간)은

自由（자유）로 독자적 활동을 하고 있으므로 天地（천지）가 正當（정당）하고, 즉 順天格（순천격）이면 人間은 生活上（생활상） 만사가 順調（순조）로운 것이며 反對（반대）로 天地格（천지격）이 逆天格（역천격）이라면 生活上（생활상） 제반사가 難成（난성）할 것이니 人格（인격）은 즉 성명전체에 左右（좌우）되는 것이다. 이것은 수만인의 과거와 현재를 통계하여 연구한 끝에 발견된 통계학적인 조건인 만큼 他（타）에 제반조건과 같이 作名（작명） 또는 鑑定（감정）을 할때에 절대로 적용시켜야 할것은 姓名學（성명학） 第二의 條件（조건）으로 여기에 기재하는 것이다.

天地格（천지격）에 있어서 順天格（순천격）인 姓名（성명）의 主人公（주인공）은 和順（화순）한 性格（성격）을 가질 것이고, 逆天格（역천격）인 姓名（성명）의 主人公（주인공）은 性格（성격）이 暴惡（폭악）한 자가 많이 생기는 것이 통계학상에 나타나는 現實（현실）임으로 考慮（고려）할 점이 있는 학설임으로 재차 강조하는 바이다.

"例" 天地格（천지격）의 順（순）과 逆（역）을 상술한다.

1. 順天格（순천격）의 姓名（성명）

天地人 九 八 七 南東秀（남동수） 天多（천다） 地

少（지소）함으로 順天（순천）이 되는 것이고 大吉（대길）에 속하는 格（격）이다.

1. 逆天格（역천격）의 姓名（성명）

朴　東　秀（박동수）

六　八　七

天　地　人　天小（천소）　地多（지다）함으로　逆天（역천）이 되는 것이며　大凶（대흉）에 속하는 格（격）이다.

但, 姓字劃數（성자획수）가 十數（십수）인 경우는 姓名上字, 天地格（성명상자, 天地格）을 보는 法（법）으로 九劃（구획）으로 算（산）하고 十一劃數, 姓 崔氏（십일획수 성 최씨） 또는 張氏, 許氏（장씨, 허씨）는 一劃（일획）으로 계산하는 것이니 注意（주의）가 要한다.

（이 法은 많이 쓰지 아니한 것이다.　先人의 某가 論한바 있기에 기록함이니 作名上에 參考함이 좋을 것이다.）

제4장　雅號　및　商號作法

1. 雅　號

雅號（아호）는 人間（인간）의 品位（품위）와 人格（인격）을 구현하는 一種（일종）의 符號（부호）와 같은 의미를 내포하고 있는데, 組織法（조직법）에 있어서는 특히 고상하고 그 무게가 있어야 하며 한가지 物名（물명）

에 속하는 것은 어딘지 모르게 俗(속)된 것을 느끼게 하여서는 진실한 雅號(아호)의 義意가 풍길수가 없음을 알 수 있다.

　構成法上(구성법상) 必要(필요)한 것은 亦是(역시) 四柱上 用神(사주상 용신)을 감안하여 부족한 五行을 補完하며 木不足(목부족)이나 기타 부족한 五行에 속하는 五行을 補完하는데 音靈五行(음영오행)을 補完하는 것이다.

　音靈五行(음영오행)이라 함은 姓名學上 本册의 音五行別 劃數漢字選에서 木에 속하는 文字, 또는 火에 속하는 文字, 그外에는 同一한 例에 따라 사용하거나 其他 字典을 참고하면

　四柱上　用神의　例(一)
壬子生　十月　初六日　未時

壬子
辛亥
甲午
辛未

以上의　四柱上　水旺을　補完하는데는　木火가　必要한　劃數와　五行에　符合되는　文字가　耕堂이면　吉하다.

1011
祐堂
土火

祐堂으로　하였을　경우　木火가　理想的으로　하는　土는　水를　制禦할　수　있기　때문이다.

○ 二十一數는 頭領運이며 吉하고 또 陰陽法에 祜(10)陰에 屬하고 堂字는 火에 屬하면서 十一奇數는 陽에 속하여 陰陽이 配合되어야 하며, 純陽이나 純陰에 該當해서는 不吉하다. 그런데 祜字는 十劃으로서 水 陰에 屬한다.

（例二）

火土가 不足한 경우는 德軒 二十五數인 健暢運도 大吉하고

^{15 10}

桂堂 木火가 不足한 四柱에는 大吉 하고

^{10 11}
木火

明齋 二十五數 健暢運 大吉하고 또는 金水가 不足한 경우에는 大吉하다.

^{8 17}
水金

○ 水木이 不足하면 槿圃

^{10 13}
木水

○ 土金이 不足하면 雅山 松園 等인데 數理上 吉數라

^{10 3 8 13}
土金 金土

야 하고 凶數가 되어서는 안된다.

號를 使用하거나 施行하는데는 姓字를 分離하여서 使用하는 것이 普通이다. 혹시 同一한 雅號를 가진 사람이 同一한 座席에서 同席하여 있을 時는 不得已 姓字를 添

加하여도 무방하다.   特히 雅號로서 數理도 吉數에다 陰
陽法에도 맞아야 하고, 字意가 가장 重要한 意義를 가지
는 것인데 語感도 勿論 좋아야 한다.

2. 商 號

商號는 一般的으로 大端치 않은 認識을 가지는   편이
많으나 事實은 가장 重요한 것이다. 事業이 繁榮하느냐
쇠퇴하느냐의 重大한 관련성을 가지고 있는 것으로서 앞
으로는 加一層 商號 制定이 上昇될 것으로   추측되는데
항간에서 旅行하는 造作的인 상호가 大部分인데 一部
知識層에서는 날로 인식이 상승하여 좋은 商號를 制定을 하여
事業上 큰 勇氣와 信念을 가지고 매진함을 目擊할 수 있다.

普偏的으로 造作된 商號는 무식한 층에서 제멋대로 한
것 中에서 偶然의 一致로 大端히 良好한 商號도 있기는
하나 一般的으로 무관심하여 吉凶相半이 가장 많다. 長
期的 기간을 두고 보면 서울 ○○○ 商號는 오래가지 못
하고 쇠퇴한 것이 많고, 吉凶相半의 경우를 보면 失敗나
火災, 盜難等으로 파란이 많다.

11 19
○ 가령 國際 ○○○ 商號를 가진 사람이나 會社等에
서 初分에는 極度로 發展을 하나, 中半期에는 一次波
動이 생기어 全體財産의 基礎가 不安으로까지 露呈하
는 事例가 많다.

그런데 構成法에 있어서 上部名字, 二字를 分離하여 보면 凶數가 많으나 總數의 數理가 合해진 경우 吉數가 되는 數가 많다.

◎ 現在의 大生産會社의 例를 본다.

17 11 8 10 10 6 13 8　　　總格 八十三
韓國肥料株式會社

○○●●●●○●　　八十三數는 單只 三數로서　新生壽
　28　18　　37
福運, 萬物始旺之象으로 吉祥이다.

그러나 韓國(17, 11)의 二十八數가 良數는 아니나, 半官半民의 組織的인 要素가 있기 때문에 克服하여 나갈수 있는 現象이다. 或은 個人의 業體에 있어서 同一한 數字가 있는 경우는 屈曲이 있는 法이다. 可及的이면 上部의 두 字만은 吉數로 해야하고 固定된 下部의 凶數는 만부득이라 總數를 吉數로 해야 한다.

2. 組織構成 方法

陰陽法에 절대로 관련이 있는 것이다.

●○○●●○● ●○●●●●○
○●●○●●○ ○○●○○●●

대개의 商號는 下部 腰部의 固定名詞가 많아서 부득이한 일이겠으나, 上部 二字에나마 陰陽法이 맞고 數理가 吉數이라야 하고, 腰部의 數字는 吉數가 아니나 冠詞를 排除할 수가 없으니 그대로 쓸때는 總數로 보아서 吉數로

·하여 주면 되는 것이다.

11 13 11 5
商會니 商司니 하는 것외는 全部 吉數로 할 수 있다. 但
11 8
商社인 경우는 不得已한 일이니 上頭部의 數字를 吉數로
하고 總數를 合하여 吉數로 해야 한다.

그런데 商號의 總數가 不吉한 財閥도 없지 않으니, 其
實은 稅金이든지 其他 人件費와 附帶經費가 많이 들어서
실속이 없는 수가 많다.

또는 病院같은 곳은 院長先生의 姓名을 따서 ○○○○ 科病
院이라고 하는 사람이 많은데 이것은 한갖 독특한 技術
인 同時에 政府의 간접적인 보호육성책의 특권이 아닌
특권을 가지고 있기 때문에 무난한 것이나 一般 事業이
나 商業은 그러한 例는 代할 수 없다.

主로 商號를 必要로 하는 경우는 商會 會社가 많다.
姓名이나 公園等 名詞를 公募할때의 例로 보아서 由來를
尊重히 하며 數理 따위는 無視하는 例가 많다. 그러기에 上
頭部 二字는 經營主나 社長의 四柱의 用神에 符合이 되
도록 해야 함은 當然한 것이니 姓名部 字典을 參照해서
五行에 符合시켜야 한다.

상호를 한글로 쓸 수 있으나 方式은 꼭 같다. 이런 경
우 대개는 漢字로 지어서 看板에 쓸때에만 한글로 쓰고
領收證이나 計算書等에는 漢字 그대로 印刷하여 사용하

므로 同一한 效果를 發揮한다는 것이다.

第5章 姓名構成의 例示（參考）

1. 一字姓 二字名의 例

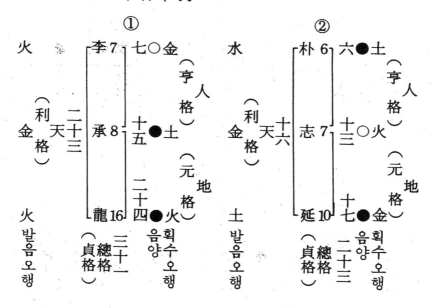

2. 一字姓 一字名의 例

③

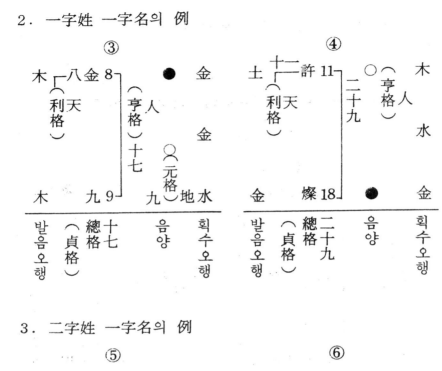

木 ┌八 金 8 ● 金
　│
（天
利 ┌亨 人
格 ┤格 金
）│）
　│十
　│七
木 └九 9 ┘九 地 水
　　　　（元格）

발음오행 | 總格十七（貞格） | 음양 | 획수오행

④

土 ┌十二 許 11 ○ 木
　│
（天 ┌亨 人
利 ┤格 水
格 ┤）
）│二
　│十
　│九
金 └燦 18 ┘ ● 金

발음오행 | 總格二十九（貞格） | 음양 | 획수오행

3. 二字姓 一字名의 例

⑤

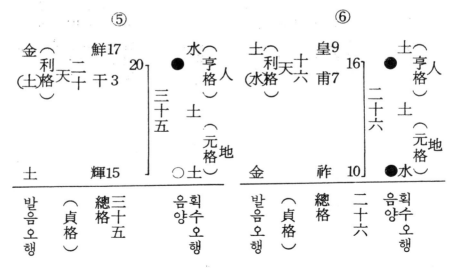

金 ┌鮮 17
（土 │　　二
利 ┤天 十 干 3 ┐20 ● 水
格 │　　　　　│ ┌亨 人
）│　　　　　│ ┤格 土
　│　　　　　│三）
　│　　　　　│十
　│　　　　　│五
土 └輝 15 ┘ ○ 土
　　　　　　　（元格）

발음오행 | 總格三十五（貞格） | 음양 | 획수오행

⑥

土 ┌皇 9
（水 │　　十 ┐16 ● 土
利 ┤天 六 甫 7 │ ┌亨 人
格 │　　　　　│ ┤格 土
）│　　　　　│二）
　│　　　　　│十
　│　　　　　│六
金 └祚 10 ┘ ● 水
　　　　　　　（元格）

발음오행 | 總格二十六（貞格） | 음양二十六 | 획수오행

4. 二字姓 二字名의 例

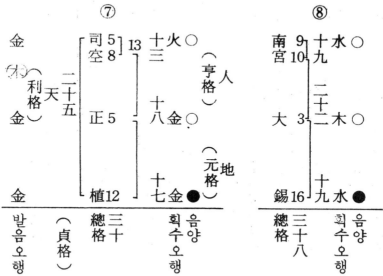

⑦

金
㉒ (利格) 天 二十五
金
金
발음오행

司 5 ⟩ 13
空 8
正 5
植 12
(貞格) 總格 三十

十三 火 ○ (亨格) 人
十八 金 ○
十七 金 ● (元格) 地
획수오행 음양

⑧

南 9 ⟩ 十九
宮 10
大 3
錫 16
總格 三十八

十水 ○
二十二 木 ○
十九 水 ●
획수오행 음양

5. 一字姓 三字名의 例

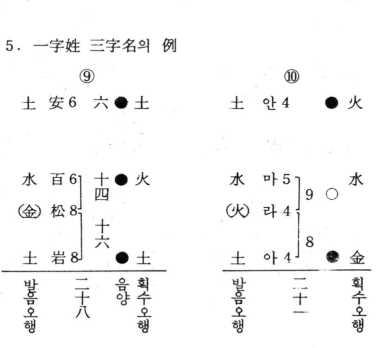

⑨

土 安 6 六 ● 土
水 百 6 ⟩ 十四
(金) 松 8 十六
土 岩 8
발음오행 二十八 음양 획수오행

⑩

土 안 4 ● 火
水 마 5 ⟩ 9
(火) 라 4 八
土 아 4
발음오행 二十一 획수오행

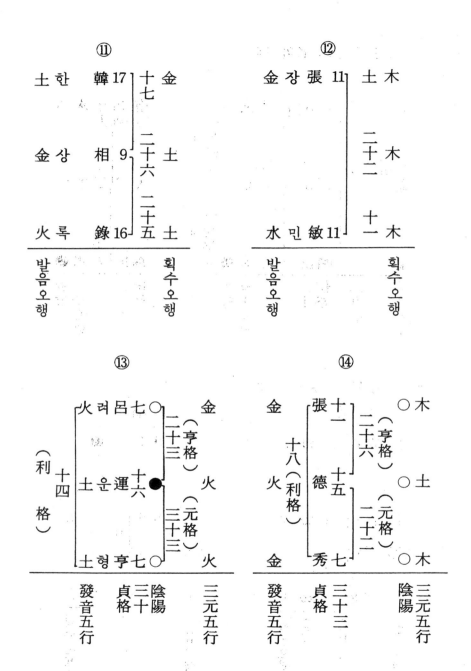

⑪

土 한	韓 17	十七	金
金 상	相 9	二十六	土
火 록	錄 16	二十五	土
발음오행			획수오행

⑫

金 장	張 11	土	木
		二十二	木
水 민	敏 11	十一	木
발음오행			획수오행

⑬

火 려	呂 七 ○	金 (亨格) 二十三	
土 운	運 十六 ● (利格) 十四	火 (元格) 三十三	
土 형	亨 七 ○	火	
發音五行	貞格三十	三元五行	陰陽

⑭

金	張 十一 ○	木 (亨格) 二十六	
火	德 十五 (利格) 十八	土 (元格) 二十二	
金	秀 七 ○	木	
發音五行	貞格三十三	三元五行	陰陽

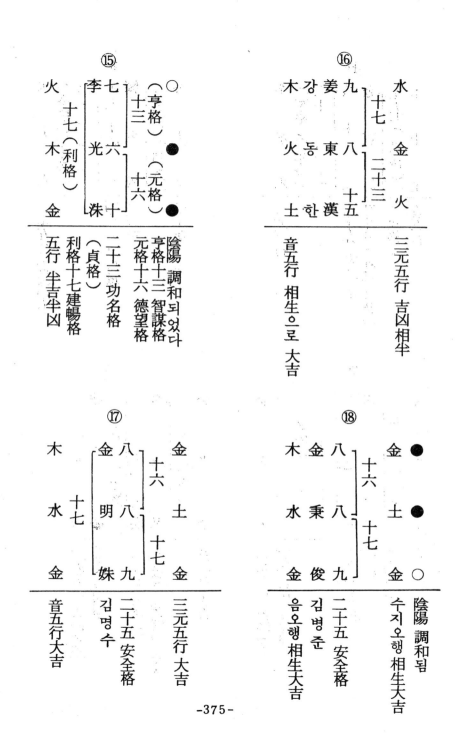

⑮

火　李　七
　　　　　（亨格）　○
十七　　十三
（利格）　　　　●
木　光　六
　　　　　（元格）
十七　　十六
　　　　　　　　●
金　珠　十

陰陽 調和되었다
亨格十三 智謀格
元格十六 德望格
（貞格）
利格十七 建暢格
二十三 功名格
五行 生吉半凶

⑯

木　강　姜　九
　　　　　　十七　　水
火　동　東　八　　　金
　　　　　　二十三　火
土　한　漢　十五

三元五行 吉凶相半
音五行 相生으로 大吉

⑰

木　金　八
　　　　　十六　　金
水　明　八　　　土
　　十七　十七　金
金　珠　九

三元五行 大吉
二十五 安全格
음五行大吉
김명수

⑱

木　金　八
　　　　　十六　　金　●
水　秉　八　　　土　●
　　十七　十七
金　俊　九　　　金　○

陰陽 調和됨
수지오행 相生大吉
二十五 安全格
음오행 相生大吉
김병준

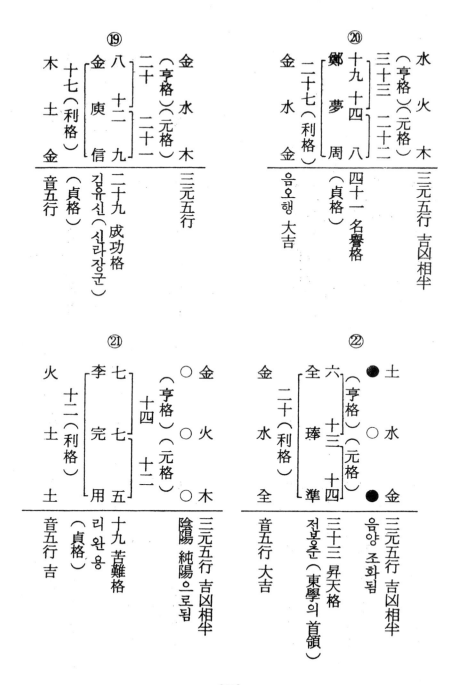

⑲
木
十七（利格）
土
金

金
（亨格）（元格）
二十　二十一
八
十二
九
金庚信　김유신（신라장군）
二十九　成功格
（貞格）

三元五行
音五行

⑳
水　火　木
（亨格）（元格）
三十三　二十二
鄭夢周
十九　十四　八
金　水　金
二十七（利格）
四十一　名譽格
（貞格）

三元五行　吉凶相半
음오행　大吉

㉑
火
十二（利格）
土
土

李完用　리완용
七　七　五
（亨格）（元格）
十四　十二
○金　○火　○木

三元五行　吉凶相半
陰陽　純陽으로됨
十九　苦難格
（貞格）
音五行　吉

㉒
金
二十（利格）
水
全

全琫準　전봉준（東學의 首領）
六　十三　十四
（亨格）（元格）
二十　十四
●土　○水　●金

三元五行　吉凶相半
음양　조화됨
三十三　昇天格
（貞格）
音五行　大吉

參 考 文 獻

1. 姓名大典　　曺鳳佑　著

2. 姓名學全集　權勢埈　著

3. 百萬人의　姓名　玄海流　著

4. 姓名大學

5. 新姓名學術

6. 이름 짓는법　白雲鶴　著

7. 韓國易學總覽

8. 五行論

9. 易學原理講話　韓圭性　著

10. 四柱鑑定法秘訣　申聖生著

11. 陰陽五行　槪論

◈ 편 저 ◈

전 원 상

대한역학풍수연구학회 회장(전)·

성명보감의 길잡이

| 행복한 이름 짓는 기술 | 정가 18,000원 |

2014年 6月 15日 인쇄
2014年 6月 20日 발행

편 저 : 전 원 상
발행인 : 김 현 호
발행처 : 법문 북스
　　　　〈한림원 판〉
공급처 : 법률미디어

115-050
서울 구로구 경인로 54길 4
TEL : (대표) 2636-2911, FAX : 2636~3012
등록 : 1979년 8월 27일 제5-22호
Home : www.lawb.co.kr

▌ISBN 978-89-7535-286-7 (93180)
▌파본은 교환해 드립니다.
▌본서의 무단 전재·복제행위는 저작권법에 의거, 3년 이하의
　징역 또는 3,000만원 이하의 벌금에 처해집니다.